汉俄外交翻译

陶源 余源 编著

Курс китайско-русского дипломатического перевода

北京大学出版社
PEKING UNIVERSITY PRESS

图书在版编目（CIP）数据

汉俄外交翻译 / 陶源，余源编著. —北京：北京大学出版社，2024.1
ISBN 978-7-301-34698-3

Ⅰ.①汉… Ⅱ.①陶…②余… Ⅲ.①外交事务－俄语－翻译－高等学校－教材 Ⅳ.①D802.5

中国国家版本馆CIP数据核字（2023）第238696号

书　　　名	汉俄外交翻译 HAN-E WAIJIAO FANYI
著作责任者	陶　源　余　源　编著
责任编辑	李　哲
标准书号	ISBN 978-7-301-34698-3
出版发行	北京大学出版社
地　　　址	北京市海淀区成府路205号　100871
网　　　址	http://www.pup.cn
新浪微博	@北京大学出版社
电子邮箱	编辑部 pupwaiwen@pup.cn　总编室 zpup@pup.cn
电　　　话	邮购部 010-62752015　发行部 010-62750672　编辑部 010-62759634
印　刷　者	河北文福旺印刷有限公司
经　销　者	新华书店 787毫米×1092毫米　16开本　17.25印张　430千字 2024年1月第1版　2024年1月第1次印刷
定　　　价	68.00元

未经许可，不得以任何方式复制或抄袭本书之部分或全部内容。
版权所有，侵权必究
举报电话：010-62752024　电子邮箱：fd@pup.cn
图书如有印装质量问题，请与出版部联系，电话：010-62756370

前　言

随着我国综合实力的增强、国家参与国际事务频率的增多以及我国在国际舞台上地位的进一步提高，外交翻译的重要性不断凸显。外交翻译涉及国家对外方针、政策、外交立场与观点等，政治性强，政策敏感度高。外交语言在用词、语体上的要求也使得外交翻译具有自身的特点和标准，专门的训练显得愈发重要。

外交翻译课程是 MTI 教指委制定的《全日制翻译硕士专业学位研究生教育指导性培养方案》（2011 年 8 月修订版）的选修课程，计 2 学分，由各学校根据自己的培养目标和师资状况选择开设。此课程适合在 MTI 或学术型硕士教学方案的第三学期开设，亦可在本科阶段的第七至第八学期开设。这一阶段，学生已经过了语言技能课程的学习和训练阶段，掌握了基本的语言词汇和语法知识，已了解基本翻译理论。而外交翻译课程即是在学生具备一般翻译能力的基础上开设的，课程的教学重点强调翻译实践能力和分析能力的结合，强调语言水平和思政水平的结合。

需要指出的是，受地方院校师资条件、学生水平和课时等客观条件的制约，仅凭一门课程去培养外交翻译的专门人才还远远不够，因此，我们的这门汉俄外交翻译课程定位仅在于对学生专业知识结构进行补充和扩展。据此，汉俄外交翻译课程的具体教学任务在于利用有限的 36 学时引导学生了解外交翻译的性质与特点，熟悉常用外交文本体例，学习掌握外交语言的用词特点及翻译技巧，养成跟踪关注我国对外政策与时事热点并自觉积累政治热点词汇中俄文双语表达的学习习惯。课程力争为学生介绍基本的外交礼仪知识，提高学生的职业素养和翻译实践能力。

而学生对于外交文本体例、用词特点、礼仪知识的掌握等需要有一本针对性强的教材，本书正是根据这一需求而编制的。

本教材共 9 章，分为三大部分。第一部分为理论知识，介绍外交话语的定义、特点，外交翻译的特点，并给出两篇练习材料；第二部分为书面外交话语（主要指外交文书或文件）的翻译，这部分我们按照外交话语的语式分为 6 个章节，即公报、声明、宣言、白皮书、对外交往文书、涉外礼仪文书的翻译；第三部分为口头外交话语的翻译，共2个章节，介绍外交口译的基本知识和外事联络口译的实例。

本教材以外交翻译的实践为主，考虑研究生阶段论文选题和撰写的需求，辅以一定的理论分析，具体突出以下特点：1.选材的实用性和时效性。教材的译例与当今外交话语的热点问题紧密相关。且所选语料均真实、完整，对于培养学生在真实场景中的翻译能力具有重要作用。2.难度适中。本教材的定位是MTI、学术型硕士或本科高年级学生，因此，所选语料一方面保证该阶段学生不借助词典能够完成基本内容的翻译，另一方面又包括了一定比例的专业词汇和固定用法，可以提高学生从事外交翻译的专业储备。3.理论与实践结合。教材以实践为主，融入了翻译理论的相关讲解，为研究生在翻译方向撰写论文提供参考。4.每一章自成体系。教材各章均包括总论、译法提示、翻译技巧、礼宾知识、课后练习和扩展阅读几个部分，为学生提供该主题下的全方位的认知和训练。

由于外交翻译课程每周一般仅开设2课时，总课时不超过36，故我们将知识性、语言学习的内容放入本教材，建议教师可以将其中外交文本结构解析和部分知识性内容布置给学生作为课前预习，上课主要讲授翻译技巧和思政融入部分，并进行实践性翻译练习。经过一定阶段的讲授后，教师可以在课堂中融入模拟交传、模拟会场或外交翻译工作坊等，并指导学生开展论文选题工作、撰写翻译实践报告或外交翻译的研究性论文，综合提高学生的翻译实践和翻译研究能力。

本教材的分章节的编写情况如下：前言、第一章由陶源编写，第二至五章由蔡佳峰博士编写，第六章和第七章由李杰博士编写，第八章和第九章由王海燕副教授编写，全部章节由陶源、余源统稿并修改。因编者水平所限，教材可能还存在一些疏漏或尚待完善之处，恳请各位专家、教师和同学批评指正。

陶源

2022年8月于南京

目 录

第一部分

◆ 第一章　外交话语与外交翻译
　　一、外交话语的定义 / 004
　　二、外交话语的特征 / 004
　　三、外交翻译的特点 / 008
　　四、外交翻译的分类 / 009
　　五、礼宾知识点滴 / 010
　　六、课后翻译练习 / 011

第二部分

◆ 第二章　外交公报的翻译
　　一、外交公报简介 / 016
　　二、外交公报译例 / 017
　　三、外交公报译法提示 / 030
　　四、翻译技巧 / 034
　　五、礼宾知识点滴 / 040
　　六、课后翻译练习 / 041
　　七、课后扩展阅读 / 044

◆ 第三章　外交声明的翻译
　　一、外交声明简介 / 046

二、外交声明译例 / 046
　　三、外交声明译法提示 / 055
　　四、翻译技巧 / 058
　　五、礼宾知识点滴 / 066
　　六、课后翻译练习 / 067
　　七、课后扩展阅读 / 069

◆ 第四章　外交宣言的翻译
　　一、外交宣言简介 / 080
　　二、外交宣言译例 / 080
　　三、外交宣言译法提示 / 088
　　四、翻译技巧 / 097
　　五、礼宾知识点滴 / 102
　　六、课后翻译练习 / 105
　　七、课后扩展阅读 / 109

◆ 第五章　白皮书的翻译
　　一、白皮书简介 / 112
　　二、白皮书译例 / 112
　　三、白皮书译法提示 / 125
　　四、翻译技巧 / 139
　　五、礼宾知识点滴 / 147
　　六、课后翻译练习 / 148
　　七、课后扩展阅读 / 151

◆ 第六章　对外交往文书的翻译
　　一、对外交往文书简介 / 154
　　二、对外交往文书类型 / 154
　　三、对外交往文书使用要求 / 155
　　四、常见交往文书格式 / 156
　　五、常见交往文书译例 / 160
　　六、常见对外交往文书译法提示 / 163
　　七、翻译技巧 / 169

八、礼宾知识点滴 / 172
　　九、课后翻译练习 / 175
　　十、课外扩展阅读 / 176

◆ 第七章　涉外礼仪文书的翻译
　　一、涉外礼仪文书简介 / 180
　　二、常见涉外礼仪文书类型及使用要求（贺电、慰问电、唁电等）/ 180
　　三、常见涉外礼仪文书译例 / 180
　　四、常见涉外礼仪文书译法提示 / 186
　　五、翻译技巧 / 192
　　六、礼宾知识点滴 / 194
　　七、课后翻译练习 / 197
　　八、课外扩展阅读 / 198

第三部分

◆ 第八章　外交口译
　　一、外交口译的特点 / 206
　　二、外交口译的工作流程 / 212
　　三、口译笔记法 / 213
　　四、会见与会谈礼宾知识点滴 / 220
　　五、课后翻译练习 / 221
　　六、课外扩展阅读 / 223

◆ 第九章　外事联络口译
　　一、接送机口译 / 236
　　二、宴请口译 / 239
　　三、参观口译 / 246
　　四、礼宾知识点滴 / 261
　　五、课后翻译练习 / 263
　　六、课外扩展阅读 / 264

第一部分

第一章

外交话语与外交翻译

一、外交话语的定义

"外交是处理人际关系的技巧和策略",外交话语是外交活动中使用的话语。在国际交流和争端中,恰当的外交话语可以避免战争,实现对外政策,维护本国政治、经济、军事利益,维护国家主权、领土完整,维护世界和平与稳定。

根据其定义的范围,外交话语有广义和狭义之分。广义的外交话语涉及语域较广,包括政治、经济、军事、文化、网络安全、反恐、能源变化等;从语式上看,外交话语可分为书面和口头形式,书面形式包括声明、公报、协定、白皮书等,如本教材所选的《抗击新冠肺炎疫情的中国行动》白皮书等,口头形式包括会谈、会见、对话、答记者问、接待等;从语旨来看,外交话语可以分为官方外交、私人外交、公共外交和民间外交等,本书所选语料基本上为官方外交或公共外交的内容。

狭义的外交话语指的是外交辞令,外交辞令有时会用委婉含蓄的表达,具有一定的"潜台词",如针对钓鱼岛事件,中国外交部的发言中提到:"中国不会主动惹事,但也不怕事。""面对国家统一的民族大义,中国人有不信邪、不怕鬼的骨气,有吓不倒、压不垮的志气,有万众一心、众志成城的决心,更有坚决捍卫国家主权、民族尊严的能力。""惹事""怕事"就是用委婉的手段表明坚决的外交态度,即:对于挑战国家主权的行为,我们是有原则、有底线的,如果钓鱼岛事件发酵,我们将做出强有力的反应,绝不会姑息退让。

本教材所讲授的内容属于广义外交话语的内容,一方面,这类话语时而具有委婉性、含蓄性、模糊性和折中性,时而采用明晰的表达方式,这种语言特点会给翻译带来一定的困难;另一方面,汉俄两种语言在词汇、句法方面的差异亦值得我们着重讲解和剖析。教材的章节划分遵循语式的原则,即首先分为书面和口头两个部分,书面部分又按照语式分为声明、公报、宣言、白皮书等。

二、外交话语的特征

中国的外交话语,尤其是新时代外交话语的特点可以总结为:直接表述观点,运用修辞手段,多用时政热词、固定用法和专有名词,凸显大国风范,以此传达中方立场。

1. 直接表述观点

外交话语中观点的直接表述和含蓄风格并非一对矛盾的存在。一方面,外交话语的某些表述需要含蓄以暗指话语目标;另一方面,随着我国软、硬实力的不断提升,外交话语也需要有直接的表述,以表达我们的制度自信、文化自信,向世界发出"中国声音"。而面对其他国家的打压抹黑,中国更是需要以明确的表述表明立场。

外交话语中的直接表述一方面可以直接陈述客观事实,另一方面可以直接表明立场。前者见例(1):

(1)中国本着依法、公开、透明、负责任态度,第一时间向国际社会通报疫情信息,毫无保留同各方分享防控和救治经验。

Открытым, прозрачным и ответственным образом и в соответствии с законом Китай своевременно уведомил международное сообщество о возникновении нового коронавируса и безоговорочно поделился своим опытом сдерживания распространения вируса и лечения инфицированных.

直接表明立场的外交话语可见例(2):

(2)2012年9月10日,日本政府不顾中方一再严正交涉,宣布"购买"钓鱼岛及其附属的南小岛和北小岛,实施所谓"国有化"。这是对中国领土主权的严重侵犯,是对13亿中国人民感情的严重伤害,是对历史事实和国际法理的严重践踏。中国政府和人民对此表示坚决反对和强烈抗议。

10 сентября 2012 года японское правительство, не взирая на многократные настойчивые и справедливые представления китайской стороны, объявило о "покупке" островов Дяоюйдао и прилегающих к ним островов Наньсяодао и Бэйсяодао и осуществлении так называемой их "национализации". Это является серьезным посягательством на территориальный суверенитет Китая, сильно задевает чувства 1,3-миллиардного китайского народа и серьезно попирает исторические факты и принципы международного права. Китайское правительство и народ выражают решительный протест в связи с этим.

外交话语可对国际事务、国际政治、国际动态等进行陈述性的报道。例(1)选自《抗击新冠肺炎疫情的中国行动》白皮书,发布于2020年武汉疫情稳定之后,虽然全国疫情防控进入常态化阶段,但是武汉保卫战取得了阶段性的胜利。例(1)中,白皮书发布者就明确告诉了世界:中国对于新冠疫情有负责任态度,并愿意同世界各方分享抗疫经验。这表明了我国外交话语不再一味谦逊含蓄,趋向公正客观陈述事实,不断履行大国义务。

表态即针对某一事件表明立场和态度。近年来，我国外交部发言人多用程度副词，在词语的选择上趋于明晰、直击要害。在例（2）中，发言人坚决捍卫国家利益，捍卫国家领土主权完整，态度明确、直接，"严正抗议""严重侵犯""坚决反对"等表述都表明了中方在钓鱼岛问题上的鲜明立场。

2. 运用修辞手段

外交话语注重言语效果，修辞自然是关注的热点。[①] 在外交话语的表达中，一方面需要直接表述观点，迅速赢得听众或读者，另一方面，发言人也常运用修辞手法，以加深听众理解、记忆并拉近与听众的关系。隐喻是外交话语中最常用的修辞手段。汉俄外交话语中的隐喻及其翻译见例（3）：

（3）防控和救治两个战场协同作战。

Хорошо скоординированные профилактика, контроль и лечение.

例（3）使用了"战争"隐喻，将"防控"和"救治"喻为"战场"，"作战"采用减词译法，省略了汉语原文中的"两个战场"及其搭配的动词"作战"，将外交话语中的抽象概念借用隐喻以通俗易懂、耳熟能详的方式表述出来，更有利于与受众建立情感认同。发言人可以运用隐喻来表达个人看法，加深受众的记忆与印象，帮助听众了解我国的外交理念和外交立场，这样更有利于传递中国声音和中国精神。

3. 多用时政热词、固定用法和专有名词

外交话语中常出现一些时政热词、固定用法和专有名词。这是因为外交话语具有政论话语的特性，具有官方性和正式性。译者应该熟悉这些词汇或用法，特别常用的词汇和用法尽量做到不用查阅资料，直接翻译，次常用的则需要查阅固定译法，不可自行翻译，以免违反译入语规范，造成外事活动中不必要的误解。另外，我们还需特别注意领导人的最新变更情况。请看例（4）—（6）：

（4）在应对气候变化问题合作背景下，成员国注意到在卡托维兹《联合国气候变化框架公约》第24次缔约方大会上通过的《巴黎协定》实施细则。

---

① 胡开宝，李婵：国内外外交话语研究：问题与展望 [J]. 外语教学，2018,39(06): 7-12.

В контексте сотрудничества по вопросам изменения климата государства-члены отметили договорённости, достигнутые на 24-й *Конференции сторон Рамочной конвенции ООН об изменении климата в* Катовице, о руководящих принципах для практической реализации *Парижского соглашения.*

（5）四抗二平衡：

"抗"：一是抗病毒；第二是抗休克；第三是抗低氧血症；第四是抗继发感染。

Комбинированное лечение против вируса, против шока, против гипоксемии и против вторичного заражения.

（6）顺致崇高的敬意。

Министерство пользуется случаем, чтобы возобновить Исполнительному Комитету уверения в своём высоком уважении.

例（4）有两处出现了国际公约和协定的名称，例（5）为抗击疫情中形成的热词，例（6）为对外交往文书中的常用的固定用法。这些语言现象经常出现，构成了外交话语的又一特征。

4. 凸显大国风范

随着综合国力增强和国际地位的上升，我国的国际话语权也不断提升。一方面，中国在各项事务上严格要求自己，凸显大国风范，另一方面，中国在国际舞台上越发积极地扮演着大国角色，为世界带来中国经验和中国理念，为世界人民描绘美好的希望和梦想。

（7）新冠疫情深刻影响人类发展进程，但人们对美好生活的向往和追求没有改变，和平发展、合作共赢的历史车轮依然滚滚向前。阳光总在风雨后。全世界人民心怀希望和梦想，秉持人类命运共同体理念，目标一致、团结前行，就一定能够战胜各种困难和挑战，建设更加繁荣美好的世界。

Пандемия окажет значительное влияние на развитие человечества, но стремление людей к счастливой жизни останется неизменным. Преобладают мир, развитие и взаимовыгодное сотрудничество. Солнце всегда будет снова светить после грозы. Пока народы мира могут лелеять надежды и мечты, могут принять идею глобального сообщества общего будущего и могут объединиться для достижения общей цели, мы сможем преодолеть все наши нынешние трудности и проблемы и построить лучший мир для всех.

例（7）表明中方置身于负责任大国的地位向相关国家、向世界人民提出建议和希冀，提出和平发展和合作共赢的理念，体现出中方的气度和作为，表明中方已承担起大国责任和义务，为抗击疫情做出了自己的贡献。同时，这也体现了和平共处和协调发展的中国特色大国外交特点，向海外民众构建积极、负责任的中国形象。

以上外交话语表明了中方的立场看法，也建构了良好的国家形象，可见外交翻译在构建中国国际形象和传播真实、立体、全面的中国方面具有重要的作用。汉俄两种语言在语义、语法等层面具有较大的差异，二者的言外之意和言外之力也相差较大。译者一方面需要关注两种语言的特点，准确理解原文，形成地道的译文表达；另一方面，还需要关注说话的语境、说话人的意图以及希望达到的效果，既考虑中国外交政治、文化和外交话语的目的，也要考虑译语听众的表达习惯，力争译文达到和原文一样的语用效果。

三、外交翻译的特点

外交翻译的特点在于：

1. 政治性和政策性强。外交翻译的内容大多涉及国家的立场、政策，政治性强，政策敏感度高。我国领导人的对外表态、外交或外事文件中的用语等是国家方针政策的体现，往往涉及国家主权和领土完整问题，关系到国家的政治、安全、经济、军事利益的得失，关系到地区乃至世界形势是稳定还是动乱、是紧张还是缓和。因而，我方译员始终秉持中国态度和中国立场，这在外交翻译中关系重大。

2. 用词的分寸性强。许多外交用语具有政治含义和丰富的言外之意。外交语言有时立场坚定，旗帜鲜明；有时婉转含蓄，具有一定的伸缩性，以便处于主动地位；有时又严格准确，分毫不差。翻译时需注意这些词的分寸、风格及其隐含意义，并进行准确传达。

3. 表述的时效性强。口译工作最大特点是时间紧，要求译员当场完成翻译过程。笔译也有时限要求。有时前台在商讨与某国谈判建交问题，后台同时在翻译建交公报，随时根据前台的谈判情况进行修改，随时打印清样交前台使用。有时，领导人参加国际首脑会议，在开会现场根据会议进程和情况亲手写即席发言稿或修改事先草拟的发言稿，由场外笔译人员译成外语后，再交给会场上的同传译员，以保证翻译效果。这就需要译员在短时间内完成翻译定稿、校对、打印等多道程序。

4. 翻译的保密性强。外交翻译的政治性决定了它的保密性。外事译员经常要翻译尚未正式发表的讲话稿及其他文件，这类文件的内容不能向外界透露，国家对于保密问题也有相关规定。

5. 翻译的综合性强。领导人在会见、会谈时，主要是谈国际形势、双边关系，互相介绍各自国家的情况，主要涉及政治、经济、科技、军事、文化等。此外，在宴会等场合的讲话和私下交谈时，则古今中外无所不谈。不论是出访还是接受来访，从工业到农业，从军事到文化，任何内容都可能涉及。这就对译员的综合能力提出了很高的要求。

四、外交翻译的分类

1. 就翻译形式而言，有汉译外和外译汉两种。
2. 根据翻译的主体内容或内容载体，可分为书面外交话语（主要指外交文书或文件）的翻译和口头外交话语的翻译。

外交文书指国家间、政府间、外交部和驻外外交代表机关在外交活动时形成的书面文件。具体文种包括公报、声明、宣言、白皮书等。

对外文书指国家机关、地方政府、军队、人民团体及其领导人和官员在外事活动中形成的书面文件。如涉外合同等。

对外交往文书指对外交往中为处理一系列事务性和日常性工作而制作和使用的文书。如照会、备忘录、邀请函、对外函件、外事访问日程和宴请菜单等。

涉外礼仪文书指以信函和电子邮件方式，传递信息、互通情况、交流感情的涉外文书。如祝贺函电、感谢函电、慰问、吊唁函电和涉外名片等。

涉外旅行文书指涉外旅行管理机构和出国人员在办理出入世界各国过境手续过程中制作和使用的一系列专用文书。如护照、签证与签证申请表、黄皮书、入境表与出境表、海关申报表等。

口头外交话语的翻译是外交口译的主要内容。口头外交话语主要指以下外交场合中所使用的话语：会谈、会见、对话、谈判、交涉、磋商、答记者问、参观、游览、购物、观看演出等。

3. 从翻译手段分，可分为笔译和口译。外事口译包括交替传译和同声传译两种方式。外事交传（交替传译）指发言人讲完部分或全部内容之后，由译者当场进行翻译。外事交传主要用在中外领导人进行会见、会务、会谈、对话、磋商、谈判、交涉及参观访问等场合。外事同传多用于国际会议。

五、礼宾知识点滴

礼宾次序

所谓礼宾次序,是指国际交往中对出席活动的国家、团体、各国人士的位次按某些规则和惯例进行排列的先后次序(在某些出版物中也有排列次序的问题)。一般说,礼宾次序体现东道主对各国宾客所给予的礼遇;在一些国际性的集会上则表示各国主权平等的地位。礼宾次序安排不当或不符合国际惯例,会引起不必要的争执与交涉,甚至影响国家关系。因此在组织涉外活动时,对礼宾次序应给予一定的重视。

礼宾次序的排列,尽管国际上已有一些惯例,但各国有各国的具体做法。有些排列顺序和做法已由国际法或国内法所肯定,如外交代表位次的排列,在《维也纳外交关系公约》中就有专门的规定。很多国家对本国各级官员的排列常用法律形式固定下来,如法国1907年7月16日公布的"关于位次排列的命令"明确规定中央与地方的官方机构、团体和个人参加公共活动的排列顺序。现仅就对外工作中礼宾次序的几种排列方法作一简介。

① 按身份与职务的高低排列

这是礼宾次序排列的主要根据。一般的官方活动,经常是按身份与职务的高低安排礼宾次序。如按国家元首、副元首、政府总理(首相)、副总理(副首相)、部长、副部长等顺序排列。各国提供的正式名单或正式通知是确定职务的依据。由于各国的国家体制不同,部门之间的职务高低不尽一致,则要根据各国的规定,按相当的级别和官衔进行安排。在多边活动中,有时按其他方法排列。但无论按何种方法排列,都需考虑身份与职务的高低问题。

② 按字母顺序排列

多边活动中的礼宾次序有时按参加国国名字母顺序排列,一般以英文字母排列,少数情况也会按其他语种的字母顺序排列。这种排列方法多见于国际会议、体育比赛等。在国际会议上,公布与会者名单、悬挂与会国国旗、座位安排等一般均按各国国名的英文拼写字母的顺序排列。在联合国召开联合国大会,各专门机构的会议和悬挂会员国旗等均按此法。联合国大会的席次也按英文字母排列,但为了避免一些国家总是占据前排席位,因此每年抽签一次,决定本年度大会席位以哪一字母打头,以便让各国都有机会均等排在前列。

在国际体育比赛中,体育代表队名称的排列、开幕式出场的顺序一般也按国名字母顺序排列(东道国一般排在最后),代表团观礼或召开理事会、委员会等,则按出席代表团的团长身份高低排列。

在实际工作中,遇到的情况往往是复杂的,如有的国家不管以上种种惯例,把关系密切的国家排列在最前列。所以礼宾次序的排列常常不能按一种排列方法，而是几种方法的交叉，并考虑其他因素。如在某一多边国际活动中，对与会代表团礼宾次序的排列，首先是按正式代表团的规格，即代表团团长的身份高低来确定，这是最基本的。在同级代表团中则按派遣国通知代表团组成日期先后来确定，对同级和同时收到通知的代表团则按国名英文字母顺序排列。

在安排礼宾次序时所考虑的其他因素包括国家之间的关系、地区所在、活动的性质、内容和对于活动的贡献大小，以及参加活动人的威望、资历等等。诸如，常把同一国家集团的、同一地区的、同一宗教信仰的，或关系特殊的国家的代表团排在前面或排在一起。对同一级别的人员，常把威望高、资历深、年龄大者排在前面。有时还考虑业务性质、相互关系、语言交流等因素。如在观礼、观看演出、比赛，特别是在大型宴请时，在考虑身份、职务的前提下，将业务性质对口的、语言相通的、宗教信仰一致的、风俗习惯相近的安排在一起。

总之，在具体工作中，要耐心、细致、反复考虑研究、设想多种方案，以避免因礼宾次序方面的问题引起一些不愉快。

六、课后翻译练习

翻译以下两段外交话语，注意其中的专有名词、时政热词的翻译，体会其中的中国立场和大国风范。

1. Величайший идеал – созидание мира, его разделяют поистине все. Под верным руководством КПК дипломатия нашей страны ставит перед собой задачи реализации великого возрождения китайской нации, обеспечения мира во всем мире и содействия всеобщему развитию, способствует формированию сообщества единой судьбы человечества, вносит новый вклад и вписывает новые страницы в дело развития и прогресса человечества.

2. Член Госсовета, министр иностранных дел КНР Ван И заявил, что в течение 2022 года Китай всесторонне продвигал дипломатию великой державы с китайской спецификой, внося новый вклад в поддержание мира во всем мире и содействие общему развитию.

Во-первых, в «дипломатии главы государства» Китая успехи следовали один за другим и задали тон для всей внешнеполитической работе страны.

Во-вторых, Китай продолжал противостоять блоковой конфронтации и игре с нулевой суммой и сохранял стратегическую стабильность в отношениях с другими крупными странами.

В-третьих, Китай придерживался открытого регионализма, чтобы совместно построить стабильный и процветающий «Азиатский дом».

В-четвертых, Китай продвигал солидарность и сотрудничество с другими развивающимися странами, основанные на правдивости, деловитости, душевной близости и искренности, и объединял усилия в стремлении к самоусилению развивающихся стран через единство.

В-пятых, Китай сыграл конструктивную роль в реагировании на глобальные вызовы и продемонстрировал сильное чувство ответственности в качестве крупной страны.

В-шестых, Китай не испугался ни одного государства-гегемона или его запугивания и решительно действовал для защиты своих ключевых интересов.

В-седьмых, Китай придал новый импульс открытости внешнему миру и сотрудничеству, что открывает большие возможности для восстановления мировой экономики.

В-восьмых, Китай действовал в соответствии с обязательством служить народу посредством дипломатии и прилагал большие усилия для защиты интересов китайских граждан за рубежом.

请扫描下面的二维码，查看练习的参考答案

第二部分

第二章

外交公报的翻译

一、外交公报简介

外交公报是国家、政府、政党、团体向国内外公布重大事件或重要会议情况与决议的正式报道。分为单发公报和联发公报。

单发公报主要用于以一国或其政府的名义,正式向外报道关于国家领导人出访、来访的消息等。

联发公报通常称为联合公报,是两个或多个国家、政府、政党、团体所共同发表的关于国际重大问题、事件的会谈进展情况、经过、达成的协议的正式文件,用以表明双方或多方的共同看法;或作为对会议情况的正式报道;或作为经过谈判达成的具有承担一定权利与义务的协议文书。其中,政治性、新闻报道性联合公报报道对国际重大问题的讨论情况,多无实质性内容,属于对礼节性友好往来的正式报道。它不需要双方代表签署,仅由双方议定文稿,在各自首都的重要报刊上发表。条约性联合公报反映双方或多方对共同关心的事件经过谈判达成的协议,规定各方承担的权利与义务等,须经各自全权代表签署,以昭信守。内容上还有建交、复交的联合公报等。

外交公报是一种外交文书,是国家、政府、外交部和驻外代表机关在外交活动中形成的书面文件。外交公报与外交声明、外交宣言既有区别,又有联系。

外交公报是国家、政府、政党、团体等或其领导人所发表的关于重大事件或重要会议的决议、情况的正式报道,具有宣传性、政治性、公开性的特点。

外交声明是国家、政府、政党、团体等或其领导人对某些问题或事件表明立场、观点、态度或主张的文件,具有鲜明性、及时性、公开性的特点。

外交宣言是国家、政府、政党、团体、国际组织等对重大问题公开表示意见以进行宣传号召的文告,具有宣传性、郑重性、公开性的特点。

声明的含义较为笼统,公报和宣言较为具体,但都属于声明。在外交实践中,外交声明既可以是一国的单方面行为,也可以是两国或多国所采取的联合行动。据此,外交声明可分为单方声明与联合声明两大类。单方声明,既可以称为声明、宣言或公告,也可以有实无名,不采用任何正式名称,联合声明有时也会称作联合宣言或联合公报。据此,声明可具体为公报或宣言,即声明与公报、宣言可以通用。只是在有些情况下,公报具有承担权利和义务的条款,而宣言往往带有宣传号召之意,而且还与重大问题有关。

二、外交公报译例

上海合作组织成员国元首理事会会议新闻公报
（2019 年 6 月 13 日至 14 日，比什凯克）
ИНФОРМАЦИОННОЕ СООБЩЕНИЕ
по итогам заседания Совета глав государств-членов
Шанхайской организации сотрудничества
(г. Бишкек, 13-14 июня 2019 года)

【公报开头：交代事件背景、与会人员、聚集原因等。】

2019 年 6 月 13 日至 14 日，上海合作组织成员国元首理事会会议在吉尔吉斯共和国比什凯克举行。

13-14 июня 2019 года в городе Бишкеке состоялось заседание Совета глав государств-членов Шанхайской организации сотрудничества (СГГ ШОС).

印度共和国总理莫迪、哈萨克斯坦共和国总统托卡耶夫、中华人民共和国主席习近平、吉尔吉斯共和国总统热恩别科夫、巴基斯坦伊斯兰共和国总理伊姆兰·汗、俄罗斯联邦总统普京、塔吉克斯坦共和国总统拉赫蒙和乌兹别克斯坦共和国总统米尔济约耶夫出席会议。

В нем приняли участие Премьер-министр Республики Индии Нарендра Моди, Президент Республики Казахстан К.К. Токаев, Председатель Китайской Народной Республики Си Цзиньпин, Президент Кыргызской Республики С.Ш. Жээнбеков, Премьер-министр Исламской Республики Пакистан Имран Хан, Президент Российской Федерации В.В. Путин, Президент Республики Таджикистан Э. Рахмон и Президент Республики Узбекистан Ш.М. Мирзиёев.

会议由吉尔吉斯共和国总统热恩别科夫主持。

Председательствовал на заседании Президент Кыргызской Республики С.Ш. Жээнбеков.

上合组织秘书长诺罗夫、地区反恐怖机构执委会主任吉约索夫参加会议。

В заседании участвовали Генеральный секретарь ШОС В.И. Норов и Директор Исполнительного комитета Региональной антитеррористической структуры (РАТС) ШОС Д.Ф. Гиёсов.

阿富汗伊斯兰共和国总统加尼、白俄罗斯共和国总统卢卡申科、伊朗伊斯兰共和国总统鲁哈尼、蒙古国总统巴特图勒嘎以及联合国副秘书长迪卡洛、联合国秘书长中东和中亚地区人道主义事务助理哈利科夫、独联体执委会主席列别杰夫、集体安全条约组织代理秘书长谢梅里科夫、欧亚经济委员会执委会主席萨尔基相出席会议。

В мероприятии приняли участие Президент Исламской Республики Афганистан А. Гани, Президент Республики Беларусь А.Г. Лукашенко, Президент Исламской Республики Иран Х. Рухани, Президент Монголии Х. Баттулга, а также заместитель Генерального секретаря ООН Р. Дикарло, Исполнительный секретарь Содружества Независимых Государств С.Н. Лебедев, и.о. Генерального секретаря Организации Договора о коллективной безопасности В.А. Семериков, Председатель Коллегии Евразийской экономической комиссии Т.С. Саркисян, помощник Генерального секретаря ООН по вопросам гуманитарного партнерства на Ближнем Востоке и в Центральной Азии Р. Халиков.

【公报主体：交代公报致力于哪些方面的内容，如达成共识、审议问题、签署协议等。】

成员国领导人讨论了2018年青岛峰会成果落实情况和当前世界政治经济形势下上合组织发展的首要任务。各方的一致立场体现在《比什凯克宣言》中。

Руководители государств-членов рассмотрели ход реализации итогов Циндаоского саммита 2018 года и первоочередные задачи дальнейшего развития ШОС в контексте текущих процессов в мировой политике и экономике. Согласованные позиции сторон отражены в принятой Бишкекской декларации.

成员国强调，上合组织作为高效和建设性多边合作机制，在维护地区和平稳定、促进成员国发展繁荣方面发挥着重要作用，指出上合组织已成为成员国深化相互理解、加强信任对话、建设平等伙伴关系的稳固平台，致力于在国际法基础上，建设新型国际关系和确立构建人类命运共同体的共同理念。

Государства-члены подчеркнули, что ШОС является эффективным и конструктивным механизмом многостороннего взаимодействия, которое играет важную роль в поддержании регионального мира и стабильности, а также в содействии процветанию и развитию ее государств-членов. Отмечено, что ШОС утвердилась в качестве прочной платформы укрепления взаимопонимания, доверительного диалога и равноправного партнерства, в интересах строительства международных отношений нового типа, основанных на общепризнанных принципах и нормах международного права, а также в формировании общего видения идеи создания сообщества единой судьбы человечества.

成员国将坚定奉行《上合组织宪章》规定的宗旨和原则，遵循"互信、互利、平等、协商、尊重多样文明、谋求共同发展"的"上海精神"，继续致力于推动上合组织框架内政治、安全、经贸、金融、投资、交通、能源、农业、人文等领域的务实合作，重视深化同上合组织观察员国和对话伙伴等国家的全方位互利合作。

Государства-члены подчеркнули намерение и далее твердо опираться на цели и задачи Хартии ШОС и следовать «шанхайскому духу», который воплощает взаимное доверие, взаимную выгоду, равенство, взаимные консультации, уважение к многообразию культур, стремление к совместному развитию. Будут продолжены усилия по продвижению практического взаимодействия в области политики, безопасности, торговли и экономики, в том числе финансовой, инвестиционной, транспортной, энергетической, сельскохозяйственной сферах, развитие культурно-гуманитарных связей в рамках ШОС. Важное внимание будет уделяться углублению разнопланового взаимовыгодного сотрудничества со всеми заинтересованными государствами, прежде всего наблюдателями и партнерами по диалогу ШОС.

成员国就国际和地区热点问题交换意见，强调应共同努力，维护上合组织地区安全稳定和可持续发展，基于《联合国宪章》等国际公认的国际法原则和准则，加强同各方互利合作。

В ходе обмена мнениями по актуальной международной и региональной проблематике подчеркнута необходимость наращивания совместных усилий по обеспечению надежной безопасности и устойчивого развития на пространстве ШОС. В этой связи подчеркнута важность укрепления взаимовыгодного сотрудничества со всеми заинтересованными государствами на основе общепризнанных принципов и норм международного права, прежде всего Устава ООН.

成员国重申支持加强联合国的中心协调作用，巩固联合国安理会作为《联合国宪章》规定的维护国际和平安全机构的地位。成员国注意到印度共和国、吉尔吉斯共和国、巴基斯坦伊斯兰共和国、塔吉克斯坦共和国竞选联合国安理会非常任理事国席位，哈萨克斯坦共和国、中华人民共和国、巴基斯坦伊斯兰共和国、俄罗斯联邦、乌兹别克斯坦共和国竞选联合国人权理事会成员的愿望。

Подтверждена приверженность государств-членов ШОС усилению центральной координирующей роли ООН и ее Совета Безопасности как органа, несущего в соответствии с Уставом ООН главную ответственность за поддержание международного мира и безопасности. В данном контексте отмечены намерения Республики Индии, Кыргызской Республики, Исламской Республики Пакистан и Республики Таджикистан добиваться избрания в непостоянные члены Совета Безопасности ООН, а также Республики Казахстан, Китайской Народной Республики, Исламской Республики Пакистан, Российской Федерации и Республики Узбекистан – в члены Совета ООН по правам человека.

成员国强烈谴责任何形式和表现的恐怖主义，呼吁国际社会在联合国发挥中心协调作用下，依据《联合国宪章》及国际法原则，全面落实安理会相关决议和《联合国全球反恐战略》，摒弃政治化和双重标准并尊重各国主权和独立，以及就通过《联合国全面反恐公约》达成一致。

Государства-члены решительно осуждают терроризм во всех его

формах и проявлениях. Они призывают международное сообщество укреплять глобальное сотрудничество в борьбе с терроризмом при центральной роли ООН путем полного осуществления соответствующих резолюций Совета Безопасности ООН и Глобальной контртеррористической стратегии в соответствии с Уставом ООН и принципами международного права, без политизации и двойных стандартов, уважая суверенитет и независимость всех государств, а также добиваться консенсуса по вопросу принятия Всеобъемлющей конвенции по борьбе с международным терроризмом.

鉴此，成员国注意到2019年3月签署的《联合国安理会反恐委员会执行局与上合组织地区反恐怖机构合作备忘录》和2019年5月16日至17日在杜尚别举行的"打击恐怖主义及通过贩毒和有组织犯罪资助恐怖主义活动国际和地区合作"高级别会议。

В этой связи отмечено подписание в марте 2019 года Меморандума о сотрудничестве между Исполнительным директоратом Контртеррористического комитета СБ ООН и Региональной антитеррористической структурой ШОС, а также проведение Международной конференции высокого уровня «Международное и региональное сотрудничество в борьбе с терроризмом и источниками его финансирования, включая оборот наркотиков и организованную преступность» (г. Душанбе, 16-17 мая 2019 г.).

成员国强调，不能以任何理由为任何恐怖主义和极端主义行径开脱，反恐应综合施策，加大力度打击恐怖主义及其思想，查明和消除恐怖主义和极端主义滋生因素。成员国指出，不允许以打击恐怖主义和极端主义为借口干涉别国内政，或利用恐怖主义、极端主义和激进组织谋取私利。

Государства-члены, подчеркивая, что не может быть никаких оправданий каким-либо актам терроризма и экстремизма, считают важным осуществление комплексных мер по усилению противодействия терроризму и его идеологии, выявлению и устранению факторов и условий, способствующих терроризму и экстремизму. Они отмечают недопустимость вмешательства во внутренние дела государств под предлогом противодействия терроризму и экстремизму, а также неприемлемость использования террористических, экстремистских и радикальных группировок в корыстных целях.

2018年9月28日在纽约签署《实现无恐怖主义世界行为准则》的成员国支持该文件后续落实工作。

Государства-члены ШОС, подписавшие Кодекс поведения для достижения мира, свободного от терроризма, выступают за последовательную реализацию его положений (г. Нью-Йорк, 28 сентября 2018 г.).

成员国认为，必须保证《中亚无核武器区条约》议定书对所有缔约方尽快生效。

Государства-члены ШОС считают необходимым обеспечить скорейшее вступление в силу Протокола о гарантиях безопасности к Договору о зоне, свободной от ядерного оружия, в Центральной Азии для всех подписавших его государств.

成员国强调，不能以损害其他国家安全为代价保障自身安全，指出个别国家或国家集团单方面不受限制地加强反导系统将危害国际安全和世界局势战略稳定。

Подчеркнута недопустимость попыток обеспечивать собственную безопасность за счет безопасности других государств, отмечено, что одностороннее и неограниченное наращивание отдельными странами или группами государств систем противоракетной обороны наносит ущерб международной безопасности и дестабилизирует обстановку в мире.

成员国指出，防止外空武器化、严格遵循和平利用外空的现行法律体系至关重要。关于防止外空军备竞赛的国际法律文书，具有强制性法律效力，为防止首先在外空放置武器提供了坚实的法律保障，成员国欢迎联合国政府专家工作组对其实质性要素进行审议并提出建议。

Государства-члены констатируют важность сохранения космического пространства свободным от оружия и первостепенное значение неукоснительного соблюдения действующего нормативно-правового режима, предусматривающего исключительно мирное использование космоса.

Они приветствуют работу Группы правительственных экспертов ООН для рассмотрения и предоставления рекомендаций относительно субстантивных элементов имеющего обязательную юридическую силу международного документа о предотвращении гонки вооружений в космическом пространстве, устанавливающего в том числе надежные гарантии неразмещения первыми оружия в космосе.

打击非法种植、生产、贩运和扩散麻醉药品、精神药物及其前体是成员国亟须解决的优先任务。为此，成员国重申，愿在包括联合国三大禁毒公约及其他相关法律文件基础上，加强禁毒合作。

В числе приоритетных задач, которые приходится решать государствам-членам ШОС, – незаконные культивирование, производство, оборот, продажа и распространение наркотических средств, психотропных веществ и их прекурсоров. В этой связи подтверждено намерение наращивать совместные усилия по борьбе с наркоугрозой, в том числе на основе трех международных конвенций о контроле над наркотиками и других соответствующих правовых документов.

成员国主张严格遵守《禁止生物武器公约》，意识到化学和生物恐怖主义威胁持续上升，强调应启动《制止生化恐怖主义行为国际公约》多边谈判。

Государства-члены ШОС выступают за неукоснительное соблюдение Конвенции о запрещении разработки, производства и накопления запасов бактериологического (биологического) и токсинного оружия и об их уничтожении. Осознавая усиливающиеся угрозы химического и биологического терроризма, они подчеркивают необходимость проведения многосторонних переговоров по международной Конвенции по борьбе с актами химического и биологического терроризма.

成员国重申上合组织维护地区安全和稳定的坚定决心。为此，成员国支持阿富汗伊斯兰共和国政府和人民为重建和平，促进经济稳定发展所做努力，重申愿在双边层面和"上合组织—阿富汗联络组"框架内支持"阿人主导，阿人所有"的政治和解进程。

Подтвержден твердый настрой ШОС наращивать усилия в целях

обеспечения безопасности и стабильности в регионе. В данном контексте они поддерживают работу, которую проводит правительство и народ Афганистана при поддержке международного сообщества в целях восстановления мира и обеспечения устойчивого развития этой страны. Государства-члены ШОС вновь заявляют о своей готовности оказывать содействие процессу политического урегулирования конфликта под руководством и с участием самих афганцев как на двусторонней основе, так и в рамках Контактной группы «ШОС-Афганистан».

成员国认为，根据联合国安理会第2231号决议，在所有参与方无条件履行自身义务基础上落实伊朗核问题全面协议至关重要。

Государства-члены ШОС считают важной устойчивую реализацию Совместного всеобъемлющего плана действий по иранской ядерной программе в соответствии с Резолюцией 2231 Совета Безопасности ООН на основе неукоснительного исполнения всеми его участниками своих обязательств.

成员国强调，在维护叙利亚主权、独立和领土完整基础上，开展对话是解决叙利亚问题的唯一途径。成员国特别指出，阿斯塔纳进程框架内的协作为执行联合国安理会第2254号决议创造了必要条件。

Подчеркнута общая позиция о безальтернативности урегулирования ситуации в Сирии путем диалога при обеспечении суверенитета, независимости и территориальной целостности этой страны. Особо отмечено, что взаимодействие в рамках Астанинского формата создало необходимые условия для реализации Резолюции 2254 Совета Безопасности ООН.

成员国表示愿继续加强上合组织经济领域合作，共同致力于构建开放型世界经济，强调当前单边主义和贸易保护主义抬头，破坏了多边贸易体制基础，为发展经贸、金融和投资合作设置了人为障碍。在此背景下，成员国就维护和加强世界贸易组织地位和作用形成共同立场具有重要意义。

Акцентированно прозвучал настрой в пользу наращивания усилий по укреплению экономической составляющей деятельности ШОС и взаимодействия в целях совместного формирования мировой экономики открытого типа. Приоритетно констатировалась важность объединения позиций государств-членов ШОС в условиях роста односторонних протекционистских действий отдельных государств, подрывающих основы системы многосторонней торговли и создающих искусственные препятствия на пути развития торгово-экономического, финансового и инвестиционного сотрудничества. Серьезное значение имеет консолидированное мнение государств-членов ШОС о важности сохранения и укрепления роли Всемирной торговой организации.

为此，成员国将集中精力扩大并深化在贸易、金融、投资、交通、能源、农业、创新、高科技等领域的合作，解决扩大本币结算规模相关问题。

В этих условиях государства-члены ШОС намерены сфокусироваться на расширении и углублении взаимодействия в таких сферах, как торговля, финансы, инвестиции, транспорт, энергетика, сельское хозяйство, инновации, высокие технологии и т.д. Серьезное внимание будет уделяться решению вопросов, связанных с увеличением доли национальных валют во взаиморасчетах.

成员国支持在反腐败领域加强工作交流和经验分享，并进一步开展国际合作。

Государства-члены будут способствовать укреплению обмена опытом и дальнейшему развитию международного сотрудничества в сфере антикоррупционной деятельности.

科技、教育、文化、卫生、体育、旅游是上合组织重要合作领域。成员国支持进一步深化上述领域合作，包括推动制定开展媒体和体育领域合作协定等。

Важнейшей составляющей деятельности ШОС остается сотрудничество в области здравоохранения, науки, образования, культуры, спорта, туризма и других. Продвижению на этих направлениях призваны способствовать, в частности, соглашения по развитию сотрудничества в области средств массовой информации, физической культуры и спорта.

成员国认为，未来应在整合地区国家、国际组织和多边机构发展潜力基础上，在上合组织地区构建广泛、开放、互利和平等的伙伴关系。为实现上述目标，应充分发掘上合组织实业家委员会、银行联合体和青年委员会的潜力。

Перспективной задачей признано формирование на пространстве ШОС широкого, открытого, взаимовыгодного и равноправного партнерства с использованием потенциалов стран региона, международных организаций и многосторонних объединений. На ее решение будут нацелены в том числе меры по реализации в полном объеме возможностей Делового совета, Межбанковского объединения и Молодежного совета ШОС.

哈萨克斯坦共和国、吉尔吉斯共和国、巴基斯坦伊斯兰共和国、俄罗斯联邦、塔吉克斯坦共和国、乌兹别克斯坦共和国重申支持中华人民共和国提出的"一带一路"倡议，高度评价2019年4月25日至27日在北京举行的第二届"一带一路"国际合作高峰论坛成果，肯定各方为共同实施"一带一路"倡议，包括为促进"一带一路"倡议和欧亚经济联盟建设对接所做工作。

Республика Казахстан, Кыргызская Республика, Исламская Республика Пакистан, Российская Федерация, Республика Таджикистан и Республика Узбекистан, подтверждая поддержку инициативы Китая «Один пояс, один путь», высоко оценили итоги Второго международного форума сотрудничества ОПОП (Пекин, 25-27 апреля 2019 г.). Они отметили текущую работу по совместному осуществлению этого проекта, в том числе усилия по сопряжению строительства Евразийского экономического союза и ОПОП.

成员国愿积极致力于进一步提升上合组织国际地位，扩大上合组织在国际和地区事务中的作用。鉴此，在峰会框架内签署上合组织秘书处与联合国多个专门机构及阿斯塔纳国际金融中心签署合作文件具有特殊意义。

Государства-члены намерены активно добиваться дальнейшего укрепления международных позиций ШОС, повышения ее роли в глобальных и региональных делах. В этом контексте особое значение имеет подписание в рамках саммита документов по вопросам взаимодействия Секретариата ШОС с рядом специализированных учреждений ООН, а также Международным финансовым центром «Астана».

成员国支持在上合组织地区发展技术园区和创业孵化器，改善地区营商环境，支持上合组织青委会框架内"上合组织青年创业国际孵化器"等青年创业项目。

Государства-члены намерены способствовать развитию технологических парков и бизнес-инкубаторов на пространстве ШОС в целях улучшения бизнес-климата в регионе и поддержки молодежных стартап-проектов, в том числе проекта «Международный молодёжный бизнес-инкубатор стран ШОС» в рамках Молодежного совета ШОС.

在应对气候变化问题合作背景下，成员国注意到在卡托维兹《联合国气候变化框架公约》第 24 次缔约方大会上通过的《巴黎协定》实施细则。

В контексте сотрудничества по вопросам изменения климата государства-члены отметили договоренности, достигнутые на 24-й Конференции сторон Рамочной конвенции ООН об изменении климата в Катовице, о руководящих принципах для практической реализации Парижского соглашения.

各方听取并批准了《上合组织秘书长关于上合组织过去一年工作报告》和《上合组织地区反恐怖机构理事会关于地区反恐怖机构 2018 年工作的报告》。报告中指出上合组织常设机构在组织框架内为完善协调与合作所做贡献。

Основные итоги деятельности ШОС в истекшем году были отражены в докладах Генерального секретаря ШОС, а также Директора Исполнительного комитета РАТС ШОС о ее деятельности в 2018 году, в которых отмечен значительный вклад постоянно действующих органов ШОС в улучшение координации и практического взаимодействия в рамках Организации.

2018 年 6 月 9 日至 10 日上合组织青岛峰会后，上合组织举行了成员国政府首脑（总理）理事会会议（2018 年 10 月 11 日至 12 日，杜尚别）、安全会议秘书会议（2019 年 5 月 14 日至 15 日，比什凯克）、外交部部长理事会会议（2019年5月21日至22日，比什凯克）、国家协调员会议（2018年8月至2019年6月，比什凯克、北京、昆明、杜尚别）、地区反恐怖机构理事会会议（2018年10月18日，比什凯克；2019年3月15日，塔什干）、上合组织成员国议会国际事务委员会负责人首次会晤（2018年12月14日，比什凯克）、主管机关边防部门领导人会议（2018年9月23日，萨雷奥伊；2019年6月5日，塔什干）、司法部长会议（2018年8月24日，乔蓬阿塔）、科技部长会议（2018年4月18日，莫斯科）、农业部长会议（2018年9月18日，比什凯克）、经贸部长会议（2018年9月19日，杜尚别）、总检察长会议（2018年9月20日，杜尚别）、教育部长会议（2018年10月17日，阿斯塔纳）、国防部长会议（2019年4月28日至29日，比什凯克）、文化部长会议（2019年6月，比什凯克）、禁毒部门领导人会议（2019年4月24日至25日，比什凯克）、铁路部门负责人首次会晤（2018年9月19日，塔什干）、"联合国与上合组织：为巩固世界和平、安全和稳定开展合作"高级别特别活动（2018年11月27日，纽约）、上合组织妇女论坛（2019年5月16日，比什凯克）、上合组织媒体论坛（2019年5月23日至24日，比什凯克）、实业家委员会理事会会议（2019年5月14日，比什凯克）、银行联合体理事会会议（2019年6月11日至12日，比什凯克）、上合组织青年交流营（2019年4月25日至5月2日，北京、青岛）及其他各级别活动。

В период после саммита в Циндао (9-10 июня 2018 г.) состоялись заседание Совета глав правительств (премьер-министров) государств-членов (г. Душанбе, 11-12 октября 2018 г.), Встреча секретарей советов безопасности (г. Бишкек, 14-15 мая 2019 г.), заседание Совета министров иностранных дел (г. Бишкек, 21-22 мая 2018 г), заседания Совета национальных координаторов (г. Бишкек, г. Пекин, г. Куньмин, г. Душанбе, август 2018 г. – июнь 2019 г.), Совета Региональной антитеррористической структуры (г. Ташкент, 15 марта 2019 г.), первая встреча глав комитетов парламентов государств-членов ШОС (г. Бишкек, 14 декабря 2018 г.), заседания руководителей пограничных служб компетентных органов (с. Сары-Ой, Иссык-Кульская область, Кыргызская Республика, 23 сентября 2018 г., г. Ташкент, 5 июня 2019 г.), Совещание министров юстиции (г. Чолпон-Ата, 24 августа 2018 г.), Совещания руководителей министерств и ведомств науки и техники (г. Москва, 18 апреля 2018 г.), Совещание министров сельского хозяйства (г. Бишкек, 18 сентября 2018 г.), Совещание министров, отвечающих за внешнеэкономическую и внешнеторговую деятельность (г. Душанбе, 19 сентября 2018 г.), Заседание генеральных прокуроров (г. Душанбе, 20 сентября 2018 г.), Совещание министров образования (г. Астана, 17 октября 2018 г.), Совещание министров обороны (г. Бишкек, 28-29 апреля 2019 г.), Совещание министров культуры (г. Бишкек, июня 2019 г.), Совещание руководителей компетентных органов наделенных полномочиями по борьбе с наркотиками (г. Бишкек, 24-25 апреля 2019 г.), первая встреча глав железнодорожных администраций (г. Ташкент, 19 сентября 2018 г.), специальное мероприятие высокого уровня «ООН и ШОС: сотрудничество во имя укрепления мира, безопасности и стабильности» (г. Нью-Йорк, 27 ноября 2018 г.), Форум женщин ШОС (г. Бишкек, 16 мая 2019 г.), Форум представителей средств массовой информации стран ШОС (г. Бишкек, 23-24 мая 2019 г.), заседания Правления Делового совета ШОС (г. Бишкек, 14 мая 2019 г.) и Совета Межбанковского объединения ШОС (г. Бишкек, 11-12 июня 2019 г.), Молодежный лагерь ШОС (гг. Пекин и Циндао 25 апреля - 2 мая 2019 г.), а также другие мероприятия на различных уровнях.

成员国注意到2018年9月2日至8日第三届世界游牧民族运动会在乔蓬阿塔成功举行。

Руководители государств-членов отметили успешное проведение 3-х Всемирных игр кочевников (г. Чолпон-Ата, 2-8 сентября 2018 г.).

【公报结尾：致谢，安排下一次会议地点、时间。】

成员国领导人高度评价吉尔吉斯共和国担任上合组织轮值主席国期间所做工作，对吉方在比什凯克峰会期间给予的热情接待和周到安排表示感谢。

Руководители государств-членов дали высокую оценку проделанной Кыргызской Республикой работе во время председательства в ШОС и выразили признательность кыргызской стороне за гостеприимство и хорошую организацию саммита в г. Бишкеке.

上合组织下任轮值主席国将由俄罗斯联邦担任。上合组织成员国元首理事会下次会议将于2020年在俄罗斯联邦举行。

Председательство в Организации на предстоящий период переходит к Российской Федерации. Очередное заседание Совета глав государств-членов ШОС состоится в 2020 году в Российской Федерации.

三、外交公报译法提示

外交文书的翻译，不仅涉及文字问题，更重要的是涉及各国的重大利益。因此，这项工作一是要求语言表达高度精确，二是要求译员具有高度的政治敏锐性。外交文书的特点是正式、礼貌、得体，采用说明文和论证文语体。

外交公报讲究措辞准确、精练，语气庄重、严肃。翻译外交公报时，要注重表达性和信息性实质，紧扣原文内涵实质准确措辞，并且根据具体情况选择时态。外交公报及其他外交文书的译文，既要经得起历史的推敲，也要符合我国的对外政策。翻译时要高度重视词汇所隐含的政治含义，选择同义词时一定要注意其细微差别，在不失原则和立场的情况下，尽量谋求双方都能接受的语言表达形式。

译法提示1. 热点词汇的翻译

随着我国国力的不断增强和国际形象的不断改善，我国在国际事务中的发言权和主动参与度持续加强。进入中国特色社会主义建设新时期，有中国特色的新型大国外交理念及其外交话语体系，正在以极具中国话语风格的国际表达方式，向世界提供着构建人类命运共同体的中国智慧和中国方案。在翻译涉及我国外交理念的政治术语和热点词汇时，应该通过我国官方传媒和网站查找我国政府所认可的官方标准译法，以外交翻译传播中国话语，展示中国道路，尽量采用我国官方媒体网站的固定译法，不可自己创造词汇或熟语，以保持这类政治热点词汇翻译的高度精确性，准确传达我国的政治主张及其政治内涵。

外交公报翻译中涉及的热点词汇主要包括政治、经济、社会热点词汇和机构组织名称，译例如下：

政治热点：	
恐怖主义、极端主义和激进组织	*террористические, экстремистские и радикальные группировки*
新型国际关系	*международные отношения нового типа*

(续表)

构建人类命运共同体	*создание сообщества единой судьбы человечества*
上海精神：互信、互利、平等、协商、尊重多样文明、谋求共同发展	*Шанхайский дух – взаимное доверие, взаимная выгода, равенство, взаимные консультации, уважение к многообразию культур, стремление к совместному развитию*
反腐行动	*антикоррупционная деятельность*
安保合作	*деятельность по обеспечению безопасности*
多边合作机制	*механизм многостороннего взаимодействия*
在联合国框架内	*под эгидой ООН*
经济和社会热点：	
多边主义	*мультилатерализм*
单边主义	*унилатерализм*
单边主义和贸易保护主义	*односторонние протекционистские действия*
开放型世界经济	*мировая экономика открытого типа*
本币结算	*национальные валюты во взаиморасчетах*
技术园区	*технологический парк*
工业园区	*индустриальный/промышленный парк*
创业孵化器	*бизнес-инкубатор*
上合组织青年创业国际孵化器	*Международный молодёжный бизнес-инкубатор стран ШОС*
创业项目	*стартап-проект*
非法贩运毒品	*незаконный оборот наркотиков*
跨国有组织犯罪	*трансграничная организованная преступность*
危机预警	*предупреждения кризисных ситуаций*

译法提示 2. 外交公报中的专有名词翻译

外交公报中常出现一些国际组织的名称、主要成员的姓名及职务，我们应该熟悉这些组织及职务名称，特别常用的名称尽量做到不用查阅资料，直接翻译，次常用的专有名称需要在网上查阅固定译法，不可自行翻译，以免违反俄语规范而造成外事活动中不必要的误解。另外，我们还需特别注意领导人的最新变更情况。

外交公报中出现的专有名称主要有：机构组织名称、重要文件名称和组织名称等。译例如下：

机构组织名称：	
上海合作组织	Шанхайская организация сотрудничества (ШОС)
上合组织观察员国	государства-наблюдатели ШОС
上合组织对话伙伴	партнеры по диалогу ШОС
轮值主席国	председательство в Организации
上合组织—阿富汗联络组	Контактная группа «ШОС-Афганистан»
上合组织元首理事会	Совет глав государств-членов ШОС
重要文件名称：	
《上合组织宪章》	Хартия ШОС
《比什凯克宣言》	Бишкекская декларация
《联合国宪章》	Устав ООН
《联合国全球反恐战略》	Глобальная контртеррористическая стратегия в соответствии с Уставом ООН
《联合国全面反恐公约》	Всеобъемлющая конвенция по борьбе с международным терроризмом
《联合国安理会反恐委员会执行局与上合组织地区反恐怖机构合作备忘录》	Меморандум о сотрудничестве между Исполнительным директоратом Контртеррористического комитета СБ ООН и Региональной антитеррористической структурой ШОС
《实现无恐怖主义世界行为准则》	Кодекс поведения для достижения мира, свободного от терроризма

(续表)

《中亚无核武器区条约》	*Договор о зоне, свободной от ядерного оружия, в Центральной Азии*
《禁止生物武器公约》	*Конвенция о запрещении разработки, производства и накопления запасов бактериологического (биологического) и токсинного оружия*
《制止生化恐怖主义行为国际公约》	*международная Конвенция по борьбе с актами химического и биологического терроризма*
《联合国气候变化框架公约》	*Рамочная конвенция ООН об изменении климата*
《巴黎协定》	*Парижское соглашение*
《上合组织秘书长关于上合组织过去一年工作报告》	*доклад Генерального секретаря ШОС о ее деятельности в предыдущем году*
职务名称：	
中华人民共和国主席	*Председатель Китайской Народной Республики*
俄罗斯联邦总统	*Президент Российской Федерации*
哈萨克斯坦共和国总统	*Президент Республики Казахстан*
吉尔吉斯共和国总统	*Президент Кыргызской Республики*
塔吉克斯坦共和国总统	*Президент Республики Таджикистан*
乌兹别克斯坦共和国总统	*Президент Республики Узбекистан*
白俄罗斯共和国总统	*Президент Республики Беларусь*
印度共和国总理	*Премьер-министр Республики Индии*
巴基斯坦伊斯兰共和国总理	*Премьер-министр Исламской Республики Пакистан*
阿富汗伊斯兰共和国总统	*Президент Исламской Республики Афганистан*
伊朗伊斯兰共和国总统	*Президент Исламской Республики Иран*
蒙古国总统	*Президент Монголии*
联合国副秘书长	*заместитель Генерального секретаря ООН*

(续表)

联合国秘书长特别代表	Специальный представитель Генерального секретаря Организации Объединенных Наций (ООН)
联合国秘书长中东和中亚地区人道主义事务助理	помощник Генерального секретаря ООН по вопросам гуманитарного партнерства на Ближнем Востоке и в Центральной Азии
联合国中亚地区预防外交中心主任	Глава Регионального Центра ООН по превентивной дипломатии в Центральной Азии
独联体执委会主席	Председатель Исполнительного комитета - Исполнительный секретарь Содружества Независимых Государств (СНГ)
集体安全条约组织秘书长	Генеральный секретарь Организации Договора о коллективной безопасности
集体安全条约组织代理秘书长	и.о. (исполняющий обязанности) Генерального секретаря Организации Договора о коллективной безопасности (ОДКБ)
欧亚经济委员会执委会主席	Председатель Коллегии Евразийской экономической комиссии
欧亚经济共同体秘书长	Генеральный секретарь Евразийского экономического сообщества

四、翻译技巧

翻译技巧1.常用句式翻译中的忠实与转换：

翻译的忠实性：翻译忠实观古已有之，在国内，早期佛经翻译中就有所论及，如支谦《法句经序》中的"因循本旨，不加文饰"、道安《鞞婆沙序》中的"案本而传"等。其中引发的文质之争与忠实也有很大的关系，如严复的"信、达、雅"、林语堂的"忠实、通顺、美"等。翻译忠实观根深蒂固、影响深远。在西方，多雷的"无原则"、泰特勒的"三原则"、巴尔胡达罗夫的六个层面的等值，都强调了忠实翻译的重要性。我们要探究的是外交翻译中的相关问题，外事外交文本属于政论语体的范畴，这类语体的翻译与学术文本、科技文本有相似之处，即更加要求"唯真求实"和"忠实原则"。[①] 忠实性体现在原文和译文从形式到内容的对应，见例（1）：

---

① 陶源：基于俄汉平行语料库的人文社科类学术文本翻译研究 [M]. 科学出版社, 2018.

（1）成员国认为，未来应在整合地区国家、国际组织和多边机构发展潜力基础上，在上合组织地区构建广泛、开放、互利和平等的伙伴关系。

Перспективной задачей признано формирование на пространстве ШОС широкого, открытого, взаимовыгодного и равноправного партнерства с использованием потенциалов стран региона, международных организаций и многосторонних объединений.

例（1）中共有两组排比关系，第一组："地区国家、国际组织和多边机构"，译文既保留了原文的意义，又保留了原文的形式和顺序，译为：страны региона, международные организации и многосторонние объединения；第二组："广泛、开放、互利和平等的伙伴关系"，其译文 широкое, открытое, взаимовыгодное и равноправное партнерство 同样是对原文意义的忠实再现，且保留了原文排比的词汇顺序。

与忠实性相对应的是外交公报翻译中的转换要求。"转换"的概念在西方翻译史中早有提及。在《语言学翻译理论》中，卡特福德借语言学理论对翻译中的转换现象进行了系统的阐述："转换的方法是翻译实践最基本的方法。没有转换，就没有翻译。"卡特福德将转换理论分为两种：层次转换和范畴转换。范畴转换下又继续细分成四小类：结构转换、类别转换、单位转换和内部结构转换。[①] 外交公报翻译中的转换基本上可归入结构转换和内部结构转换的范畴，即句式的转换、语序的调整，或选择与源语不同的译入语结构。外交公报中的转换见例（2）—（4）：

（2）成员国领导人讨论了2018年青岛峰会成果落实情况和当前世界政治经济形势下上合组织发展的首要任务。各方的一致立场体现在《比什凯克宣言》中。

Руководители государств-членов рассмотрели ход реализации итогов Циндаоского саммита 2018 года и первоочередные задачи дальнейшего развития ШОС в контексте текущих процессов в мировой политике и экономике. Согласованные позиции сторон отражены в принятой Бишкекской декларации.

---

① 卡特福德：翻译的语言学理论 [M]. 穆雷译，旅游教育出版社，1991.

（3）成员国就国际和地区热点问题交换意见，强调应共同努力，维护上合组织地区安全稳定和可持续发展，基于《联合国宪章》等国际公认的国际法原则和准则，加强同各方互利合作。

В ходе обмена мнениями по актуальной международной и региональной проблематике подчеркнута необходимость наращивания совместных усилий по обеспечению надежной безопасности и устойчивого развития на пространстве ШОС. В этой связи подчеркнута важность укрепления взаимовыгодного сотрудничества со всеми заинтересованными государствами на основе общепризнанных принципов и норм международного права, прежде всего Устава ООН.

（4）成员国强调，不能以任何理由为任何恐怖主义和极端主义行径开脱，反恐应综合施策，加大力度打击恐怖主义及其思想，查明和消除恐怖主义和极端主义滋生因素。

Государства-члены, подчеркивая, что не может быть никаких оправданий каким-либо актам терроризма и экстремизма, считают важным осуществление комплексных мер по усилению противодействия терроризму и его идеологии, выявлению и устранению факторов и условий, способствующих терроризму и экстремизму.

例（2）—（4）原文结构相同，均为主谓结构，且主语相同，均为"成员国"，例（3）和（4）的谓语也相同，即"强调"，而译文分别采用了三种不同的结构，例（2）采用动词的人称形式 Руководители государств-членов рассмотрели，例（3）使用被动性动词短尾 ...подчеркнута необходимость, ...подчеркнута важность，例（4）则把原文的谓语"强调"译为副动词 подчеркивая，并放在状语的位置，增加动词 считать 作为句子的谓语。译者不断调整句式，尽量避免句式重复，因为翻译的转换一方面为了实现译文和原文的动态对等，另一方面也是要增加译文的可读性，使得译文尽量符合译入语的规范。汉语的相似结构给人以句式整齐之感，而俄语如采用相同结构，则会让读者感觉言语贫乏、单调、缺乏活力。译者需要根据读者的需求转换一些在译者看来是读者不需要的信息，这既体现了译者的能动性，同时也使得翻译更加高效。为此，译者需要充分了解读者的心理，符合读者需要的信息即可保留，其他信息可以转换译法。恰当的转换，可以使译文中有价值的信息得以充分表达，突出重点，最大化地满足读者的阅读需求。

例（2）提到"一致立场"，例（3）包含"应共同努力""安全稳定和可持续发展""互利合作",此处涉及中国对外政治话语的翻译问题,我们不应牵强附会于西方话语,"削足适履"地移植入西方政治话语体系,否则会陷入他们的话语圈套。而应该大胆发声,坚定自信,勇于表达,构建具有"中国气派"的中国对外话语体系,因此,我们对这些表达采用既有中国思维,又符合俄语读者习惯的表达:Согласованные позиции сторон, совместных усилий, надежной безопасности и устойчивого развития, взаимовыгодного сотрудничества. 这些表达都将表现中国作为世界大国的担当,也表现出中国作为上合组织发起国的核心作用。

翻译中应注意忠实性和灵活性的训练,这是提高综合思维素质的重要一环。鼓励学生积极思考,引导学生掌握翻译原则与方法,进而揭示教学素材的本质、内涵、逻辑和情感价值,这是外语课程思政的要求之一。应引导学生"钻进去",深入理解原意,并"跳出来",摆脱原文句子结构与表达方式,产出理想的译文,翻译方法即是直译和意译相结合。

类似的转换见例(5)—(10):

(5)<u>元首们就</u>当前国际和地区形势、重大国际和地区问题以及上合组织未来发展前景<u>交换了意见</u>。

Состоялся обмен мнениями о текущей ситуации в регионе и мире в целом, по актуальным международным и региональным проблемам, а также о перспективах дальнейшего развития ШОС.

(6)<u>元首们指出</u>,上合组织的成立与发展,有力地促进了区域合作,增强了睦邻友好与互信,开创了上合组织成员国和谐共存的局面。

Отмечено, что создание и деятельность ШОС существенно способствует углублению регионального сотрудничества, укрепляет дружбу, добрососедство и взаимное доверие, открывает реальную перспективу гармоничного сосуществования государств-членов ШОС.

(7)<u>元首们指出</u>,恐怖主义、分裂主义、极端主义、非法贩运毒品、跨国有组织犯罪等威胁的尖锐性有增无减,世界不同地区局势持续动荡。

Главы государств констатировали тенденцию к обострению таких угроз, как терроризм, сепаратизм, экстремизм, незаконный оборот наркотиков и трансграничная организованная преступность, а также проблем, связанных с дестабилизацией ситуации в различных регионах мира.

(8)<u>元首们强调</u>成员国在维护国际信息安全领域开展合作的<u>重要性</u>,<u>指出</u>应防止利用信息通信技术破坏世界和平、稳定和安全,继续在联合国框架内推动制定"信息安全国际行为准则"。

Главы государств подчеркнули важность сотрудничества государств-членов ШОС в сфере обеспечения международной информационной безопасности; отметили целесообразность противодействия использованию информационно-коммуникационных технологий в целях, противоречащих международному миру, стабильности и безопасности; условились содействовать выработке под эгидой ООН правил поведения в области обеспечения международной информационной безопасности.

（9）元首们决定给予阿富汗伊斯兰共和国上合组织观察员地位，给予土耳其共和国上合组织对话伙伴地位。

Главы государств приняли решения о предоставлении Исламской Республике Афганистан статуса наблюдателя при ШОС и Турецкой Республике – партнера по диалогу ШОС.

（10）元首们决定任命梅津采夫（俄罗斯联邦）为上合组织秘书长，任命张新枫（中华人民共和国）为上合组织地区反恐怖机构执行委员会主任，任期均为 2013 年 1 月 1 日至 2015 年 12 月 31 日。

Главы государств приняли решения о назначении Д.Ф. Мезенцева (Российская Федерация) Генеральным секретарем ШОС и Чжан Синьфэна (Китайская Народная Республика) Директором Исполнительного комитета Региональной антитеррористической структуры ШОС на период с 1 января 2013 года по 31 декабря 2015 года.

例（5）—（10）原文结构相似，均为"元首们"+动词构成的主谓结构，而译文分别采用了四种不同的结构：①保留原文内容和形式的主谓结构：Главы государств подчеркнули важность, отметили что（8），Главы государств приняли решения о чём（9），（10）；②话语标记语+说明从句结构：Отмечено, что…（6）；③省略主语的动名词结构：Состоялся обмен мнениями о чём（5）；④转换原文谓语动词的主谓结构：Главы государств констатировали тенденцию к чему（7）。

因此，在外交公报翻译中，我们需要忠实于原文的内容，保证翻译的准确性，同时，我们还要注意翻译中语言结构的转换，使得译文具有可读性，符合译入语读者的规范。

翻译技巧 2. 外交公报的标题和结尾翻译：

标题：标题一般包含"发表公报的单位、事由、文书种类"三个因素，在俄文译文中，要把文书种类放在最前面。

（11）上海合作组织成员国元首理事会会议<u>新闻公报</u>

<u>Информационное сообщение по итогам заседания</u> Совета глав государств-членов Шанхайской организации сотрудничества (г. Пекин, 6 - 7 июня 2012 года)

（12）中俄总理第十五次定期会晤<u>联合公报</u>

<u>Совместное коммюнике по итогам</u> пятнадцатой регулярной встречи глав правительств КНР и РФ

（13）中华人民共和国、印度共和国和俄罗斯联邦外交部长会晤<u>联合公报</u>

<u>Совместное коммюнике по итогам</u> трехсторонней встречи министров иностранных дел Китайской Народной Республики, Республики Индия и Российской Федерации

（14）中华人民共和国和哈萨克斯坦共和国<u>联合公报</u>

<u>Совместное коммюнике</u> Китайской Народной Республики и Республики Казахстан

（15）中华人民共和国政府和乌兹别克斯坦共和国政府联合公报

<u>Совместное коммюнике</u> между правительством Китайской Народной Республики и правительством Республики Узбекистан

我们在外交翻译中一定要将中华人民共和国进行全译，如有几个国家同时出现，应该将中华人民共和国放在最前面。作为一名中国的译者，应该担当起译者的话语责任，把祖国至上的价值观和价值体系内化在自己的翻译工作中，外交翻译中类似的例子还很多，我们应该有意识地维护祖国利益，发挥中国译者在"讲述中国故事"中的主观能动性。

结尾：定期会晤机制会后发布的外交公报，在结尾部分一般会说明下一次会晤的时间和地点，有时也会对本次会晤的接待方的接待工作表示感谢。

<u>成员国领导人高度评价吉尔吉斯共和国担任上合组织轮值主席国期间所做工作</u>，<u>对吉方在</u>比什凯克峰会期间给予的热情接待和周到安排表示感谢。

Руководители государств-членов дали высокую оценку проделанной Кыргызской Республикой работе во время председательства в ШОС и выразили признательность кыргызской стороне за гостеприимство и хорошую организацию саммита в г. Бишкеке.

　　上合组织下任轮值主席国将由俄罗斯联邦担任。上合组织成员国元首理事会下次会议将于2020年在俄罗斯联邦举行。

　　Председательство в Организации на предстоящий период переходит к Российской Федерации. Очередное заседание Совета глав государств-членов ШОС состоится в 2020 году в Российской Федерации.

五、礼宾知识点滴

国旗的悬挂

　　国旗是国家的一种标志，是国家的象征。人们往往通过悬挂国旗，表示对本国的热爱或对他国的尊重。但是，在一个主权国家领土上，一般不得随意悬挂他国国旗。不少国家对悬挂外国国旗都有专门的规定。在国际交往中，还形成了悬挂国旗的一些惯例，为各国所公认。

　　按国际关系准则，一国元首、政府首脑在他国领土上访问，在其住所及交通工具上悬挂国旗（有的是元首旗）是一种外交特权。东道国接待来访的外国元首、政府首脑时，在隆重的场合，在贵宾下榻的宾馆、乘坐的汽车上悬挂对方（或双方）的国旗（或元首旗），这是一种礼遇。此外国际上公认，一个国家的外交代表在接受国境内有权在其办公处和官邸，以及交通工具上悬挂本国国旗。

　　在国际会议上，除会场悬挂与会国国旗外，各国政府代表团团长亦按会议组织者有关规定在一些场所或车辆上悬挂本国国旗（也有不挂国旗的）。有些展览会、体育比赛等国际性活动，也往往悬挂有关国家的国旗。

　　在建筑物上，或在室外悬挂国旗，一般应日出升旗，日落降旗。遇需悬旗志哀，通常的做法是降半旗，即先将旗升至杆顶，再下降至离杆顶相当于杆长三分之一的地方。降旗时，先将旗升至杆顶，然后再下降。也有的国家不降半旗，而是在国旗上方挂黑纱志哀。升降国旗时，服装要整齐，要立正脱帽行注目礼，不能使用破损和污损的国旗。国旗一定要升至杆顶。

　　悬挂双方国旗，按国际惯例，以右为上，左为下。两国国旗并挂，以旗本身面向为准，右挂客方国旗，左挂本国国旗。汽车上挂旗，则以汽车行进方向为准，驾驶员左手为主方，右手为客方。所谓主客，不以活动举行所在国为依据，而以举办活动的主人为依据。例如，外国代表团来访，东道国举行的欢迎宴会，东道国为主人；答谢宴会，来访者是主人。也有个别国家，把本国国旗挂在上首。

几种挂旗法：（1）两面国旗并挂；（2）三面以上国旗并挂（多面并列，主方在最后）。如系国际会议，无主客之分，则按会议规定之礼宾顺序排列。（3）并列悬挂；（4）交叉悬挂；（5）竖挂（客方为反面，主方为正面）；（6）竖挂（双方均为正面）。

国旗不能倒挂，一些国家的国旗由于文字和图案的原因，也不能竖挂或反挂。有的国家明确规定，竖挂需另制旗，将图案转正。例如朝鲜民主主义人民共和国国旗竖挂时，五角星的星尖依然朝上。有的国家则无明确规定。因此，正式场合悬挂国旗宜以正面（即旗套在旗的右方）面向观众，不用反面。如果旗是挂在墙壁上，避免交叉挂法和竖挂。如果悬空挂旗，则不成问题。

各国国旗图案、式样、颜色、比例均由本国宪法规定。不同国家的国旗，如果比例不同，用同样尺寸制作，两面旗帜放在一起，就会显得大小不一。例如，同样六尺宽的旗，三比二的就显得较二比一的大。因此，并排悬挂不同比例的国旗，应将其中一面略放大或缩小，以使旗的面积大致相同。

六、课后翻译练习

1. 请将这篇联合公报（摘译）翻译为俄文，指出其中的翻译转换。

我们进一步认识到，世界经济面临诸多挑战，虽在缓慢复苏，但下行风险犹存。全球贸易和投资增长依然低迷，以规则为基础的多边贸易体制有待加强。各国特别是发展中国家仍然面临消除贫困、促进包容持续经济增长、实现可持续发展等共同挑战。

我们注意到，"丝绸之路经济带"和"21世纪海上丝绸之路"（"一带一路"倡议）能够在挑战和变革中创造机遇，我们欢迎并支持"一带一路"倡议。该倡议加强亚欧互联互通，同时对非洲、拉美等其他地区开放。"一带一路"作为一项重要的国际倡议，为各国深化合作提供了重要机遇，取得了积极成果，未来将为各方带来更多福祉。

我们重申，在"一带一路"倡议等框架下，共同致力于建设开放型经济、确保自由包容性贸易、反对一切形式的保护主义。我们将努力促进以世界贸易组织为核心、普遍、以规则为基础、开放、非歧视、公平的多边贸易体制。

我们将秉持和平合作、开放包容、互学互鉴、互利共赢、平等透明、相互尊重的精神，在共商、共建、共享的基础上，本着法治、机会均等原则加强合作。

选自《"一带一路"国际合作高峰论坛圆桌峰会联合公报》

2. 请将下面这篇小短文翻译为俄文，注意其中热点词汇和专有名称的翻译。

上合组织是一个所有成员国无论领土大小、人口多寡、政治经济实力强弱而一律平等的新型国际组织，每个成员国都为上合组织的发展贡献力量，其中，中国发挥着开创性和建设性的关键作用。

上合组织的基本原则为"上海精神"，主张互信、互利、平等、协商、尊重多样文明、谋求共同发展。"上海精神"已经获得国际社会的广泛认可，丰富了国际关系理论。上合组织遵循协商一致的原则，主张平等对话，尊重各方利益。在国际政治进程不可逆转的背景下，协商一致原则在构建多边国际秩序的过程中展现出强大的生命力和现实性。上合组织国家的高效合作使占欧亚大陆面积60%的地区局势稳定。

在青岛峰会期间，习近平主席宣布了中方促进上合组织成员国合作的一系列重大举措。未来3年，中方愿为各方培训2000名执法人员，将在上海合作组织银行联合体框架内设立300亿元人民币等值专项贷款，为各成员国提供3000个人力资源开发培训名额。这些举措充分彰显了中方致力于提升上合组织总体实力，促进成员国经济社会发展的良好意愿。

习近平主席提出的"一带一路"倡议获得了上合组织大多数成员国的赞赏和支持，因为"一带一路"以历史友谊、相互尊重、互利合作为基础，带动弘扬传统价值的国家共同发展。"一带一路"倡议为基础设施领域的合作开辟了更加广阔的空间，互联互通是上合组织合作的重要领域。众所周知，互联互通不仅直接关系经贸合作的成效，而且为各国人民之间的畅通交流提供保障。在这一意义上，"一带一路"有助于推动交通物流领域新型双边、多边合作机制的建立与发展，对上合组织成员国，尤其是中亚国家，意义重大。

选自上合组织原秘书长诺罗夫在人民日报的署名文章《中国在上合组织中发挥开创性建设作用》

3. 请将下面两则公报（摘选）翻译成中文，注意外交公报的工作语言。
（1）

Совместное коммюнике по итогам 26-й регулярной встречи глав правительств России и Китая (отрывки)

Председатель Правительства Российской Федерации М.В. Мишустин и Премьер Государственного совета Китайской Народной Республики Ли Кэцян 30 ноября 2021 года провели в формате видеоконференции двадцатьшестую регулярную встречу глав правительств России и Китая.

Главы правительств, далее именуемые Сторонами, отметили, что в текущем году наши страны празднуют двадцатилетие подписания Договора одобрососедстве, дружбе и сотрудничестве между Российской Федерацией и Китайской Народной Республикой. Вступая в новую эпоху, российско-китайские отношения всеобъемлющего партнерства и стратегического взаимодействия сегодня находятся на наивысшем уровне развития в своей истории, отличаются зрелостью, стабильностью, прочностью и неподвержены внешнему влиянию. Стороны в соответствии сдоговоренностями глав двух государств намерены содействовать расширению масштабов практического сотрудничества России и Китая в целях создания прочной материальной базы двусторонних отношений.

Стороны подчеркнули, что в условиях пандемии новой коронавирусной инфекции, ставшей глобальным вызовом, Россия и Китай осуществляют тесное взаимодействие в борьбе с распространением коронавируса, будут предпринимать усилия с целью снижения его воздействия на российско-китайские практические связи, выступают за углубление международной противоэпидемической кооперации и против политизации темы пандемии.

Стороны отметили эффективное функционирование механизма регулярных встреч глав правительств России и Китая, координирующего всестороннее углубление двусторонних связей в торгово-экономической, инвестиционной, энергетической, научно-технической, гуманитарной и межрегиональной областях. Стороны намерены продолжать совершенствовать данный механизм для достижения новых значимых результатов взаимовыгодного сотрудничества между двумя странами.

（2）

Три совместных Коммюнике между правительствами КНР и США

Три Коммюнике или, три совместных коммюнике – это комплекс трех совместных заявлений, сделанных правительствами Соединенных Штатов и Китайской Народной Республики: «Китайско-американское совместное коммюнике» (Шанхайское Коммюнике), «Китайско-американское коммюнике об установлении дипломатических отношений», «Коммюнике 17-го августа». Три совместных Коммюнике и по сей день остаются важной основой для развития китайско-американских отношений.

В феврале 1972 года президент США Ричард Никсон по приглашению премьера КНР Чжоу Эньлая прибыл в Пекин с визитом в Китай. Благодаря этому ворота, блокирующие контакты между КНР и США, вновь открылись. 28-ого августа сторонами было опубликовано «Китайско-американское Совместное Коммюнике» в Шанхае. Это означало старт нормализации китайско-американских отношений. 16-го декабря 1978 года правительствами КНР и США было опубликовано «Китайско-американское коммюнике об установлении дипломатических отношений», в котором было заявлено, что, начиная с 1-го января 1979 года правительства КНР и США взаимно признают официальный статус друг друга, и устанавливают дипломатические отношения между двумя странами. 17-го августа 1982 года правительствами Китайской Народной Республики и Соединенных Штатов было опубликовано совместное коммюнике о постепенном и окончательном разрешении вопроса о продаже оружия Тайваню. Это коммюнике известно также как «Коммюнике 17-го августа». В коммюнике правительство США дало три обещания: Первое, продаваемое им оружие Тайваню как по качеству, так и по количеству не будет превышать уровень оружия, предоставленного в последние годы после установления дипломатических отношений между КНР и США. Второе, оно готово постепенно уменьшить объем продажи оружия Тайваню. Третье, окончательное разрешение этого вопроса состоится через определенный отрезок времени. Во всех трех Коммюнике был подчеркнут принцип «одного Китая», что является важной политической основой нормального развития отношений между КНР и США.

七、课后扩展阅读

请扫描二维码，阅读有关上海合作组织的材料并回答问题。

第三章

外交声明的翻译

一、外交声明简介

外交声明是以国家、政府、政党、团体或其领导人名义，就某个国际事件或涉外问题表明立场、观点、态度或主张的外交文书，可在报刊上公开发表，或向对方宣读后交予对方。按内容和作者可分为单发声明和联发声明。

单发声明是以一个国家、政府、政党、团体及外交机关、新闻单位或其领导人名义发布的，性质庄严、郑重，在国际上受到特别重视，需慎重使用，其中以国家政府名义发表的声明意味着该声明具有特别的重要性，可视为该国的庄严宣告；以外交部名义发表的声明，根据需要可加事实材料作为附件；新闻单位奉命发表的声明，既是新闻消息的发布，又是代表政府对某些问题的表态；国家的特定单位（如外交部新闻司）或个人（如外交部发言人）以谈话的形式发表的声明，一般语调较委婉，涉及的问题较为具体，其郑重性次于新闻单位奉命发表的声明。

联发声明又叫联合声明、共同声明，是由两个以上国家、政府、政党、团体或领导人联名发表的。其中由两国、两党或团体发表的联合声明具有共同宣言的性质，或具有条约性质，指出双方共同承担某些权利和义务；由两国领导人共同发表的联合声明，就某些问题表明共同立场和观点，表达共同承担的权利与义务，一般在一方访问另一方时经协商、谈判之后发布；会议声明多属于政治性宣言，用来表达到会各国对某些问题的共同意愿、态度、主张或共同遵守的原则等。

二、外交声明译例

1. 外交部声明

【祖国统一主题】
中华人民共和国外交部声明
Заявление МИД КНР

【开头部分】直击事件本身，表明态度。

2012年9月10日，日本政府不顾中方一再严正交涉，宣布"购买"钓鱼岛及其附属的南小岛和北小岛，实施所谓"国有化"。这是对中国领土主权的严重侵犯，是对13亿中国人民感情的严重伤害，是对历史事实和国际法理的严重践踏。中国政府和人民对此表示坚决反对和强烈抗议。

10 сентября 2012 года японское правительство, не взирая на многократные настойчивые и справедливые представления китайской сто-

роны, объявило о «покупке» островов Дяоюйдао и прилегающих к ним островов Наньсяодао и Бэйсяодао и осуществлении так называемой их «национализации». Это является серьезным посягательством на территориальный суверенитет Китая, сильно задевает чувства 1,3-миллиардного китайского народа и серьезно попирает исторические факты и принципы международного права. Китайское правительство и народ выражают решительный протест в связи с этим.

【第二部分】简要阐述秉持这一态度的理据。

  第二次世界大战结束后，根据《开罗宣言》和《波茨坦公告》，中国收回日本侵占的台湾、澎湖列岛等领土，钓鱼岛及其附属岛屿在国际法上业已回归中国。历史不容翻案。日本在钓鱼岛问题上的立场，是对世界反法西斯战争胜利成果的公然否定，是对战后国际秩序的严重挑战。

  После окончания Второй мировой войны согласно Каирской и Потсдамской декларациям Китай вернул себе все отнятые Японией у него территории, включая Тайвань, острова Пэнху и др., итак, архипелаг Дяоюйдао и прилегающие к нему острова также были возвращены Китаю в рамках международного права. Факты есть факты, и историю не повернуть вспять. Позиция Японии по вопросу Дяоюйдао является явным отрицанием итогов победы мировой антифашистской войны и представляет собой серьезный вызов послевоенному международному порядку.

【第三部分】再次重申态度，表明立场。

  中国政府严正声明，日本政府的所谓"购岛"完全是非法的、无效的，丝毫改变不了日本侵占中国领土的历史事实，丝毫改变不了中国对钓鱼岛及其附属岛屿的领土主权。中华民族任人欺凌的时代已经一去不复返了。中国政府不会坐视领土主权受到侵犯。中方强烈敦促日方立即停止一切损害中国领土主权的行为，不折不扣地回到双方达成的共识和谅解上来，回到谈判解决争议的轨道上来。如果日方一意孤行，由此造成的一切严重后果只能由日方承担。

  Китайское правительство со всей серьезностью заявляет, что так называемая «покупка» островов Дяоюйдао, совершаемая японским правительством, является незаконной и недействительной, это ни коим образом не отменяет исторический факт оккупации Японией китайской территории и не изменит территориальный суверенитет Китая над островами Дяоюйдао и прилегающими к ним островами. Время, когда китайский народ был жертвами чужого произвола, ушло в прошлое. Китайское правительство не оставит без внимания посягательство на территориальный суверенитет государства. Китайская сторона настоятельно требует от японской стороны немедленно прекратить все действия, нарушающие территориальный суверенитет Китая, без всяких скидок вернуться к достигнутым двумя странами договоренностям и взаимопониманию, вернуться в русло разрешения спора путем переговоров. Если японская сторона продолжит действовать, не считаясь с мнением других, то все бремя ответственности за серьезные последствия таких действий понесет только сама японская сторона.

【军事行动主题】
ЗАЯВЛЕНИЕ МИД России
в связи с проведением Турцией военной операции в Сирии
俄罗斯外交部就土耳其在叙利亚采取军事行动发表声明

【开头部分】直接指出本次声明关注的事件——"土耳其及其支持的反政府武装进入叙利亚",并表明俄罗斯外交部对此次事件的态度——"深表关注"。

МИД России выражает серьезную обеспокоенность в связи с продвижением турецких войск и поддерживаемых ими военизированных формирований сирийской оппозиции вглубь территории Сирии.

俄罗斯外交部对土耳其军队及其支持的叙利亚反政府武装进入叙利亚领土开展军事行动深表关切。

【第二部分】阐明这一态度的理据——1)此次行动不符合国际法;2)损坏了叙利亚的和平。

Обращаем внимание на то, что эти действия осуществляются без согласования с легитимными сирийскими властями и без одобрения со стороны Совета Безопасности ООН. Тем самым ставятся под сомнение суверенитет и территориальная целостность Сирийской Арабской Республики. С учетом этого позиция Дамаска представляется справедливой и оправданной с международно-правовой точки зрения. Исходим из того, что действия Турции могут дополнительно осложнить и без того непростую военно-политическую обстановку в Сирии, негативно сказаться на международных усилиях по выработке платформы урегулирования, обеспечивающей более устойчивый характер режима прекращения боевых действий, бесперебойную поставку гуманитарной помощи, закладывающей основу для прочного замирения и преодоления кризиса в этой стране.

我们注意到，这些行动并未征得叙利亚合法政府的同意，也未得到联合国安理会的授权，损害了阿拉伯叙利亚共和国的主权与领土完整。在这种情况下，叙利亚合法政府的立场是符合国际法的，是正义的。我们认为，土耳其的行动只会使叙利亚原本已不简单的政治军事形势更加复杂化，这对国际社会所做调节局势的努力产生了负面影响，不利于维持叙利亚停火局面和人道主义援助物资的输送，损坏了叙利亚克服危机以实现长久和平的基础。

【第三部分】再次声明态度，提出俄罗斯政府对此次事件解决途径的期望。

Призываем Анкару поставить эти задачи выше сиюминутных военно-тактических целей и воздерживаться от шагов, чреватых усилением дестабилизации обстановки в САР.

我们希望安卡拉政府能将叙利亚人民的安危置于自己的短期军事战略目的之上，以避免导致叙利亚局势再次动荡。

2. 外交部发言人表态（声明）

【祖国统一主题】
外交部发言人耿爽就英国发表《香港问题半年报告》答记者问
Официальный представитель МИД КНР Гэн Шуан ответил на вопрос СМИ относительно опубликованного Великобританией «Полугодичного доклада по вопросам Сянгана»
2017-02-24

【结构解析】答记者问采用一问一答形式，阐明外交部发言人对某一事件的态度。回答部分一般分为陈述事实和阐明态度两部分，可以分段论述，也可以陈述和态度的融合性话语表达。

问：英国政府刚刚发表最新一份《香港问题半年报告》。中方对此有何评论？

Вопрос: Британское правительство только что опубликовало последний «Полугодичный доклад по вопросам Сянгана». Каковы комментарии китайской стороны по этому поводу?

【第一部分】陈述香港繁荣稳定的事实。

答：香港回归20年来，中国中央政府全面贯彻"一国两制""港人治港"、高度自治方针，严格按照宪法和基本法办事，全力支持行政长官和特区政府依法施政。香港继续保持繁荣稳定，香港居民依法享有充分的权利和自由。

Ответ: В течение 20 лет после возвращения Сянгана центральное правительство Китая всемерно претворяло в жизнь принципы «одна страна – две системы», «сянганцы управляют Сянганом» и политику высокой степени автономии, действовало строго в соответствии с Конституцией КНР и Основным законом КНР о САР Сянган, всеми силами поддерживало правление главы администрации САР и администрации САР на основе законодательства. Сянган продолжает процветать и сохранять стабильность, его жители в соответствии законодательством пользуются полными правами и свободами.

【第二部分】阐明反对英方报告的态度。

香港是中国的特别行政区，香港事务属于中国内政，任何外国无权干涉。英国政府在香港回归后定期发表所谓《香港问题半年报告》，我们一贯坚决反对。我们要求英方不要发表有关报告，停止干预香港事务。

Сянган является специальным административным районом Китая, вопросы Сянгана являются внутренним делом Китая, никакие зарубежные страны не имеют права вмешиваться в них. Правительство Великобритании после возвращения Сянгана регулярно публикует так называемые «Полугодичные доклады по вопросам Сянгана», китайская сторона последовательно и решительно выступает против этого. Китайская сторона требует от британской стороны прекратить публикацию соответствующих докладов и вмешательство в дела Сянгана.

【国际治理与人权问题主题】
外交部发言人耿爽就十四世达赖窜访蒙古答记者问
Официальный представитель МИД КНР Гэн Шуан ответил на вопрос СМИ относительно визита далай-ламы XIV в Монголию
2016-11-20

问：据报道，十四世达赖近日赴蒙古活动。中方对此有何评论？

Вопрос: Как китайская сторона прокомментирует недавний визит далай-ламы XIV в Монголию?

【第一部分】在陈述中阐明态度：表示中方对此坚决反对；事实：十四世达赖窜访蒙古，从事反华分裂活动。

答：近日，蒙方不顾中方多次劝阻，执意邀请十四世达赖窜访蒙古，中方对此表示强烈不满和坚决反对。

Ответ: Невзирая на все увещевания китайской стороны, монгольская сторона все же пригласила далай-ламу XIV нанести визит в Монголию. В этой связи Китай выражает крайнее недовольство и решительный протест.

十四世达赖是打着宗教的幌子，长期从事反华分裂活动，图谋把西藏从中国分裂出去的政治流亡者。中方坚决反对达赖以任何身份和名义到任何国家从事反华分裂活动，坚决反对任何国家官方人士同其进行任何形式的接触。中方敦促蒙方认清达赖集团的反华分裂本质，切实尊重中方核心利益和重大关切，采取有效措施，消除达赖窜访产生的消极影响，避免中蒙关系健康发展受到干扰。

Далай-лама XIV – это политический изгой, который на протяжении долгого времени под религиозным прикрытием занимается сепаратистской деятельностью против Китая. Китай выступает против визитов далай-ламы в любую страну в каком-либо качестве и под каким-либо предлогом с целью ведения сепаратистской деятельности. Китай также выступает против любых контактов между далай-ламой и официальными лицами какой-либо страны. Китай призывает Монголию разобраться в антикитайской раскольнической сутью клики далай-ламы и действительно с уважением относиться к китайским ключевым интересам и озабоченностям, принять меры, направленные на эффективную нейтрализацию негативных последствий, которые повлек за собой визит далай-ламы, а также обеспечить здоровое развитие китайско-монгольских отношений.

3. 联合声明

**中华人民共和国和俄罗斯联邦外交部长
关于当前全球治理若干问题的联合声明**

Совместное заявление министров иностранных дел
Китайской Народной Республики и Российской Федерации
по некоторым вопросам глобального управления в современных условиях
2021-03-23

【结构分析】联合声明可以采用自上而下的结构,如本篇联合声明首先阐明新冠疫情之下世界的总体格局,然后从人权、民主、国际法、国际社会的原则四个方面阐述关于全球治理的具体问题。

新冠疫情持续蔓延促使国际格局加速演变,全球治理体系进一步失衡,经济发展进程遭受冲击,全球性新威胁新挑战层出不穷,世界进入动荡变革期。我们呼吁国际社会搁置分歧,凝聚共识,加强协作,维护世界和平与地缘战略稳定,推动构建更加公正、民主、合理的多极化国际秩序。

Продолжающаяся пандемия коронавирусной инфекции послужила катализатором изменений в мироустройстве и спровоцировала дальнейшую разбалансировку системы глобального управления. Под ударом оказались процессы экономического развития, возникают многочисленные новые вызовы и угрозы. Мир вступил в период высокой турбулентности и быстрых перемен. В этих условиях призываем международное сообщество, отложив разногласия, укреплять взаимопонимание и наращивать сотрудничество в интересах всеобщей безопасности и геополитической стабильности, содействовать становлению более справедливого, демократического и рационального многополярного миропорядка.

一、所有人权是普遍、不可分割、相互联系的。可持续发展是提高每个国家人民生活水准和福利的基础,由此可促进享有所有人权。发展与实现各项人权和基本自由相辅相成。各国应以此为出发点,根据本国国情,在政治、社会、经济、文化、环境领域保护和践行人权,促进人的全面发展,增进人民福祉。倡导和保护人权也是国际社会的共同事业,各国应同等重视、系统推进各类人权,反对将人权问题政治化,摒弃借人权问题干涉别国内政和搞双重标准,在平等和相互尊重的基础上开展该领域对话,造福各国人民。

1. Все права человека универсальны, неделимы и взаимосвязаны. Устойчивое развитие является основой для повышения уровня жизни и благосостояния населения каждого государства, и таким образом способствует пользованию всех прав человека. Развитие и осуществление прав человека и основных свобод являются взаимозависимыми. Государства должны, базируясь на этом, сообразно национальным особенностям защищать и реализовывать права человека в политической и социально-экономической сферах, в областях культуры и экологии, содействовать всестороннему развитию личности и повышению благополучия своих народов. Поощрение и защита прав человека также является общей задачей международного сообщества, поэтому его членам следует в одинаковой степени уделять внимание обеспечению на системной основе всех категорий прав человека. Необходимо отказаться от политизации темы защиты прав человека, практики ее использования в качестве предлога для вмешательства во внутренние дела других государств и применения политики двойных стандартов, на основе принципов равенства и взаимоуважения вести диалог в данной области на благо народов всех стран.

二、民主是人类发展成就之一,其标志是以立法形式确保权力属于人民,即公民有权管理国家事务及合法行使权力。民主模式不存在统一的标准。应尊重主权国家自主选择发展道路的正当权利。以"推进民主"为借口干涉主权国家内政不可接受。

2. Одним из достижений человечества является демократия, признаком которой выступает законодательно закрепленное народовластие, то есть возможность участия граждан в управлении собственной страной, а также применении полученной власти в законных целях. При этом единого стандарта демократической модели не существует. Необходимо уважать законные права суверенных государств самостоятельно определять свой путь развития. Вмешательство во внутренние дела суверенных госу-

дарств под предлогом «продвижения демократии» недопустимо.

三、国际法是人类社会发展的基石。各国无一例外均应坚定维护以联合国为核心的国际体系、以国际法为基础的国际秩序。我们重申2016年《中华人民共和国和俄罗斯联邦关于促进国际法的声明》，重申《联合国宪章》具有关键意义，其宗旨和原则对维护世界和平安全、促进国际法发挥着重要作用。

3. Важным условием развития человечества является международное право. Всем без исключения государствам следует прилагать усилия к обеспечению незыблемости системы международных отношений, центральная роль в которой принадлежит Организации Объединенных Наций, и миропорядка, сформированного в соответствии с нормами международного права. Мы подтверждаем приверженность Декларации Китайской Народной Республики и Российской Федерации о повышении роли международного права 2016 года и вновь заявляем о ключевом значении Устава ООН, закрепленных в нем целей и принципов, которые играют важную роль в поддержании международного мира и безопасности, а также развитии международного права.

国际事务的处理之道应基于公认的国际法原则，由国际社会共同制定、共同遵守。我们呼吁，世界大国特别是联合国安理会常任理事国应增强互信，带头维护国际法和以国际法为基础的国际秩序。在国际政治动荡加剧的背景下，亟须召开联合国安理会常任理事国峰会，以便通过直接对话探讨全人类共同问题的解决途径，维护全球稳定。

Подходы к решению глобальных вопросов должны вырабатываться совместными усилиями всего международного сообщества на основе общепризнанных норм и принципов международного права и выполняться всеми его участниками. Призываем мировые державы, в первую очередь постоянных членов Совета Безопасности ООН, укреплять взаимодоверие и выступить в авангарде защитников международного права и основанного на нем миропорядка. В условиях усиления мировой политической турбулентности особо востребован созыв саммита государств – постоянных членов СБ ООН в целях налаживания между ними прямого диалога о путях решения общих проблем человечества в интересах поддержания глобальной стабильности.

四、国际社会应坚持践行开放、平等、非意识形态化的多边主义原则，共同应对全球性挑战和威胁，努力维护多边体制的权威性，提高多边体制的有效性，完善全球治理体系，共同维护和平与战略稳定，促进人类文明发展，保障各国平等享有发展成果。同时，对话应成为处理国际事务的基本方式，国际社会要团结不要分裂，要合作不要对抗。

4. В продвижении многостороннего сотрудничества международному сообществу необходимо придерживаться таких принципов, как открытость, равноправие и деидеологизированность, сообща реагировать на вызовы и угрозы глобального характера, совместными усилиями отстаивать авторитет многосторонних структур и повышать эффективность их работы, способствовать оптимизации системы глобального управления, вместе защищать мир и стратегическую стабильность, содействовать развитию человеческой цивилизации и получению равноправного доступа к ее благам. При этом основным инструментом ведения международных дел должен стать диалог, направленный на сплочение всех стран мира, а не на их разобщение, на сотрудничество, а не противоборство.

中华人民共和国国务委员兼外交部长	俄罗斯联邦外交部长
王毅（签名）	谢·维·拉夫罗夫（签名）
За Министерство иностранных дел Российской Федерации	За Министерство иностранных дел Китайской Народной Республики

二〇二一年三月二十三日于桂林

г. Гуйлинь, 23 марта 2021 года

三、外交声明译法提示

外交声明用于制造国际舆论，具有对外公开性、时代政策性和外交约束性。外交声明的语言正式，措辞严谨，所表达立场和态度鲜明。在翻译过程中，译员首先要了解事件所涉及的政治背景和各方所持政治立场这一宏观语境，并结合上下文微观语境仔细揣摩源语的语义内涵和用词分寸，力求译文传达中国态度和中国立场，表达中国思想和中国内涵。

译法提示 1. 地名的翻译

在涉及国家主权和领土完整的外交声明中，对相关地名的翻译要使用我国的称名方式，一般采用音译，以表明该地归属于中国领土的政治立场。比如：钓鱼岛（архипелаг Дяоюйдао）、香港（Сянган）、澳门（Аомынь）等地名的翻译。

（1）香港是中国的特别行政区，香港事务属于中国内政，任何外国无权干涉。

Сянган является специальным административным районом Китая, вопросы Сянгана являются внутренним делом Китая, никакие зарубежные страны не имеют права вмешиваться в них.

（2）2012年9月10日，日本政府不顾中方一再严正交涉，宣布"购买"钓鱼岛及其附属的南小岛和北小岛，实施所谓"国有化"。这是对中国领土主权的严重侵犯，是对13亿中国人民感情的严重伤害，是对历史事实和国际法理的严重践踏。中国政府和人民对此表示坚决反对和强烈抗议。

10 сентября 2012 года японское правительство, не взирая на многократные настойчивые и справедливые представления китайской стороны, объявило о «покупке» островов Дяоюйдао и прилегающих к ним островов Наньсяодао и Бэйсяодао и осуществлении так называемой их «национализации». Это является серьезным посягательством на территориальный суверенитет Китая, сильно задевает чувства 1,3-миллиардного китайского народа и серьезно попирает исторические факты и принципы международного права. Китайское правительство и народ выражают решительный протест в связи с этим.

（3）香港回归20年来，中国中央政府全面贯彻"一国两制""港人治港"、高度自治方针，严格按照宪法和基本法办事，全力支持行政长官和特区政府依法施政。香港继续保持繁荣稳定，香港居民依法享有充分的权利和自由。

В течение 20 лет после возвращения Сянгана центральное правительство Китая всемерно претворяло в жизнь принципы «одна страна – две системы», «сянганцы управляют Сянганом» и политику высокой степени автономии, действовало строго в соответствии с Конституцией КНР и Основным законом КНР о САР Сянган, всеми силами поддерживало правление главы администрации САР и администрации САР на основе законодательства. Сянган продолжает процветать и сохранять стабильность, его жители в соответствии законодательством пользуются полными правами и свободами.

例（1）-（3）中涉及"钓鱼岛（архипелаг Дяоюйдао）""香港（Сянган）""澳门（Аомынь）""南小岛和北小岛（Наньсяодао и Бэйсяодао）"等。我们知道，香港、澳门历经百年终于回到祖国的怀抱，而钓鱼岛仍然是国际社会的争议问题之一。在此背景下，这些地区的地名翻译必定不如"北京（Пекин）""上海（Шанхай）""西安（Сиань）"等那么固定，而是形成了两种翻译方案，这两种方案分别代表了两种态度和立场：钓鱼岛 – а. архипелаг Дяоюйдао, б. острова Сенкаку；香港 –а. Сянган, б. Гонконг；澳门 –а. Аомынь, б. Макао. 其中 а 方案是汉语地名的译音，其政治内涵是这些地区是中国不可分割的部分，其领土主权不容争议；而方案 б 则是这些地区在殖民地时期的称呼，其政治内涵当然与方案 а 大有不同。因此，作为一名具有中国立场的译员，在从事外交翻译时需采用方案 а，并始终秉持中国态度，宣传中国声音。

译法提示 2. 用词的修辞色彩

由于外交声明公开表明政治立场和态度，在翻译中要重视用词的严谨，为此，我们可以选择修辞色彩恰当的同义词或同义结构。请看例（4）（5）：

（4）近日，蒙方不顾中方多次劝阻，执意邀请十四世达赖窜访蒙古，中方对此表示强烈不满和坚决反对。

Ответ: Невзирая на все увещевания китайской стороны, монгольская сторона все же пригласила далай-ламу XIV нанести визит в Монголию. В этой связи Китай выражает крайнее недовольство и решительный протест.

十四世达赖作为所谓的"西藏流亡政府"的头目，一直在国外从事"西藏独立"和"分裂祖国"的非法活动，外交部发言人在多次发言中将一些国家以各种名义对"藏独"分子达赖喇嘛的接待称为"窜访"，用这一具有强烈感情色彩的专用贬义词指出达赖喇嘛"流窜式访问"的不正当性和非法性，鲜明地表达出我国政府坚决维护国家主权和民族统一的态度。

（5）8 октября Российская Федерация проголосовала против подготовленного Францией проекта резолюции Совета Безопасности ООН по ситуации в Сирии. Его текст, представленный явно при потакании

Вашингтона сразу после отказа США от выполнения российско-американских договоренностей по сирийскому урегулированию, грубо искажал реальное положение дел, носил политизированный, несбалансированный и однобокий характер. Вся вина за эскалацию напряженности в САР в проекте огульно возлагалась на власти страны. При этом делалась <u>откровенная попытка</u>, запретив полеты авиации в районе Алеппо, обеспечить прикрытие террористам «Джабхат ан-Нусры» и <u>слившимся с ними боевикам</u>, несмотря на обязательства государств-членов ООН бороться с террористической угрозой всеми имеющимися средствами.

  10月8日俄罗斯联邦对法国在联合国安理会就叙利亚局势提出的决议草案投了反对票。该草案是在美国拒绝执行俄美有关叙利亚调解协议之后提出的，明显表现出美国政府姑息养奸的态度。草案严重歪曲了事实，带有明显的政治偏向性。草案中将所有造成叙利亚紧张局势加剧的原因统统归罪于叙利亚合法政府，置联合国成员国应全力打击恐怖主义的责任于不顾，<u>毫不掩饰</u>将阿勒颇设为禁飞区以掩护"扎布哈特·安·努斯拉阵线"恐怖武装及<u>与其沆瀣一气</u>的其他非法武装分子的企图。

  例（5）为俄罗斯外交部的声明。我们在尝试翻译时，首先要充分考虑俄罗斯政府在这一事件中的政治立场，然后选择修辞色彩相当的汉语词汇来完成译文，追求译文的"政治等效"，使读者能够更加清楚地了解俄方在此事件中的立场和态度。比如，потакание 一词表示"放任、姑息"的意思，我们在译文中将其处理为"姑息养奸"，以突出该词的贬义色彩；将 откровенная попытка 译为"毫不掩饰"加强谴责之义；在翻译 слившийся с ними боевик 时增词，处理为"与……沆瀣一气的非法武装分子"。

四、翻译技巧

翻译技巧1. 关注我国所持立场及其表述方式

  各国因文化传统、经济水平和所处发展阶段不同，形成了不同的外交理念，这些外交理念又主导了不同的外交话语风格，代表各国政府观点和立场的外交部声明，是各自外交话语风格的直接体现。但是外交话语又存在着共同的语言风格，即精确性和模糊性的辩证统一。一方面，发言人表态必须字斟句酌，措辞严谨，准确表达本国立场和态度；另一方面，为避免不必要的争端和冲突，有时外交发言人的语言又会委婉模糊，巧用托辞。

【中国特色大国外交传播思想导引】不论外交声明或外交发言的话语风格如何，"政治性"是我们应遵循的首要翻译原则。翻译过程中，一方面，我们要综合考虑宏观的时代政治语境和微观的语篇上下文语境，仔细领会和揣摩源语的政治意图和政治立场，灵活使用翻译策略和方法准确再现原文的政治内涵；另一方面，我们要保持译文的中国立场和中国态度，不可完全为俄文表达的政治立场所左右。

近年来，随着我国大国担当意识的增强，外交部的声明和外交发言人的话语风格更加趋向自信、鲜明地表达中方立场和态度，极具个性和中国文化特色的外交金句和热词频出。在平时的学习和翻译中，我们要养成自觉跟踪关注外交时事的习惯，及时了解事件背景和我国在其中所持的外交立场，不断积累相应的中俄文表达方式。

在公开表明政治立场和态度的外交声明中，涉及国家主权和领土完整的问题，或是反对侵略、支持正义行为，翻译中要选词严谨，选用态度明确的形容词、动词或形动结构，如：严重侵犯、严重伤害、严重践踏、坚决反对、强烈抗议、不容、不会、严正声明等，可以明确地说明本国在该事件中所持的政治立场与态度，这里我们遵循精确性的原则。见例（1）—（6）：

（1）这是对中国领土主权的<u>严重侵犯</u>，是对13亿中国人民感情的<u>严重伤害</u>，是对历史事实和国际法理的<u>严重践踏</u>。中国政府和人民<u>对此表示坚决反对和强烈抗议</u>。

Это является <u>серьезным посягательством</u> на территориальный суверенитет Китая, <u>сильно задевает</u> чувства 1,3-миллиардного китайского народа и <u>серьезно попирает</u> исторические факты и принципы международного права. Китайское правительство и народ <u>выражают решительный протест в связи с этим</u>.

（2）中华民族任人欺凌的时代已经一去不复返了。中国政府<u>不会坐视领土主权受到侵犯</u>。

Время, когда китайский народ был жертвами чужого произвола, ушло в прошлое. Китайское правительство <u>не оставит без внимания посягательство на территориальный суверенитет государства</u>.

（3）<u>历史不容翻案</u>。日本在钓鱼岛问题上的立场，是对世界反法西斯战争胜利成果的公然否定，是对战后国际秩序的严重挑战。

<u>Факты есть факты, и историю не повернуть вспять</u>. Позиция Японии по вопросу Дяоюйдао является явным отрицанием итогов победы мировой антифашистской войны и представляет собой серьезный вызов по-

слевоенному международному порядку.

（4）中国政府严正声明，日本政府的所谓"购岛"完全是非法的、无效的，丝毫改变不了日本侵占中国领土的历史事实，丝毫改变不了中国对钓鱼岛及其附属岛屿的领土主权。

Китайское правительство со всей серьезностью заявляет, что так называемая «покупка» островов Дяоюйдао, совершаемая японским правительством, является незаконной и недействительной, это ни коим образом не отменяет исторический факт оккупации Японией китайской территории и не изменит территориальный суверенитет Китая над островами Дяоюйдао и прилегающими к ним островами.

（5）近日，蒙方不顾中方多次劝阻，执意邀请十四世达赖窜访蒙古，中方对此表示强烈不满和坚决反对。

Невзирая на все увещевания китайской стороны, монгольская сторона все же пригласила далай-ламу XIV нанести визит в Монголию. В этой связи Китай выражает крайнее недовольство и решительный протест.

（6）英国政府在香港回归后定期发表所谓《香港问题半年报告》，我们一贯坚决反对。我们要求英方不要发表有关报告，停止干预香港事务。

Правительство Великобритании после возвращения Сянгана регулярно публикует так называемые «Полугодичные доклады по вопросам Сянгана», китайская сторона последовательно и решительно выступает против этого. Китайская сторона требует от британской стороны прекратить публикацию соответствующих докладов и вмешательство в дела Сянгана.

在精确性翻译原则指导下，原文中表达发言人情感和评价的词汇必须忠实而精确地译出，"坚决反对"译为 решительно выступает против чего (протест)，"强烈不满"译为 крайнее недовольство，翻译"严重侵犯""严重践踏""严重伤害""严正声明"等，动词或动名词均与俄语词 серьезный, серьезно 连用，在保留原文的语言结构和语言形式的同时，译者注重声明中精准语言风格的再现和传达，译文充分表现了中国政府激烈的情感和坚决的反对。

翻译技巧2. 多层次长难句的翻译：
外交声明从内容上看具有很强的针对性、政治倾向性，从语言风格上看常使用较多的长句、难句，且句式灵活多样，并使用各种富于形象性、感染性的辞格，如：层递、排比、对称等。见例（7）：

（7）国际社会应坚持践行开放、平等、非意识形态化的多边主义原则，共同应对全球性挑战和威胁，努力维护多边体制的权威性，提高多边体制的有效性，完善全球治理体系，共同维护和平与战略稳定，促进人类文明发展，保障各国平等享有发展成果。

В продвижении многостороннего сотрудничества международному сообществу необходимо придерживаться таких принципов, как открытость, равноправие и деидеологизированность, сообща реагировать на вызовы и угрозы глобального характера, совместными усилиями отстаивать авторитет многосторонних структур и повышать эффективность их работы, способствовать оптимизации системы глобального управления, вместе защищать мир и стратегическую стабильность, содействовать развитию человеческой цивилизации и получению равноправного доступа к ее благам.

（8）通过建立项目融资保障机制推动本组织框架下金融合作，共同防范和应对区域性金融风险，开展本币互换，保障金融市场稳定，发挥金融投资机制作用，为上合组织地区经济项目合作提供融资支持。

Продвигать финансовое сотрудничество в рамках ШОС путем создания механизмов финансового сопровождения проектной деятельности. Совместно предотвращать и противодействовать региональным финансовым рискам. Осуществлять валютные свопы в интересах обеспечения стабильности на финансовом рынке. Задействовать возможности банковских и инвестиционных структур для финансирования экономических проектов на пространстве ШОС.

（9）中俄双方本着两国新时代全面战略协作伙伴精神，基于对当前国际形势和重大问题的一致看法，呼吁国际社会加强协作，凝聚共识，合力应对当前的威胁和挑战，促进全球政治稳定和经济复苏。双方声明如下：

Российская Федерация и Китайская Народная Республика в духе отношений всеобъемлющего партнерства и стратегического взаимодействия, вступающих в новую эпоху, основываясь на едином видении текущей международной обстановки и ключевых проблем, призывают международное сообщество укреплять взаимодействие, углублять взаимопонимание, совместными усилиями противостоять вызовам и угрозам современности, содействовать глобальной политической стабильности и восстановлению мировой экономики. Стороны заявляют о нижеследующем.

例（7）译文中为了将原文的立场与态度再现，翻译时要仔细考量用词的形象性与逻辑性，应准确地把原作的感情色彩再现出来。例（7）中共有两组排比关系，第一组："开放、平等、非意识形态化"，译文既保留了原文的意义，又保留了原文的形式和顺序，译为：*как открытость, равноправие и деидеологизированность*；第二组："共同应对……，维护……，提高……，完善……，维护……，促进……"，其译文：*сообща реагировать..., отстаивать... и повышать..., способствовать ..., защищать..., содействовать ...* 采用动词不定式的形式实现层递、排比关系。以动词不定式构成的长句有很多，例（8）中"建立、共同防范和应对、开展、发挥"，译文为：*продвигать..., совместно предотвращать и противодействовать..., осуществлять..., задействовать... 。*例（9）中"呼吁加强合作，凝聚共识；应对威胁和挑战；促进全球政治稳定和经济复苏"译文为：*призывать укреплять взаимодействие, углублять взаимопонимание; противостоять вызовам и угрозам; содействовать глобальной политической стабильности и восстановлению мировой экономики.* 诸如此类，在外交声明多层次长难句的翻译中，可以选择分句式动词不定式结构，实现对原文意义的忠实再现，且保留原文排比的词汇顺序。

（10）各国应以此为出发点，根据本国国情，在政治、社会、经济、文化、环境领域保护和践行人权，促进人的全面发展，增进人民福祉。

Государства должны, базируясь на этом, сообразно национальным особенностям защищать и реализовывать права человека в политической и социально-экономической сферах, в областях культуры и экологии, содействовать всестороннему развитию личности и повышению благополучия своих народов.

例（10）中共有含有两组排比关系，第一组："政治、社会、经济、文化、环境领域"，译文既保留了原文的意义，又保留了原文的形式和顺序，译为：в политической и социально-экономической сферах, в областях культуры и экологии；第二组："保护和践行、促进"，其译文 защищать и реализовывать..., содействовать...，行文既富有逻辑性，且保留了原文排比的词汇顺序。

（11）在第二次世界大战结束和联合国成立75周年之际，中俄作为安理会常任理事国，重申对多边主义的坚定承诺，支持举办联合国成立75周年和第二次世界大战结束75周年系列高级别会议，呼吁国际社会共同维护以联合国为核心的国际体系和以国际法为基础的国际秩序，重申2016年6月25日签署的《中华人民共和国和俄罗斯联邦关于促进国际法的声明》立场。

В год 75-летия окончания Второй мировой войны и образования Организации Объединенных Наций Россия и Китай на правах постоянных членов Совета Безопасности ООН вновь заявляют о своей твердой приверженности принципам многосторонности, поддерживают проведение серии встреч высокого уровня, приуроченных к 75-летнему юбилею основания ООН и 75-й годовщине окончания Второй мировой войны, призывают международное сообщество совместными усилиями защищать систему международных отношений, центральная роль в которой принадлежит ООН, и мировой порядок, основанный на принципах международного права, вновь подтверждают позиции, зафиксированные в Декларации Российской Федерации и Китайской Народной Республики о повышении роли международного права от 25 июня 2016 года.

（12）上海合作组织成员国政府首脑（总理），为促进上合组织地区经济发展，提高人民福祉，实现本组织框架内多边经贸合作目标，注意到上合组织成员国关于推动区域经济合作的倡议，包括中华人民共和国关于建设丝绸之路经济带的倡议，声明如下：

Главы правительств (премьер-министры) государств-членов Шанхайской организации сотрудничества, выступая за укрепление экономического развития на пространстве ШОС, улучшение благосостояния народов и реализацию задач многостороннего торгово-экономического сотрудничества в рамках Организации, принимая во внимание инициативы государств-членов по продвижению регионального экономического взаимодействия, включая проект Китайской Народной Республики о создании Экономического пояса Шелкового пути, заявляют о следующем.

（13）简化海关程序，减少与货物进口、出口和过境相关的手续，提高透明度和加强包括海关在内的边境机构合作，加快货物的流动、放行和结关，可以促进上海合作组织各成员国间相互贸易便利化和贸易额增长。

Упрощение таможенных процедур, сокращение таможенных формальностей, связанных с импортом, экспортом и транзитом товаров, повышение транспарентности и развитие сотрудничества пограничных органов, в том числе таможни, ускорение перемещения, выпуска и таможенной очистки товаров могут способствовать упрощению и росту взаимной торговли между государствами-членами ШОС.

例（11）原文分句较多，在翻译时选用动词的现在时形式，强调事件发生的现实性，使人感到历历在目、真实可信。对于原文的同一动词，在译文中尽量选取同义词再现，避免重复，如："重申"，被译为：вновь заявлять...、вновь подтверждать ...。例（12）中有两组逻辑关系，第一组："提高……，实现……"，译文既采用了动名词短语结构并列，译为：улучшение кого-чего и реализацию кого-чего；第二组："为促进……，注意到……，包括……"，其译文：выступая за..., принимая во внимание..., включая...，采用副动词的形式实现层递关系，兼有动词和副词的特征，以动作 — 特征来说明句子中动词谓语所表示的动作，对原文的语言特点实现再现。例（13）中"简化……，减少……，提高……，加强……，加快……"，译文：Упрощение..., сокращение..., повышение..., развитие..., ускорение...，采用动名词短语实现译文的"忠实性原则"，使得行文工整却又意义完整且明白易解。

外交声明的翻译中长难句出现频率较高，译者应在准确理解的前提下，融会全文，梳理句内逻辑关系，紧扣原文的思想精髓，把握原作的话语感染力，有意识地使用一些修辞手法和生动的句式，如排比、递进、重复、使用形象性词语，挖掘译文语言潜能，使用与原文功能一致的语言手法。

翻译技巧 3. 文件名称的翻译：

文件名称：声明类外交文本的文件名称一般分为外交部声明、外交部发言人表态（声明）、联合声明三类。

（14）中华人民共和国外交部声明

Заявление МИД КНР

（15）俄罗斯外交部就土耳其在叙利亚采取军事行动发表声明

ЗАЯВЛЕНИЕ МИД России в связи с проведением Турцией военной операции в Сирии

（16）上海合作组织成员国政府首脑（总理）关于区域经济合作的声明

ЗАЯВЛЕНИЕ глав правительств /премьер-министров/ государств-членов ШОС о региональном экономическом взаимодействии

例（14）—（16）文件名称相似，均为"××国家（政府、政党、团体及外交机关、新闻单位或其领导）（就……问题）发表声明"，而译文则采用了同一结构：Заявление+ ××国（组织/部门）+о ком-чём.

（17）外交部发言人耿爽就英国发表《香港问题半年报告》答记者问
Официальный представитель МИД КНР Гэн Шуан ответил на вопрос СМИ относительно опубликованного Великобританией «Полугодичного доклада по вопросам Сянгана»

（18）外交部发言人耿爽就十四世达赖窜访蒙古答记者问
Официальный представитель МИД КНР Гэн Шуан ответил на вопрос СМИ относительно визита далай-ламы XIV в Монголию

（19）上合组织秘书长诺罗夫就纳卡地区局势恶化发表声明
Заявление Генерального секретаря ШОС В.И.Норова в связи с обострением ситуации в зоне нагорно-карабахского конфликта

例（17）—（19）文件名称均为"外交部发言人表态（声明）"，而译文分别采用了两种不同的结构：①"某部门××就……答记者问"，译文采用：发言人职位+姓名+ ответить на вопрос СМИ относительно кого-чего（17），（18）；②"某国家（政府、政党、团体及外交机关、新闻单位或其领导××就……发表声明"，译文采用：Заявление + 发言人职位+姓名+问题（19）。

（20）中华人民共和国和俄罗斯联邦外交部长关于当前全球治理若干问题的联合声明
Совместное заявление министров иностранных дел Китайской Народной Республики и Российской Федерации по некоторым вопросам глобального управления в современных условиях

（21）中俄关于朝鲜半岛问题的联合声明
Совместное заявление Министерства иностранных дел Российской Федерации и Министерства иностранных дел Китайской Народной Республики по проблемам Корейского полуострова

（22）上海合作组织成员国元首关于贸易便利化的联合声明

<u>Совместное заявление</u> глав государств-членов Шанхайской организации сотрудничества по упрощению процедур торговли

（23）中华人民共和国和俄罗斯联邦外交部长联合声明

<u>Совместное заявление</u> министров иностранных дел Китайской Народной Республики и Российской Федерации

例（20）—（23）文件名称均为"两个以上国家、政府、政党、团体或其领导人联名发表的联合声明"，译文则采用了同一种结构：Совместное заявление кого-чего……，其中若是就某问题发表联合声明，则在前者的基础上再加上 по вопросам ……或者 по проблемам……（20）（21）。

我们在外交文件名称翻译中可以将国家名称以缩写形式表达，若文件是几个国家联合声明，应该将中华人民共和国进行全译并放在最前面。作为一名合格的中国译员，应该具有中国立场、国家意识、世界眼光，承担起外交话语责任、构建全球话语能力，把祖国至上的价值观和价值体系内化在自己的翻译工作中，结合外交翻译，我们应该培养自己维护祖国利益、坚定文化自信、"讲好中国故事""明确中国态度"的坚定意识。

五、礼宾知识点滴

着 装

国际社交场合，服装大致分为便服与礼服。正式的、隆重的、严肃的场合多着深色礼服或深色西服，一般场合则可着便服。

除极少数国家在个别场合还有些规定（如在隆重的典礼活动中，禁止妇女穿长裤和超短裙）外，大多数国家在穿着方面均趋于简化，隆重场合着深色质料好的西装。相当数量的国家规定民族服装为礼服，在国庆、民族节日等重大庆典和最隆重场合穿着，其他正式场合着西装。

我国没有礼服、便服之分，但一般地说，在国内参加对外活动时，男士可穿上下同色同质的毛料中山装或西装加领带，配黑色皮鞋，或各民族的服装。参观游览时，可穿各式便服，如各种样式的外衣与长西裤，配颜色相宜的皮鞋或布鞋。亦可穿西装，不打领带。夏季出席庆典仪式（包括吊唁活动）、正式宴会、领导人会见国宾等隆重的外交活动，除穿中山装、民族服装、西装外，还可穿两用衫。女同志按季节与活动性质的不同可穿西装（下身为西裤或裙）、民族服装、中式上衣配长裙或长裤、旗袍和连衣裙等。夏季也可穿长、短袖衫配裙子或长裤。

在国家庆典仪式、国宴、国家最高领导人接见、国王登基、国家元首任职、元旦国家领导人团拜、大使递交国书、授勋等重大场合，我国男士一般着深色中山装，男士着西装或长裙（最好是单色连衣长裙）。在国外名剧院看剧、听音乐会时，一般穿礼服。我国男士可穿深色中山装，女士着西装或长裙。参加葬礼和吊唁活动，我男士一般可着黑色或深色中山装，女士着深色服装，内穿白色或暗色衬衣，不用花手帕，不抹口红，不戴装饰品。参加婚礼，到朋友家做客，参加联欢会等，则尽可能穿得美观大方一些，女士应适当装饰打扮。郊游、远足时可穿上下装不同颜色的便装。乘汽车、火车、轮船、飞机旅行时可穿便装。但在登机、上车以前，或下机、下车以后，有迎送仪式，则应考虑更换服装。迎送仪式应着礼服。

需要注意的是，任何服装均应注意清洁、整齐、挺直。衣服应烫平整，裤子烫出裤线。衣领袖口要干净，皮鞋要上油擦亮。穿中山装要扣好领扣、领钩、裤扣。穿长袖衫衣要将前后摆塞在裤内，袖口不要卷起。穿短袖衫（港衫），下摆不要塞在裤内。长裤不要卷起。任何情况下不应穿短裤参加涉外活动。女士除军人、学生外，衣着尽量不要千篇一律，样式花色应有所差别。女士夏天可光脚穿凉鞋。穿袜子时，袜口不能露在衣、裙之外。

参加各种活动，进入室内场所均应摘帽，脱掉大衣、风雨衣、套鞋等，并送存衣处。女士任何时候在室内不得戴帽子、手套。西方妇女的纱手套、纱面罩、帽子、披肩、短外套等，作为服装的一部分则允许在室内穿戴。

在室内一般不要戴黑色眼镜。即使在室外，遇有隆重仪式或迎送等礼节性场合，也不应戴墨镜。有眼疾须戴有色眼镜时，应向客人或主人说明，或在握手、说话时将眼镜摘下，离别时再戴上。在旅馆房间内接待临时来访的外国客人时，如来不及更衣，应请客人稍坐，立即换上服装，穿上鞋袜，不得赤脚或只穿着内衣、睡衣、短裤接待客人。

六、课后翻译练习

1. 请将下面这份声明的节选片段翻译成俄语，注意其中的热点词汇及长难句的处理。

我们，上海合作组织成员国领导人，强调，新冠疫情仍在本地区及全球蔓延，对各国经济社会、人民生命健康和民生福祉造成严重影响。此次疫情导致前所未有的后果，各国发展和民生保障遭受重大损失，贫困民众和弱势群体首当其冲。国际社会应发挥联合国系统核心作用，采取坚决、协同和包容的行动，共同抗击疫情。

***

我们认为，重大传染性疾病是全人类的敌人，是各国面临的共同挑战。在新冠疫情继续蔓延形势下，上合组织成员国弘扬"上海精神"，根据2018年6月10日通过的《上合组织成员国元首关于在上合组织地区共同应对流行病威胁的联合声明》，相互有效支持，在保障公民医疗、社会等需求方面相互协助。

上合组织成员国将加强公共卫生领域合作，统筹和协调应对卫生防疫领域突发情况的措施，加强在药物、疫苗、检测试剂等方面开展科技合作。为此，相关成员国通过了《上合组织成员国应对地区流行病威胁联合行动综合计划》。

我们呼吁国际社会加强合作，克服新冠疫情影响，保护人民生命，促进全球经济复苏和可持续增长。

选自《上海合作组织成员国元首理事会关于共同应对新冠肺炎疫情的声明》

2. 请将下面这则外交部发言人表态的节选片段翻译成俄语，注意翻译用词的修辞色彩和语义强度。

近日，美国举办所谓"领导人民主峰会"，以意识形态划线，把民主工具化、武器化，假民主之名行反民主之实，煽动分裂对抗，转移国内矛盾，维护美国世界独霸地位，破坏以联合国为核心的国际体系和以国际法为基础的国际秩序。美方行为逆历史潮流而动，遭到国际社会普遍反对。

***

民主作为全人类共同价值，是各国人民的权利，而不是少数国家的专利。一个国家是不是民主，应该由这个国家的人民来评判，而不应该由外部少数人指手画脚。各国的民主制度和民主道路，应由各国人民根据本国国情自主选择。

***

当前，新冠疫情全球大流行和世界百年未有之大变局相互叠加影响，各国相互联系和依存日益加深，国际社会比以往任何时候都更需要在以联合国宪章为代表的国际关系准则基础上加强团结与合作。中方愿同各国一道，弘扬和平、发展、公平、正义、民主、自由的全人类共同价值，积极推动国际关系民主化，要团结不要分裂，要对话不要对抗，要民主不要霸权，坚决抵制和反对各种伪民主、反民主和打着民主幌子进行政治操弄的行径，为推动构建人类命运共同体而不懈努力。

选自《外交部发言人就美国举办"领导人民主峰会"发表谈话》

3. 请将下面这则外交部发言人答记者问翻译成俄语，注意固定句式的使用。

外交部发言人汪文斌答记者问

问：11月30日，俄总统普京出席"俄罗斯在召唤"国际投资论坛期间表示，美国和西方总是用"中国威胁"来吓唬俄罗斯，但俄不会上当。俄不会像某些欧洲国家那样，按照美国的"召唤"减少与中方的合作。请问中方对此有何评论？

答：中方高度赞赏普京总统所作表态。任何挑拨离间中俄关系的图谋都是徒劳的。事实上，无论是"中国威胁论"还是"俄罗斯威胁论"，都只是美国为维护自身霸权地位、对抗世界多极化潮流制造出来的借口而已。中俄高水平战略协作是维护世界和平稳定的强有力保障，不会因外部影响而改变，真正需要改变的是美国。美国如果不放弃冷战思维和霸权心态的话，看谁都会是"威胁"。

七、课后扩展阅读

请扫描下面这个二维码，阅读有关"一带一路"基础知识的材料并回答问题。

附录：

政治术语与热点表述的翻译（按音序排列）

一国两制	одна страна – две системы
港人治港	сянганцы управляют Сянганом
高度自治方针	политика высокой степени автономии
特别行政区	Специальный Административный Район (САР)
新冠疫情持续蔓延	продолжающаяся пандемия коронавирусной инфекции
国际格局加速演变	катализатор изменений в мироустройстве
全球治理体系进一步失衡	дальнейшая разбалансировка системы глобального управления
动荡变革期	период высокой турбулентности и быстрых перемен
搁置分歧	отложить разногласия
凝聚共识	укреплять взаимопонимание
构建更加公正、民主、合理的多极化国际秩序	становление более справедливого, демократического и рационального многополярного миропорядка
以立法形式确保权力属于人民	законодательно закрепленное народовластие
合法行使权力	применение полученной власти в законных целях
带头维护国际法和以国际法为基础的国际秩序	выступить в авангарде защитников международного права и основанного на нем миропорядка
国际政治动荡加剧	усиление мировой политической турбулентности

(续表)

践行开放、平等、非意识形态化的多边主义原则	придерживаться таких мультилатералистических принципов, как открытость, равноправие и деидеологизированность
保障各国平等享有发展成果	получение равноправного доступа к благам человеческой цивилизации
国际社会要团结不要分裂，要合作不要对抗	направлять на сплочение всех стран мира, а не на их разобщение, на сотрудничество, а не противоборство
世界经济复苏乏力	низкий темп восстановления мировой экономики
区域经济合作	региональное экономическое сотрудничество
增加投资和消费规模	увеличение объемов инвестиций и потребления
扩大需求和就业	расширение спроса и занятости
多元、平衡、自主、可持续的发展	многоплановое, сбалансированное и устойчивое самостоятельное развитие
产能投资	инвестиция в производство
地区工业化与现代化	индустриализация и модернизация в регионе
共同关心的问题	вопросы, представляющие взаимный интерес
建立国际运输走廊	формирование международных транспортных коридоров
提高互联互通能力	расширение транспортно-коммуникационных возможностей
发挥过境运输潜力	реализация транзитного потенциала
发展高铁等铁路交通	развитие железнодорожного транспорта, включая высокоскоростные магистрали
建立多式物流中心	создание мультимодальных логистических центров
动植物检验检疫	фитосанитарный и ветеринарный контроль
贸易结构多元化	диверсификация товарной структуры

(续表)

电子商务	электронная торговля
保障知识产权	защита прав интеллектуальной собственности
预防、查明和阻断盗版产品	предупреждение, выявление и пресечение ввоза и вывоза контрафактной продукции
建立项目融资保障机制	создание механизмов финансового сопровождения проектной деятельности
开展本币互换	осуществлять валютные свопы
本着透明、相互尊重、平等、开放的原则	основанный на принципах транспарентности, взаимного уважения, равноправия, открытости для всех заинтересованных сторон
发挥联合国及其安理会的核心协调作用，严格遵循《联合国宪章》宗旨和原则，恪守国际法准则	строгое соблюдение целей и принципов Устава ООН, общепризнанных норм международного права при центральной координирующей роли ООН и ее Совета Безопасности
在法制基础上有效打击国际恐怖主义	эффективное и основанное на верховенстве закона противодействие международному терроризму
禁止破坏国家主权、平等和领土完整原则，禁止干涉内政	недопустимость нарушения принципов суверенитета, равноправия и территориальной целостности государств, невмешательства в их внутренние дела
绝不允许利用恐怖主义和极端主义团伙实现政治和地缘政治目的	абсолютная неприемлемость использования террористических и экстремистских группировок для реализации политических и геополитических целей
贸易便利化	упрощение процедур торговли
简化海关程序	упрощение таможенных процедур
减少与货物进口、出口和过境相关的手续	сокращение таможенных формальностей, связанных с импортом, экспортом и транзитом товаров
加快货物的流动、放行和结关	ускорение перемещения, выпуска и таможенной очистки товаров

(续表)

以世界贸易组织规则为基础的多边贸易体制	многосторонняя торговая система, основанная на нормах и принципах Всемирной торговой организации (ВТО)
变相纵容暴力违法行为	в скрытой форме оправдывать насильственные действия
本着中俄两国新时代全面战略协作伙伴精神	в духе китайско-российских отношений всеобъемлющего партнерства и стратегического взаимодействия, вступающих в новую эпоху
基于对当前国际形势和重大问题的一致看法	основываясь на едином видении текущей международной обстановки и ключевых проблем
合力应对当前的威胁和挑战	совместными усилиями противостоять вызовам и угрозам современности
促进全球政治稳定和经济复苏	содействовать глобальной политической стабильности и восстановлению мировой экономики
经历深刻演变	проходить через этап глубокой трансформации
2030年可持续发展议程	Повестка дня в области устойчивого развития на период до 2030 года
给各国人民相互认知制造障碍	мешать народам мира узнавать друг друга
无端攻击别国政治制度和发展道路	необоснованные нападки на политическое устройство и пути развития других стран
全球抗疫合作	международное сотрудничество по борьбе с эпидемиями
加快药物和疫苗研发	ускорение разработки лекарств и вакцин
停止将疫情政治化	перестать политизировать тему пандемии
共同打赢疫情防控阻击战	сообща одержать победу над коронавирусной инфекцией
展现出无与伦比的大无畏气概和爱国主义精神	проявить беспримерную самоотверженность и патриотизм
维护二战历史真相是全人类的神圣使命	Сохранение исторической правды об Второй Мировой Войне – священный долг всего человечества

(续表)

共同反对歪曲历史、美化纳粹分子和军国主义分子及其帮凶、抹黑胜利者的企图	сообща противодействовать попыткам фальсифицировать историю, героизировать нацистов, милитаристов и их пособников, очернить победителей
绝不容许篡改《联合国宪章》及其他国际文件中所载入的二战结果	не допустить пересмотра закрепленных в Уставе ООН и других международных документах итогов Второй Мировой Войны
重申对多边主义的坚定承诺	вновь заявлять о своей твердой приверженности принципам многосторонности
呼吁国际社会共同维护以联合国为核心的国际体系和以国际法为基础的国际秩序	призывать международное сообщество совместными усилиями защищать систему международных отношений, центральная роль в которой принадлежит ООН, и мировой порядок, основанный на принципах международного права
主权平等和不干涉内政原则	принципы суверенного равенства и невмешательства во внутренние дела других государств
秉持国际公平正义	выступать за справедливость в международных делах
改革和完善全球治理体系	реформирование и совершенствование системы глобального управления
坚决反对单边主义和保护主义	категорически отвергать практику односторонних действий и протекционизма
反对强权政治和霸凌行径	выступать против политики силы и травли других государств
反对没有国际法依据的单边制裁和"长臂管辖"	выступать против введения не подкрепленных международно-правовыми основаниями односторонних санкций и экстерриториального применения национального законодательства
固守冷战思维	застарелое мышление категориями «холодной войны»
渲染大国竞争	нагнетание атмосферы соперничества между крупными державами
严重破坏国际关系基本准则	серьезно подрывать базовые принципы международных отношений
全球及地区战略稳定与安全	глобальная и региональная стратегическая стабильность и безопасность

(续表)

维持大国间建设性协作关系	поддержание отношений конструктивного взаимодействия между крупными державами
军控、裁军和防扩散条约及协定	договоры и соглашения по контролю над вооружениями, разоружению и нераспространению
推动联合国人权机制平等对待各类人权	продвигать в рамках правозащитных органов системы ООН равное отношение ко всем категориям прав человека
实现经社文权和发展权	осуществление экономических, социальных и культурных прав и права на развитие
反对将国际人权议程政治化	выступать против политизации международной повестки дня по правам человека
反对以人权为借口干涉主权国家内政	противодействовать использованию правочеловеческой тематики в качестве предлога для вмешательства во внутренние дела суверенных государств
共同打击一切形式的恐怖主义、极端主义	объединить усилия в борьбе с терроризмом и экстремизмом во всех формах и проявлениях
坚持综合施策、标本兼治	последовательно реализовывать комплексную политику, ликвидировать как причины, так и следствия проблемы
建立以联合国为中心的全球反恐统一战线	формирование единого глобального антитеррористического фронта при центральной роли ООН
反对将恐怖主义、极端主义与特定国家、宗教、民族、文明挂钩	противодействовать увязыванию терроризма и экстремизма с конкретными государствами, а также с какой-либо из религий, национальностей или цивилизаций
反对在反恐问题上采取"双重标准"	выступать против применения двойных стандартов в вопросах антитеррористической деятельности
非法使用信息通信技术	противоправное использование информационно-коммуникационных технологий
国际信息安全	международная информационная безопасность
联合国信息安全开放式工作组	Рабочая группа открытого состава по достижениям в сфере информатизации и телекоммуникаций в контексте международной безопасности

(续表)

特设政府间专家委员会	Специальный межправительственный комитет экспертов
联合国打击信息通信技术犯罪公约	конвенция ООН о противодействии использованию информационно-коммуникационных технологий в преступных целях
保障各国平等参与全球网络治理进程	обеспечение равных прав государств на участие в процессе управления глобальной сетью
国际电信联盟	Международный союз электросвязи
数字经济	цифровая экономика
数据安全	безопасность хранения цифровых данных
全球数据安全规则	глобальные правила безопасности цифровых данных
国际信息安全领域合作	сотрудничество в сфере международной информационной безопасности
在联合国、金砖国家、上海合作组织、东盟地区论坛等国际和地区多边框架内	в рамках ООН, БРИКС, ШОС, АРФ и других глобальных и региональных многосторонних площадок
顺应时代发展趋势	следовать тенденциям развития
鼓励新业态、新产业、新模式发展	поощрять новые методы экономического управления, новые производства, новые модели развития
共同为信息技术的开发和应用塑造开放、公平、公正、非歧视的环境	формировать открытую, честную, справедливую, недискриминационную среду для разработки и применения информационных технологий
数据安全和跨境流动	безопасности данных и трансграничные потоки
全球信息产品和服务供应链	глобальные цепочки поставок информационных продуктов и сервисов
贸易自由化	либерализация торговли
以世贸组织为核心的多边贸易体制	система многосторонней торговли, «краеугольным камнем» которой является ВТО

(续表)

加强宏观经济政策沟通协调	уплотнять координацию в сфере макроэкономической политики
维护全球产业链、供应链安全稳定	защищать безопасность и стабильность глобальных производственно-сбытовых цепочек
促进经济全球化朝着更加开放、包容、普惠、平衡、共赢的方向发展	стимулировать развитие экономической глобализации в сторону бóльшей открытости, инклюзивности, всеобщего благополучия, сбалансированности и общей выгоды
推动世界经济早日实现复苏	содействовать скорейшему восстановлению мировой экономики
参与多边磋商和对话	принимать участие в многосторонних консультациях и работе диалоговых площадок
推动有关问题政治外交解决进程	содействовать процессам политико-дипломатического разрешения соответствующих проблем
"一带一路"倡议和"大欧亚伙伴关系"并行不悖、协调发展	параллельное и скоординированное продвижение Большого Евразийского партнерства и инициативы «Один пояс, один путь»
在二十国集团、亚太经合组织等多边机制框架内	в рамках «Группы двадцати», АТЭС и других многосторонних механизмов
一揽子解决包括核问题在内的半岛问题	комплексное решение проблем Корейского полуострова, включая ядерную
反对任何导致紧张和加剧矛盾的言行	выступать против любых заявлений и действий, ведущих к напряжению и обострению противоречий
呼吁有关国家保持克制	призывать все вовлеченные государства сохранять сдержанность
避免挑衅行动和好战言论	отказаться от провокационных действий и воинственной риторики
体现无条件对话意愿	продемонстрировать готовность к диалогу без предварительных условий
为缓和紧张局势作出积极努力	прилагать активные усилия по разрядке напряженности
中方关于朝鲜暂停核导活动和美韩暂停大规模联合军演"双暂停"倡议	предложенные китайской стороной идеи «двойного замораживания» (ракетно-ядерной деятельности КНДР и крупномасштабных совместных учений США и Республики Корея)

（续表）

实现朝鲜半岛无核化和建立半岛和平机制"双轨并行"思路	«параллельного продвижения» к денуклеаризации Корейского полуострова и формированию на полуострове механизма мира
国际核不扩散体系	международный режим нераспространения ядерного оружия
通过对话协商平衡解决各方关切	путем диалога и консультаций содействовать сбалансированному снятию существующих озабоченностей
重启全面解决半岛问题的对话进程	перезапуск диалога по всеобъемлющему решению проблем Корейского полуострова
朝鲜半岛北南双方	Север и Юг Корейский полуостров
相互释放善意	проявлять друг к другу благожелательность
缓和半岛紧张局势	разрядка ситуации на Корейском полуострове
反对域外势力以应对朝鲜核导计划为借口，在东北亚地区加强军事部署和存在	выступать против военного присутствия внерегиональных сил в Северо-Восточной Азии и его наращивания под предлогом противодействия ракетно-ядерным программам КНДР
在东北亚地区部署"萨德"系统	размещение в Северо-Восточной Азии комплексов ПРО THAAD
域内国家战略安全利益	интересы стратегической безопасности региональных государств
地区战略平衡	стратегический баланс в регионе

第四章

外交宣言的翻译

一、外交宣言简介

外交宣言是国家、政府、政党、团体或其领导人为说明自己的政治纲领、政治主张，或对重大政治、经济问题表明立场和态度而发表的文件，有时也以会议名义发表宣言。宣言主要用于宣布政策、声明观点、表明立场、动员群众，以取得广泛的社会承认或舆论支持。宣言的郑重程度高，告知领域宽，往往带有宣传号召之意。

宣言也可用于国际事务。如两国、两党、两种以上社会团体共同发表宣言，则称"共同宣言"或"联合宣言"。联合宣言有时在国际事务中也承担条约的义务，一般要在正文后签署各方名称。

二、外交宣言译例

【结构解析】宣言一般由两部分组成：（1）标题。宣言的标题形式多样，总体上可分为两类：一类是由发表宣言的国家、政府、政党、团体名称、事由和文种类型（宣言）构成；另一类是由发文单位名称和文种类型或者事由和文种类型组成。（2）正文。宣言正文分为导语、主体和结束语三部分。导语部分写发表宣言的依据、原则。主体部分具体写宣言的内容，一般以条文格式书写。结束语表达致谢，宣布下一步工作安排。

金砖国家领导人第十三次会晤新德里宣言（节选）
Нью-Делийская декларация XIII саммита БРИКС (отрывки)

【导语】2021 年 9 月 3 日，金砖国家第十一次经贸部长会议召开，会议将就新冠疫情应对、支持多边贸易体制、金砖国家经贸务实合作等议题交换意见，为金砖国家领导人第十三次会晤做好经贸方面的准备。2021 年 9 月 8 日，外交部发言人华春莹宣布：应印度总理莫迪邀请，国家主席习近平将于 9 月 9 日在北京以视频方式出席金砖国家领导人第十三次会晤，并发表重要讲话。会议前言内容做如下概括：习近平就推动金砖合作提出中国倡议，宣布务实举措，为金砖合作注入新动力，为促进全球经济复苏带来强大信心。五国领导人围绕"金砖 15 周年：开展金砖合作，促进延续、巩固与共识"主题深入交流，通过了《金砖国家领导人第十三次会晤新德里宣言》。领导人指出，我们要在尊重《联合国宪章》宗旨和原则的基础上推动践行真正的多边主义，推动全球团结抗疫，推动开放创新增长和共同发展，坚持以人民为中心的发展思想。

前言

Преамбула

1.我们,巴西联邦共和国、俄罗斯联邦、印度共和国、中华人民共和国、南非共和国领导人于2021年9月9日举行金砖国家领导人第十三次会晤。本次会晤主题是"金砖15周年:开展金砖合作,促进延续、巩固与共识"。

1. Мы, главы государств и правительств Федеративной Республики Бразилии, Российской Федерации, Республики Индии, Китайской Народной Республики и Южно-Африканской Республики, провели 9 сентября 2021 года под председательством Республики Индии XIII саммит БРИКС под девизом «15-летие БРИКС: пятистороннее сотрудничество стран в интересах обеспечения преемственности, укрепления взаимодействия и принципа консенсуса».

2. 在金砖国家合作机制成立15周年之际,我们重申致力于加强金砖政治安全、经贸财金、人文交流"三轮驱动"合作。我们忆及在和平、法治、尊重人权和基本自由、民主等方面的共同价值观,承诺推动以联合国为核心,以国际法及包括主权平等和尊重各国领土完整在内的《联合国宪章》宗旨和原则为基础的,更加包容、公平,更具代表性的多极国际体系,在互利合作的基础上构建人类命运共同体。

2. По знаменательному случаю 15-летия БРИКС мы подтверждаем приверженность расширению сотрудничества в рамках объединения по трем основным направлениям: политика и безопасность, экономика и финансы, культурные и гуманитарные обмены. Напоминая о наших общих ценностях мира, верховенства права, уважения прав и основных свобод человека и демократии для всех, мы обязуемся содействовать формированию более инклюзивной, равноправной и представительной многополярной международной системы при центральной роли Организации Объединенных Наций (ООН), основанной на международном праве и Уставе ООН, в частности на суверенном равенстве всех государств и уважении их территориальной целостности, в целях построения общего безоблачного будущего для международного сообщества на основе взаимовыгодного сотрудничества.

3. 2021年,金砖国家克服新冠疫情带来的持续挑战,保持合作势头和延续性,基于共识原则,巩固各项活动。我们对此表示赞赏。我们欢迎签署

《金砖国家遥感卫星星座合作协定》，制定《金砖国家海关事务合作与行政互助协定》，并就《金砖国家主管部门关于医疗产品监管合作的谅解备忘录》进行讨论。我们赞赏就《金砖国家反恐行动计划》《金砖国家农业合作行动计划（2021－2024）》《金砖国家创新合作行动计划（2021－2024）》、金砖国家绿色旅游联盟等合作成果达成共识。我们重申致力于通过现有各部长级会议和工作组渠道，落实《金砖国家经济伙伴战略2025》。我们还欢迎启动金砖国家农业研究平台，欢迎就金砖国家数字公共产品平台进行讨论。

3. Мы высоко ценим тот факт, что, несмотря на сохраняющиеся вызовы, обусловленные пандемией COVID-19, в 2021 году БРИКС сохранил динамику и преемственность при одновременной консолидации своей деятельности в духе консенсуса. Мы приветствуем подписание Соглашения о сотрудничестве в области спутниковой группировки дистанционного зондирования Земли стран БРИКС, доработку Соглашения о сотрудничестве и взаимной административной помощи в таможенных вопросах стран БРИКС и Меморандума о взаимопонимании между регуляторными ведомствами стран БРИКС по вопросам сотрудничества в сфере нормативно-правового регулирования медицинской продукции. Мы также высоко оцениваем, среди прочих достижений, принятие Плана действий по реализации Антитеррористической стратегии БРИКС и Плана действий стран БРИКС по сотрудничеству в области сельского хозяйства на 2021-2024 годы, а также достижение соглашения по утверждению Плана действий в сфере инновационного сотрудничества на 2021-2024 годы и по Альянсу БРИКС в области «зеленого» туризма. Мы подтверждаем приверженность реализации Стратегии экономического партнерства БРИКС до 2025 года в рамках различных существующих форматов взаимодействия по линии наших министерств и рабочих групп. Мы также приветствуем запуск работы Платформы сельскохозяйственных исследований стран БРИКС и продолжающееся обсуждение Платформы стран БРИКС в сфере цифровых общественных благ.

4.我们欢迎今年在外交、国家安全事务、财金、经贸、工业、劳动就业、农业、能源、卫生和传统医药、环境、教育、海关、青年、文化、旅游等领域举行的100多场部长级和其他高级别会议，欢迎各领域取得的重要成果。这些活动旨在进一步加强金砖战略伙伴关系，促进五国和五国人民的共同利益。

4. Мы приветствуем итоги проведения свыше 100 мероприятий, в том числе состоявшихся с начала года заседаний на уровне министров и других встреч высокого уровня в сферах иностранных дел, национальной безопасности, финансов, торговли, промышленности, труда и занятости, сельского хозяйства, энергетики, здравоохранения, в том числе традиционной медицины, окружающей среды, образования, таможенных вопросов, культуры и туризма, а также ряд важных практических результатов работы в различных областях, направленных на дальнейшее укрепление стратегического партнерства БРИКС в интересах обеспечения взаимной выгоды для стран-участниц объединения и их народов.

【主体部分】会议主要内容可以做如下概括：1.呼吁动员政治和财政支持，共同应对全球新冠疫情；2.维护《联合国宪章》宗旨和原则，加强和改革多边体系，以应对全球现实和挑战；3.就和平安全问题开展对话，敦促落实反恐行动计划；4.推进落实可持续发展议程，特别关注发展中国家需求；5.推进经贸财金合作，增强可持续发展能力；6.人文交流领域全面开花。

巩固和盘点
Консолидация и подведение итогов

5. 在金砖机制成立15周年之际，我们回顾以往丰硕合作成果并为之自豪，包括建立新开发银行、应急储备安排、能源研究平台、新工业革命伙伴关系和科技创新合作框架等成功合作机制。同时，我们也在思考金砖合作的前进道路。

5. Мы признаем, что 15-летний юбилей – это важная веха и подходящий повод для того, чтобы с гордостью отметить наши многочисленные достижения, включая создание таких успешных механизмов, как, в частности, Новый банк развития (НБР), Пул условных валютных резервов, Платформа энергетических исследований БРИКС, Партнерство стран БРИКС по вопросам новой промышленной революции и Рамочная программа в сфере науки, технологий и инноваций стран БРИКС, а также наметить дальнейшие пути развития.

***

新冠疫情和健康领域的全球挑战
Глобальные вызовы в сфере здравоохранения и COVID-19

6. 近两年来，新冠疫情给全球政治、经济和社会等领域造成不可估量的损失。我们向所有新冠疫情遇难者表示最深切的哀悼，向生活和生计受到疫情影响的人们表示支持。我们呼吁通过动员政治支持和必要的财政资源，为应对新冠疫情及其他当前和未来卫生挑战做好更充分准备并加强国际合作。

6. Пандемия COVID-19 вот уже два года продолжает наносить неизмеримый политический, экономический и социальный ущерб по всему миру. Мы выражаем глубочайшие соболезнования в связи с человеческими жертвами, а также солидарность со всеми пострадавшими от пандемии, в том числе в контексте влияния на их жизни и источники дохода. Мы призываем обеспечить лучшую готовность международного сообщества, а также к активизации сотрудничества в деле борьбы с пандемией и другими текущими и будущими вызовами в сфере здравоохранения посредством мобилизации политической поддержки и необходимых финансовых ресурсов.

***

加强和改革多边体系
Укрепление и реформирование многосторонней системы

13. 我们认为，尽管联合国及其相关机构取得了许多成就，但其能否继续保持成功和影响，取决于其适应当今世界现实和应对相互关联的挑战的能力。因此，我们决心加强和改革多边体系，使全球治理反应更加迅速，更加有效、透明、民主、有代表性和负责任。我们重申致力于维护国际法，包括作为其不可或缺基石的《联合国宪章》宗旨和原则，维护联合国在国际体系中的核心作用。新冠疫情使我们更加确信，富有效力和代表性的多边主义对于增强应对当前和未来全球挑战的韧性、增进人民福祉以及实现这个星球的可持续未来至关重要。

13. Мы признаем, что, несмотря на многочисленные достижения системы ООН и связанных с ней структур, их дальнейшая востребованность будет определяться способностью адаптироваться к реалиям современного мира и справляться с меняющимися взаимосвязанными проблемами

нашего времени. В этой связи мы заявляем о своей решимости укреплять и реформировать многостороннюю систему, с тем чтобы повысить оперативность, гибкость, эффективность, прозрачность, демократичность и представительность глобального управления, а также его подотчетность государствам-членам, и подтверждаем приверженность соблюдению международного права, включая цели и принципы, закрепленные в Уставе ООН, который является его краеугольным камнем, и сохранению центральной роли ООН в международной системе. Пандемия укрепила нашу веру в важную роль эффективной и представительной многосторонности для формирования устойчивости перед лицом текущих и будущих глобальных вызовов, повышения благосостояния наших народов и построения устойчивого будущего для планеты.

***

和平、安全与反恐合作
Мир, безопасность и сотрудничество в борьбе с терроризмом

21. 我们注意到金砖国家继续在相关机制内就和平与安全等热点问题开展积极对话。我们欢迎金砖国家安全事务高级代表会议成果，赞赏其围绕反恐、信息通信技术安全使用、全球、地区和国家安全威胁、执法机构合作前景以及金砖国家卫生安全和医疗卫生合作前景等议题进行富有意义的讨论。我们欢迎会议通过《金砖国家反恐行动计划》。

21. Мы отмечаем, что БРИКС продолжает вести активный диалог по актуальным вопросам мира и безопасности в рамках соответствующих механизмов. Мы приветствуем результаты встречи Высоких представителей стран БРИКС, курирующих вопросы безопасности, и благодарим их за содержательное обсуждение проблематики борьбы с терроризмом, безопасности в сфере использования информационно-коммуникационных технологий (ИКТ), угроз глобальной, региональной и национальной безопасности, перспектив сотрудничества между правоохранительными органами, а также между государствами объединения в области охраны здоровья и здравоохранения. Мы также приветствуем их решение принять План действий по реализации Антитеррористической стратегии БРИКС.

***

可持续发展及其创新实现手段

Устойчивое развитие и инновационные средства для его достижения

35. 我们重申致力于从经济、社会和环境三个方面落实2030年可持续发展议程。我们关切地注意到，新冠疫情对落实2030年可持续发展议程带来干扰，并逆转了多年来在减贫、消除饥饿、医疗保健、教育、应对气候变化、获得清洁水和环境保护等方面取得的进展。新冠病毒对每个人尤其是世界上最贫困和最脆弱人群带来巨大影响。因此，我们呼吁国际社会构建全球发展伙伴关系，应对新冠疫情带来的影响，并通过推进执行手段加快落实2030年可持续发展议程，同时要特别关注发展中国家的需求。我们敦促捐助国落实官方发展援助承诺，根据受援国国内政策目标，向发展中国家提供能力建设、技术转让等额外发展资源。

35. Мы подтверждаем приверженность реализации Повестки дня в области устойчивого развития на период до 2030 года (Повестка-2030) в ее трех измерениях – экономическом, социальном и экологическом. Мы с обеспокоенностью отмечаем, что пандемия COVID-19 подорвала усилия по реализации Повестки-2030 и обратила вспять многолетний прогресс в решении проблем бедности и голода, в сферах здравоохранения, образования, изменения климата, обеспечения доступа к чистой воде и защиты окружающей среды. Хотя никто не смог избежать влияния коронавируса, больше всего он затронул самые бедные и уязвимые слои населения в мире. В этой связи мы призываем международное сообщество укреплять глобальные партнерства в области развития для преодоления последствий пандемии и ускорения реализации Повестки-2030 путем совершенствования средств ее осуществления, уделяя при этом особое внимание потребностям развивающихся стран. Мы призываем страны-доноры выполнять свои обязательства в рамках Официальной помощи в целях развития и содействовать наращиванию потенциала и передаче технологий развивающимся странам наряду с предоставлением дополнительных ресурсов для развития в соответствии с национальными целями развития государств-получателей помощи.

***

经贸财金合作促进可持续发展
Экономическое и финансовое сотрудничество в целях достижения устойчивого развития

50. 我们欢迎经贸财金领域合作取得的进展，这进一步增强了我们面对新冠疫情挑战、实现可持续发展目标的能力。我们强调在相关部长级和工作组机制内继续落实《金砖国家经济伙伴战略 2025》的重要性。

50. Мы приветствуем прогресс по линии экономического и финансового сотрудничества в БРИКС в контексте укрепления потенциала наших стран в достижении ЦУР, в особенности на фоне вызовов, связанных с пандемией. В этой связи мы подчеркиваем важность продолжения реализации Стратегии экономического партнерства БРИКС до 2025 года на всех соответствующих направлениях на министерском уровне и в рамках рабочих групп.

***

人文交流
Культурные и гуманитарные обмены

64. 我们重申人文交流在增进金砖国家及五国人民间相互了解和友谊、促进合作等方面的重要性。我们满意地注意到，在今年主席国印度的领导下，治国理政、文化、教育、体育、艺术、电影、媒体、青年和学术交流等合作领域取得进展，并期待在上述领域进一步合作。

64. Мы вновь заявляем о важности гуманитарных обменов между странами БРИКС для улучшения взаимопонимания, укрепления дружбы и сотрудничества между нашими государствами и народами. В этой связи мы с удовлетворением отмечаем прогресс, достигнутый в рамках данного направления под индийским председательством в 2021 году, в том числе в сферах управления, культуры, образования, спорта, искусства, кинематографа, СМИ, молодежных и научных обменов, и рассчитываем на дальнейшее сотрудничество в этих областях.

***

【结尾】中国、南非、巴西和俄罗斯对轮值主席国印度表示感谢，并对中国主持 2022 年金砖国家领导人第十四次会晤工作表示支持。

73. 中国、南非、巴西和俄罗斯赞赏印度担任2021年金砖国家主席国所做工作，对印度政府和人民主办金砖国家领导人第十三次会晤表示感谢。

73. Китай, ЮАР, Бразилия и Россия высоко оценивают председательство Индии в БРИКС в 2021 году и выражают признательность правительству и народу Индии за проведение XIII саммита БРИКС.

74. 巴西、俄罗斯、印度和南非将全力支持中国2022年金砖国家主席国工作并主办金砖国家领导人第十四次会晤。

74. Бразилия, Россия, Индия и ЮАР выражают готовность оказать всяческую поддержку Китаю в ходе его председательства в БРИКС в 2022 году и в проведении XIV саммита БРИКС.

三、外交宣言译法提示

外交宣言具有公告性、严肃性、鼓动性和透明性，旨在郑重、严谨地公开主张，态度鲜明地昭示主见，以赢得社会与舆论的广泛支持。因此，外交宣言的写作与翻译需要注意语言精练，语气庄重，叙事明确，论证严密，逻辑清晰。外交宣言的翻译在标题译法、时态的选择、措辞的把握及长难句译法方面，类似外交公报与外交声明的翻译。

译法提示1. 标题的翻译

外交宣言标题属于信息类文本，具有准确性、实效性、简洁性。标题涉及国家、机构组织、地名等专有名词及有关政治、经济、外交关系等各类领域的专有表述，翻译应保持高度的准确性，多采用固定的译法，译例如下：

（1）二十国集团领导人利雅得峰会宣言

Декларация Эр-Риядского саммита лидеров «Группы двадцати»

（2）上海合作组织成员国元首理事会莫斯科宣言

Московская декларация Совета глав государств-членов Шанхайской организации сотрудничества

（3）2020年亚太经合组织领导人吉隆坡宣言

Куала-Лумпурская декларация лидеров АТЭС 2020 года

（4）全球健康峰会罗马宣言

Римская декларация Глобального саммита по здравоохранению

（5）2020年联合国生物多样性大会（第一阶段）高级别会议昆明宣言

Куньминская декларация

Декларация сегмента высокого уровня Конференции ООН по биоразнообразию 2020 года (Часть 1), посвященная теме «Экологическая цивилизация: построение общего будущего во имя всего живого на Земле»

例（1）—例（5）中，"二十国集团""上海合作组织""亚太经合组织""全球健康峰会""联合国生物多样性大会"属于机构名称，固定译法分别为 *«Группа двадцати»*，*«Шанхайская организация сотрудничества»*，*«АТЭС»*，*«Глобальный саммит по здравоохранению»*，*«Экологическая цивилизация: построение общего будущего во имя всего живого на Земле»*。"利雅得""莫斯科""吉隆坡""罗马""昆明"为地名，固定译法分别为 *«Эр-Рияд»*，*«Москва»*，*«Куала-Лумпур»*，*«Рим»*，*«Куньмин»*，在以上标题翻译中按一致定语处理。

（6）中华人民共和国和俄罗斯联邦关于促进国际法的宣言

Декларация Китайской Народной Республики и Российской Федерации о повышении роли международного права

（7）中华人民共和国和乌兹别克斯坦共和国关于全面深化和发展两国友好合作伙伴关系的联合宣言

Совместная декларация о всестороннем углублении и развитии партнерских отношений дружбы и сотрудничества между КНР и Узбекистаном

（8）中华人民共和国和土库曼斯坦关于建立战略伙伴关系的联合宣言

Совместная декларация об установлении отношений стратегического партнерства между Китайской Народной Республикой и Туркменистаном

例（6）—例（8）中"中华人民共和国""俄罗斯联邦""乌兹别克斯坦共和国""土库曼斯坦"属于国家名，固定翻译为 *«Китайская Народная Республика»* 或 *«КНР»*，*«Российская Федерация»* 或 *«РФ»*，*«Узбекистан»* 和 *«Туркменистан»*。"国际法""全面深化和发展""友好合作伙伴关系""战略伙伴关系"是政治外交领域的常见表达，有其固定翻译，分别译为 *«международное право»*，*«всестороннее углубление* и развитие», «партнерские отношения дружбы и сотрудничества», «отношения стратегического партнерства».

译法提示 2. 政治术语与热点表述的翻译

宣言翻译中的政治术语与热点表述分为国际关系、经济发展、卫生健康、军事反恐会民生等类别，译文多参照官方新闻媒体的固定表达，因此在平时学习中要多注意积累，使译文最大限度地符合"信达雅"的翻译标准。以下为宣言翻译中出现的政治术语与热点表述的翻译：

国际关系：	
保护最贫穷和最弱小成员国的发言权和份额	защита числа голосов и доли квот беднейших и малых государств
包容互鉴的文化伙伴关系	партнерские связи в сфере культуры, в основе которых – инклюзивность и взаимное обогащение культур
对乌克兰境内外人道局势的关切	озабоченность в связи с гуманитарной обстановкой на Украине и вокруг нее
反对利用恐怖、极端和激进组织牟取私利	неприемлемость использования террористических, экстремистских и радикальных группировок в корыстных целях
呼吁停止暴力	призывать воздерживаться от применения насилия
加强立法机关交流与合作	активизировать контакты и сотрудничество по линии законодательных органов
坚持不干涉内政原则	приверженность принципам невмешательства во внутренние дела государств
金砖国家新工业革命伙伴关系	Партнерства стран БРИКС по Новой промышленной революции
金砖外围对话 / "金砖+"	«БРИКС аутрич»/«БРИКС плюс»
落实高层共识	реализация достигнутого на высшем уровне общего понимания
全球发展高层对话会	саммит Диалога высокого уровня по вопросам глобального развития

(续表)

使全球治理更具包容性、代表性和参与性	*сделать инструменты глобального управления более инклюзивными, представительными и с привлечением более широкого круга участников*
受援国	*государства-получатель*
通过对话和谈判实现民族和解	*достижение национального примирения посредством диалога и переговоров*
通过和平和外交手段解决伊朗核问题	*решение иранского ядерного вопроса мирными и дипломатическими средствами*
违反世贸组织精神和规则	*противоречать духу и правилам ВТО*
维护东北亚和平稳	*поддержание мира и стабильности в Северо-Восточной Азии*
乌克兰局势	*ситуация на Украине*
新工业革命伙伴关系	*Партнерство стран БРИКС по вопросам новой промышленной революции*
以和平方式稳定局势	*урегулировать ситуацию мирными средствами*
伊朗核问题全面协议	*Совместного всеобъемлющего плана действий (СВПД)*
以真正的伙伴精神	*в духе подлинного партнерства*
战略伙伴关系	*стратегическое партнерство*
制定国际公约	*запуск многосторонних переговоров по международной конвенции*
尊重国家主权和不干涉他国内政的原则基础	*принципы уважения государственного суверенитета и невмешательства во внутренние дела других стран*
经济发展：	
避免采取单边和保护主义措施	*избегать односторонних и протекционистских мер*
反对绿色贸易壁垒	*выступать против «зеленых» торговых барьеров*

（续表）

管控好政策外溢效应	преодолевать негативные вторичные политические факторы
国家和地区工业化	национальная и региональная индустриализация
联合融资项目	совместное финансирование
满足各国融资需求	удовлетворение финансовых потребностей стран
弥补基础设施缺口	устранение пробелов в инфраструктуре
使用上合组织成员国间本币结算	использования национальных валют во взаиморасчетах между государствами-членами ШОС
税收信息交换、能力建设、征管创新	обмен налоговой информацией, наращивания потенциала и инноваций в налоговом администрировании
提升出口导向型潜力	развитие экспортно-ориентированного потенциала
完善支付结算体系	совершенствование платежно-расчетных
政府和社会资本合作	государственно-частное партнерство (ГЧП)
卫生健康：	
打造卫生体系韧性	формирование устойчивости системы здравоохранения
防控传染病能力	возможность в области контроля и предупреждения инфекционных заболеваний
建立预防大规模传染病早期预警机制	создание Комплексной системы раннего предупреждения рисков возникновения массовых инфекционных заболеваний
弥合全球"免疫鸿沟"	устранение разрыва в уровне иммунизации по всему миру
全民健康覆盖	всеобщий охват услугами здравоохранения
数字健康系统	система цифровой медицины

（续表）

新冠疫苗知识产权豁免提议	*предложения о снятии патентной защиты на вакцины от COVID-19*
疫苗研发	*исследование и разработка вакцин*
预防和治疗性医疗保健	*профилактическое и терапевтическое здравоохранение*
重大突发公共卫生事件	*масштабные чрезвычайные ситуации в сфере здравоохранения*
军事反恐：	
不接受以武力相威胁或使用武力	*недопустимость угрозы силой или ее применения*
打击任何形式的恐怖主义、分裂主义、极端主义	*противодействие терроризму во всех его формах и проявлениях, сепаратизму, экстремизму*
遏制化学和生物恐怖主义	*борьба с актами химического и биологического терроризма*
防务合作	*взаимодействие в сфере обороны*
防止外太空军备竞赛和武器化	*предотвращение гонки вооружений в космическом пространстве (ПГВК) и размещения оружия в космосе*
核裁军	*ядерное разоружение*
军控、裁军、防扩散条约和协议体系	*система договоров и соглашений в области контроля над вооружениями, разоружения и нераспространения и сохранению ее целостности*
联合应对措施	*меры совместного реагирования*
完全无核化	*полная денуклеаризация*
社会民生：	
促进就业以实现可持续发展	*поощрение занятости в целях устойчивого развития*
促进绿色和有机食品生产	*развитие производства экологически чистых и органических продуктов*

（续表）

恢复包容性劳动力市场	восстановление инклюзивных рынков труда
获取全球公共产品	доступ к глобальным общественным благам
利用可再生和可替代能源	использование возобновляемых и альтернативных источников энергии
加强能源安全	укрепление энергетической безопасности
建立可靠的能源体系	построение надежных энергетических систем
减少温室气体排放	снижение выбросов парниковых газов
可持续发展和水资源一体化治理	устойчивое развитие и интегрированное управление водными ресурсами
可持续发展和消除根本性贫困	устойчивое развитие и усилий по искоренению бедности
社会保障体系	система социальной защиты
完善全球和区域灾害治理	совершенствование глобальных и региональных мер реагирования на стихийные бедствия
稳定全球粮食市场	укрепление мирового рынка продовольствия
引进新的绿色清洁技术	внедрение новых экологически чистых технологий
其他：	
保护知识产权	охрана интеллектуальной собственности
打击海关违法行为	борьба с таможенными правонарушениями / противодействие правонарушениям в таможенной сфере
联合国全球可持续交通大会	Глобальной конференции ООН по устойчивому транспорту
国际禁毒体制	международный механизм контроля над наркотиками
宏观政策协调	координация макроэкономической политики
欢迎中小微企业圆桌会议的成果	приветствовать результаты Круглого стола по проблематике микро-, малых и средних предприятий

（续表）

技术鸿沟	технологический разрыв
建立安全、公正、开放的信息空间	создание безопасного, справедливого и открытого информационного пространства
禁毒合作	антинаркотическое сотрудничество
金砖财金智库网络	Научно-исследовательская сеть БРИКС по финансам
金砖国家女性工商联盟	Женский деловой альянс (ЖДА) БРИКС
金砖国家绿色旅游联盟	Альянс БРИКС в области «зеленого» туризма
举办创业论坛和创新创业大赛	проведение Форума стартапов и конкурсов по инновациям и стартапам
来自恐怖主义、洗钱、网络领域、信息流行病和虚假新闻的挑战	вызовы, связанные с терроризмом, отмыванием денег, киберпространством, инфодемией и распространением недостоверной информации
联合国教科文组织世界遗产名录	Список Всемирного наследия ЮНЕСКО
强化全球气候变化威胁应对	укрепление глобальных мер по устранению угрозы изменения климата
生物多样性丧失	утрата биоразнообразия
塑造更具韧性、更可持续、更包容的旅游业	сформировать более прочный, устойчивый и инклюзивный туристический сектор
提高应急能力	усиление потенциала чрезвычайного реагирования
为改革相关讨论注入新活力	вдохнуть новую жизнь в дискуссии о реформе
现存的发展断层	существовавший ранее разрыв в области развития

译法提示 3. 译员素养（思政翻译）

（9）我们欢迎签署<u>《金砖国家遥感卫星星座合作协定》</u>，制定《金砖国家海关事务合作与行政互助协定》，并就《金砖国家主管部门关于医疗产品监管合作的谅解备忘录》进行讨论。

Мы приветствуем подписание <u>Соглашения о сотрудничестве в области спутниковой группировки дистанционного зондирования Земли стран БРИКС</u>, доработку Соглашения о сотрудничестве и взаимной административной помощи в таможенных вопросах стран БРИКС и Меморандума о взаимопонимании между регуляторными ведомствами стран БРИКС по вопросам сотрудничества в сфере нормативно-правового регулирования медицинской продукции.

我们关切地注意到，新冠疫情对落实 2030 年可持续发展议程带来干扰，并<u>逆转</u>了多年来在减贫、消除饥饿、医疗保健、教育、应对气候变化、获得清洁水和环境保护等方面取得的进展。

Мы с обеспокоенностью отмечаем, что пандемия COVID-19 подорвала усилия по реализации Повестки-2030 и <u>обратила вспять</u> многолетний прогресс в решении проблем бедности и голода, в сферах здравоохранения, образования, изменения климата, обеспечения доступа к чистой воде и защиты окружающей среды.

外交宣言属于政策性语言，具有鲜明的政治性和灵活的外交文本性特点，这就要求翻译人员在进行外交翻译时有高度的政治敏锐性，在用词分寸的把握上做到准确无误。外交宣言的特点决定了外交翻译人员必须具备良好的政治素养，充分理解政策，把握政策。作为一名翻译人员，要想准确把握发言人的内容和意图，必须在日常积累大量知识，熟知并掌握当前国际的发展形势和存在的各种问题。比如在翻译《金砖国家遥感卫星星座合作协定》时，这里的卫星星座指的是发射入轨能正常工作的卫星的集合，通常是由一些卫星环按一定的方式配置组成的一个卫星网，而不是我们平时说的占星学当中的星座，因此这里的卫星星座译为 **спутниковая группировка**。此外，译员还要具备认真严谨的工作作风。由于外交语言词汇众多，相近词汇也不在少数，这就要求译员理解和把握词语之间的细微差别，准确对其进行解读。比如在翻译"逆转"这个词时，它本身的含义指形势或情况向相反的方向转化，180 度变向，区别于潜移默化的慢慢转变。

因此不能直接译为变化 изменить（变化），体现不出变化的程度；而 обратила вспять 中 вспять 有 назад, обратно（向后，回转）的含义，更加准确。

四、翻译技巧

翻译技巧 1. 多项式定语的翻译

定语是表示特征、性质或属性意义的次要成分修饰或限定名词性的句子成分。根据定语与被说明词之间的句法联系，俄语定语分为一致定语和非一致定语。俄语一致定语由形容词（性质/关系/物主形容词）、代词（限定/指示/物主/不定代词）、顺序数词和形动词（主动/被动形动词）的长尾形式表达，与被说明词在性、数、格上保持一致。俄语非一致定语不受被说明词的性属支配，通常由带/不带前置词的名词间接格形式来表达；此外，也可用副词、动词不定式、第三人称物主代词和形容词比较级等来表达。此外，俄语定语的一种特殊类型是同位语，通常由名词来表达，同位语起修饰限定作用。汉语对定语的定义为：定语是名词性短语里中心语前面的修饰语。定语可修饰名词、数词和数量词、名物化的动词和形容词、代词、"的"字结构以及由名词组成的联合结构。可充当定语的成分有名词、形容词、动词、代词、数量词、介词结构和主谓结构等。根据定语和中心语的意义关系，可分为限制性定语和描写性定语。

多项式定语是俄汉语中共有的语言现象。一个带多项式定语的短语中，充当定语的词语在短语中的联系往往并不是单一的，也就是说，不仅充当定语的词语（包括短语）常常与中心语发生联系，各个修饰语之间也彼此产生一定的关系，或意义上的，或句法上的，即各个定语之间也形成了具有一定内在规律性的排列顺序。汉语多项定语可分为并列式多项定语、递加式多项定语和交错式多项定语。并列式多项定语，即各项定语无主次之分，并列地修饰同一个中心语，多由同一词性的词语构成；递加式多项定语的词性往往不相同，各项定语递次修饰其后的语言成分；交错式多项定语则为并列式和递加式的结合体[①]。

（1）在金砖国家合作机制成立 15 周年之际，我们重申致力于加强<u>金砖政治安全、经贸财金、人文交流"三轮驱动"</u>合作。我们忆及在和平、法治、尊重人权和基本自由、民主等方面的共同价值观，承诺推动<u>以联合国为核心，以国际法及包括主权平等和尊重各国领土完整在内的《联合国宪章》宗旨和原则为基础的，更加包容、公平，更具代表性的多极国际体系</u>，在互利

---

① 李谨香：汉俄语多项式定语语序的认知解读 [J]. 外语学刊, 2006(04), 68-71.

合作的基础上构建人类命运共同体。

　　По знаменательному случаю 15-летия БРИКС мы подтверждаем приверженность расширению сотрудничества в рамках объединения по трем основным направлениям: политика и безопасность, экономика и финансы, культурные и гуманитарные обмены. Напоминая о наших общих ценностях мира, верховенства права, уважения прав и основных свобод человека и демократии для всех, мы обязуемся содействовать формированию более инклюзивной, равноправной и представительной многополярной международной системы при центральной роли Организации Объединенных Наций (ООН), основанной на международном праве и Уставе ООН, в частности на суверенном равенстве всех государств и уважении их территориальной целостности, в целях построения общего безоблачного будущего для международного сообщества на основе взаимовыгодного сотрудничества.

　　例（1）中，"金砖政治安全、经贸财金、人文交流'三轮驱动'合作"为递加式多项定语。其中，末项定语先与中心语发生关系，构成偏正短语"'三轮驱动'合作"，再依次叠加其他定语"政治安全、经贸财金、人文交流"。从语义上"三轮驱动"划定了合作的框架和范围，俄语译为带前置词的非一致定语 *в рамках объединения по трем основным направлениям*，相比于译为不带前置词的非一致定语 *объединения по трем основным направлениям*，该译文补充了前置词 *в рамках*（在……框架下）的含义，而"政治安全、经贸财金、人文交流"作为"三轮驱动"的同位语起解释说明的作用，按照列举成分译为 *политика и безопасность, экономика и финансы, культурные и гуманитарные обмены*。"以联合国为核心，以国际法及包括主权平等和尊重各国领土完整在内的《联合国宪章》宗旨和原则为基础的，更加包容、公平，更具代表性的多极国际体系"是交错式多项定语，定语长且复杂，翻译时使用了移位法。移位法是翻译转换法（包括移位法、替换法、加词法和减词法）的一种，即在译语中变动原语成分的位置，俄汉定语翻译经常会用到此方法。首先，"更加包容、公平，更具代表性的"译为一致定语修饰"多极国际体系"，句子顺序不变；但在翻译定语"以联合国为核心，以国际法及包括主权平等和尊重各国领土完整在内的《联合国宪章》宗旨和原则为基础的"时，使用移位法，将非一致定语 *при центральной роли Организации Объединенных Наций (ООН)* 放在中心词 *системы* 后面进行翻译。

这样，一致定语 *более инклюзивной, равноправной и представительной* 和非一致定语 *при центральной роли Организации Объединенных Наций (ООН)* 分别位于中心词 *системы* 的两侧，避免中心语前面的修饰语过长而导致的不均衡问题。此外，"以联合国为核心"和"以国际法及包括主权平等和尊重各国领土完整在内的《联合国宪章》宗旨和原则为基础的"这两个定语间存在内在的逻辑联系，即联合国是在国际法和《联合国宪章》基础上建立的，所以译文用被动形动词 *основанной* 引导的定语修饰"联合国（*ООН*）"。

（2）我们注意到金砖国家继续在相关机制内就和平与安全等热点问题开展积极对话。我们欢迎<u>金砖国家安全事务高级代表会议成果</u>，赞赏其围绕反恐、信息通信技术安全使用、全球、地区和国家安全威胁、执法机构合作前景以及金砖国家卫生安全和医疗卫生合作前景等议题进行富有意义的讨论。

Мы отмечаем, что БРИКС продолжает вести активный диалог по актуальным вопросам мира и безопасности в рамках соответствующих механизмов. Мы приветствуем <u>результаты встречи Высоких представителей стран БРИКС, курирующих вопросы безопасности</u>, и благодарим их за содержательное обсуждение проблематики борьбы с терроризмом, безопасности в сфере использования информационно-коммуникационных технологий (ИКТ), угроз глобальной, региональной и национальной безопасности, перспектив сотрудничества между правоохранительными органами, а также между государствами объединения в области охраны здоровья и здравоохранения.

（3）我们欢迎<u>经贸财金领域合作取得的进展</u>，这进一步增强了我们面对新冠疫情挑战、实现可持续发展目标的能力。我们强调在相关部长级和工作组机制内继续落实《金砖国家经济伙伴战略2025》的重要性。

Мы приветствуем <u>прогресс по линии экономического и финансового сотрудничества</u> в БРИКС в контексте укрепления потенциала наших стран в достижении ЦУР, в особенности на фоне вызовов, связанных с пандемией. В этой связи мы подчеркиваем важность продолжения реализации Стратегии экономического партнерства БРИКС до 2025 года на всех соответствующих направлениях на министерском уровне и в рамках рабочих групп.

递加式多项定语一般有两种情况。(1)多项定语内部先构成偏正短语，所形成的偏正短语再与中心语发生关系；(2)末项定语先与中心语构成偏正短语，随后在该偏正短语前层层叠加新的定语。例（2）"金砖国家安全事务高级代表会议成果"中，定语内部先构成偏正短语"金砖国家安全事务高级代表会议"，偏正短语再与中心语"成果"进行修饰限定。译为俄语时使用移位法，遵照前置定语后移为非一致定语的规则，并遵循语义靠近原则，即与中心词语关系密切的定语紧邻中心语，远近关系为会议＞高级代表＞金砖国家，译为 *встречи Высоких представителей стран БРИКС*。例（3）"经贸财金领域合作取得的进展"中"经贸财金领域合作取得的"构成汉语组合定语中的主谓结构定语。在这个偏正短语中，中心语"进展"之前有"经贸领域合作取得的"和"财金领域合作取得的"做定语，并无主次之分，构成并列式多项定语。汉语中定语"经贸财金领域合作取得的"前置于中心词，俄语使用移位法，译为非一致定语 *по линии экономического и финансового сотрудничества* 并后置于中心词。

翻译技巧 2.语篇衔接

语篇不是一连串句子或语段的无序组合，它是一个结构严密，功能明确的语义统一体。语篇作为大于句子的语义单位必然要呈现出自己的特点，也就是语篇内部的各个组成成分必须连接合理，逻辑严密，语义通顺。这种组合既要依靠语言表层结构中的合理排列，又要符合语用和认知原则，衔接正是实现这一标准的重要手段之一。衔接关系表示语篇的语义关系，把语篇中的概念意义和人际意义组织起来，使其相互联系，组成一个整体的关系。Halliday 指出了衔接的五种主要表现形式，即照应、替代、省略、连接和词汇衔接。其中，照应衔接是通过具有指称作用的语言项目与它们的所指项目之间的语义联系而取得的；替代衔接是通过使用替代的语法手段，将替代形式与篇章中其他地方提到的被替代的形式联系起来，达到衔接语篇的目的；省略衔接是通过使用省略的语法手段，将省略形式与语篇中其他地方提到的被省略的形式联系起来；连接又称逻辑联系语，它是一个逻辑概念，用来表示语篇中两个或多个句子之间的逻辑联系，其表现形式既可以是词或短语，也可以是分句；词汇衔接则是通过在篇章的上下文中选用一对或一组具有某种语义联系的词而取得的[①]。

(4) <u>我们</u>欢迎今年在外交、国家安全事务、财金、经贸、工业、劳动就业、农业、能源、卫生和传统医药、环境、教育、海关、青年、文化、旅游等领域举行的100多场部长级和其他高级别会议，<u>欢迎各领域取得的重要成</u>

---

① 张德禄：论语篇连贯 [J]. 外语教学与研究，2000(02)，103-109.

果。这些活动旨在进一步加强金砖战略伙伴关系，促进五国和五国人民的共同利益。

Мы приветствуем итоги проведения свыше 100 мероприятий, в том числе состоявшихся с начала года заседаний на уровне министров и других встреч высокого уровня в сферах иностранных дел, национальной безопасности, финансов, торговли, промышленности, труда и занятости, сельского хозяйства, энергетики, здравоохранения, в том числе традиционной медицины, окружающей среды, образования, таможенных вопросов, культуры и туризма, а также ряд важных практических результатов работы в различных областях, направленных на дальнейшее укрепление стратегического партнерства БРИКС в интересах обеспечения взаимной выгоды для стран-участниц объединения и их народов.

例（4）汉语中画线部分使用了省略衔接，第一句中第一个分句和第二个分句主语一致，画线动词"欢迎"前省略了主语"我们"；俄语中对应部分则省略了主谓语 *мы приветствуем*，用连接词 *а также* 衔接上下文；画线词"各领域"照应上文的"外交、国家安全事务、财金、经贸、工业等"领域，译文则用了 *в различных областях* 来指代上文中所指的具体领域，以此来衔接上下文；画线词"这些活动"使用指示代词指代上文中提到的事物，俄语则直接根据上下文使用被动形动词 *направленных* 来修饰上文提到的这些成果。本句中无论是省略主语，还是使用指示代词都是为了更好地衔接语篇，翻译时要分析上下文之间的关系，重视语篇翻译中的衔接与连贯。

（5）我们认为，尽管联合国及其相关机构取得了许多成就，但其能否继续保持成功和影响，取决于其适应当今世界现实和应对相互关联的挑战的能力。因此，我们决心加强和改革多边体系，使全球治理反应更加迅速，更加有效、透明、民主、有代表性和负责任。我们重申致力于维护国际法，包括作为其不可或缺基石的《联合国宪章》宗旨和原则，维护联合国在国际体系中的核心作用。

Мы признаем, что, несмотря на многочисленные достижения системы ООН и связанных с ней структур, их дальнейшая востребованность будет определяться способностью адаптироваться к реалиям современного мира и справляться с меняющимися взаимосвязанными проблемами нашего времени. В этой связи мы заявляем о своей решимости укреплять и реформировать многостороннюю систему, с тем чтобы повысить оперативность, гибкость, эффективность, прозрачность, демократичность и представительность глобального управления, а также его подотчетность государствам-членам, и подтверждаем приверженность соблюдению международного права, включая цели и принципы, закрепленные в Уставе ООН, который является его краеугольным камнем, и сохранению центральной роли ООН в международной системе.

例（5）中"尽管""但""因此""和"为逻辑联系语，表转折、因果和并列关系，通过连接词表明上下文的逻辑关系，译文使用对应连接词 *несмотря на*，*в этой связи*，*а также*，分别表示转折、因果和并列关系；画线人称代词"其"指代上文的联合国，俄语根据指代对象（ООН）的性和数（阴性、单数），使用人称代词 *она* 指代，格取决于句中所做成分，*она* 在前置词 *с* 后用第5格 *ней*，人称代词的使用不仅可以起到衔接语篇的作用，还可以避免词语的单调重复，彰显词语的多样化表达；画线词"包括"表列举关系，只用例子来说明或证明前面提到过的事物和现象，俄语译为 *включая*。逻辑联系语是俄汉翻译中最常用的衔接手段之一，俄汉在逻辑联系语的使用上并无太大差异，往往有对应的表达逻辑联系的词汇，在平时翻译中要注意积累常用的逻辑联系语。

五、礼宾知识点滴

称呼与姓名

（一）称呼

在国际交往中，一般对男子称先生，对女子称夫人、女士、小姐。不了解婚姻情况的女子可称小姐，对戴结婚戒指的年纪稍大的可称夫人。这些称呼可冠以姓名、职称、衔称等，如"布莱克先生""议员先生""市长先生""护士小姐"等。

对地位高的官方人士（一般为部长以上的高级官员），按国家情况称"阁下"、职衔或先生。如"部长阁下""总统阁下""主席先生阁下"等。但美国、墨西哥、德国等国没有称"阁下"的习惯，因此在这些国家可称先生。对有地位的女士可称夫人，对有高级官衔的妇女，也可称"阁下"。

对军人一般称军衔，或军衔加先生，知道姓名的可冠以姓与名。如"上校先生""莫利少校""维尔斯中尉先生"等。有的国家对将军、元帅等高级军官称阁下。

凡与我方有同志相称的国家，对各种人员均可称同志，有职衔的可加职衔。如"主席同志""议长同志""大使同志""秘书同志""上校同志""司机同志""服务员同志"等,或姓名加同志。有的国家还有习惯称呼,如称"公民"等。在日本对妇女一般称女士、小姐,对身份高的也称先生,如"中岛京子先生"。

(二)姓名

外国人的姓名与我国汉族人的姓名大不相同,除文字的区别之外,姓名的组成、排列顺序都不一样,还常带有冠词、缀词等,对我们来说难以掌握,而且不易区分。这里只对较常遇见的外国人姓名分别作一简单介绍。

1.英美人姓名:排列是名在前,姓在后。如 John Wilson 译为约翰·威尔逊,John 是名,Wilson 是姓。又如 Edward Adam Davis 译为爱德华·亚当·戴维斯,Edward 是教名,Adam 是本人名,Davis 为姓。也有的人把母姓或与家庭关系密切者的姓作为第二个名字。在西方,还有人沿袭用父名或父辈名,在名后缀以小(Junior)或罗马数字以示区别。如 John Wilson, Junior, 译为小约翰·威尔逊,George Smith, Ⅲ ,译为乔治·史密斯三世。

有些国家的妇女在结婚前都有自己的姓名,结婚后一般是自己的名加丈夫的姓。如玛丽·怀特(Marie White)女士与约翰·戴维斯(John Davis)先生结婚,婚后女方姓名为玛丽·戴维斯(Marie Davis)。

姓名书写时常把名字缩写为一个字头,但姓不能缩写,如 G. W. Thomson, D. C. Sullivan 等。

口头称呼一般称姓,如"怀特先生""史密斯先生"。正式场合一般要全称。

以英文为本国文字的国家,姓名组成称呼基本与英美人一样。

2. 法国人姓名

法国人姓名也是名在前,姓在后,一般由二节或三节组成。前一、二节为个人名,最后一节为姓。有时姓名可达四、五节,多是教名和由长辈起的名字。但现在长名字越来越少。如:Henri Rene Albert Guy de Maupassant 译为:亨利·勒内·阿贝尔·居伊·德·莫泊桑,一般简称 Guy de Maupassant 居伊·德·莫泊桑。

法文名字中常常有 Le、La 等冠词和 de 等介词,译成中文时,应与姓连译,如 La Fantaine 拉方丹、Le Goff 勒戈夫、de Gaulle 戴高乐等。

妇女姓名,口头称呼基本同英文姓名。如姓名叫雅克琳·布尔热瓦(Jacqueline Bourgeois)的小姐与名弗朗索瓦·马丹结为夫妇,婚后该女士称马丹夫人,姓名为雅克琳·马丹(Jacqueiline Martin)。

3.西班牙人和葡萄牙人姓名

西班牙人姓名常有三、四节,前一、二节为本人名字,倒数第二节为父姓,最后一节为母姓。一般以父姓为自己的姓,但少数人也有用母姓为本人的姓。如:Diego

Rodrigueez de Silva y Velasquez 译为迭戈·罗德里格斯·德席尔瓦·贝拉斯克斯，de 是介词，Silva 是父姓，y 是连接词"和"，Velasquez 是母姓。已结婚妇女常把母姓去掉而加上丈夫的姓。通常口头称呼常称父姓，或第一节名字加父姓。如西班牙前元首弗朗西斯科·佛朗哥（Francisco Franco），其全名是：弗朗西斯科·保利诺·埃梅内希尔多·特奥杜洛·佛朗哥·巴蒙德（Francisco Pauolino Hermenegildo Teodulo Franco Bahamonde）。前四节为个人名字，倒数第二节为父姓，最后一节为母姓。简称时，用第一节名字加父姓。

葡萄牙人姓名也多由三、四节组成，前一、二节是个人名字，接着是母姓，最后为父姓。简称时个人名一般加父姓。

西文与葡文中男性的姓名多以"o"结尾，女性的姓名多以"a"结尾。冠词、介词与姓连译。

4. 俄罗斯人和匈牙利人姓名

俄罗斯人姓名一般由三节组成。如伊万·伊万诺维奇·伊万诺夫（Иван Иванович Иванов），伊万为本人名字，伊万诺维奇为父名，伊万诺夫为姓。妇女婚前用父亲的姓，婚后多用丈夫的姓，但本人名字和父名不变。俄罗斯人姓名排列通常是名字、父名、姓，但也可以把姓放在最前面，特别是在正式文件中。名字和父名都可缩写，只写第一个字母。为表示客气和尊敬时称名字与父名。

匈牙利人的姓名，排列与我国人名相似，姓在前，名在后。都由两节组成。如纳吉·山多尔（Nagy S. ndor），简称纳吉。有的妇女结婚后改用丈夫的姓名，只是在丈夫姓名后再加词尾"ne"，译为"妮"，是夫人的意思。姓名连用时加在名字之后，只用姓时加在姓之后。妇女也可保留自己的姓和名。

5. 阿拉伯人姓名

阿拉伯人姓名一般由三或四节组成。第一节为本人名字，第二节为父名，第三节为祖父名，第四节为姓，如沙特阿拉伯前国王费萨尔的姓名是：Faisal ibn Abdul Aziz ibn Abdul Rahman al Saud 译为：费萨尔·伊本·阿卜杜勒·阿齐兹·伊本·阿卜杜勒·拉赫曼·沙特。正式场合应用全名，但有时可省略祖父名，有时还可以省略父名，简称时只称本人名字。但事实上很多阿拉伯人，特别是有社会地位的上层人士都简称其姓。

阿拉伯人名字前头常带有一些称号，如：埃米尔（Amir 或 Emir）为王子、亲王、酋长之意；伊玛姆（Imam）是清真寺领拜人之意；赛义德（Sayed）是先生、老爷之意；谢赫（Sheikh）是长老、酋长、村长、族长之意。这些称号有的已转为人名。

在阿文中 al 或 el 是冠词，ibn（伊本）、ben（本）或 ould（乌尔德）表示是"某人之子"，Abu（阿布）或 Um（乌姆）表示是"某人之父""某人之母"。称呼中这些词均不能省略。如 AhmedBen Bella 译为艾哈迈德·本·贝拉，简称为本·贝拉。

6. 日本人姓名

日本人姓名顺序与我国相同，即姓前名后，但姓名字数常常比我汉族姓名字数多。最常见的由四字组成，如：小坂正雄、吉田正一、福田英夫等。前二字为姓，后二字为名。但又由于姓与名的字数并不固定，二者往往不易区分，因而事先一定要向来访者了解清楚。

一般口头都称呼姓，正式场合称全名。日本人姓名常用汉字书写，但读音则完全不同，如："山本"应读作 Yamamoto。

7. 缅甸人姓名

缅甸人仅有名而无姓。我们常见缅甸人名前的"吴"不是姓而是一种尊称，意为"先生"。常用的尊称还有："杜"是对女子的尊称，意为"女士"，"貌"意为"弟弟"，"玛"意为"姐妹"，"哥"意为"兄长"，"波"意为"军官"，"塞耶"意为"老师"，"道达"是英语 Dr. 的译音即"博士"，"德钦"意为"主人"，"耶博"意为"同志"等。例如一男子名"刚"，长辈称他为"貌刚"，同辈称他为"哥刚"。如该男子有一定社会地位则被称为"吴刚"，如系军官则被称为"波刚"。如一女子名"刚"，系有社会地位的女士则称为"杜刚"，是女青年则称为"玛刚"。

8. 泰国人姓名

泰国人的姓名是名在前，姓在后，如巴颂·乍仑蓬，巴颂是名，乍仑蓬是姓。未婚妇女用父姓，已婚妇女用丈夫姓。

口头尊称无论男子或妇女，一般只叫名字不叫姓，并在名字前加一冠称"坤"（意为您）。如称巴颂·乍仑蓬，口头称巴颂即可。

泰国人姓名按照习惯都有冠称。平民的冠称有：成年男子为"乃"（NAI，先生），如乃威猜·沙旺素西。已婚妇女为"娘"（NANG，女士），如娘颂西·沙旺素西。未婚妇女为"娘少"（NANGSAO，小姐），男孩为"德猜"（DEKCHAI，男童），女孩为"德英"（DEKYING，女童）。

六、课后翻译练习

1. 请将下面这则宣言节选片段翻译成俄语，注意多项式定语的翻译方法。

序言

我们，中华人民共和国、巴西联邦共和国、俄罗斯联邦、印度共和国和南非共和国领导人于 2017 年 9 月 4 日在中国厦门举行金砖国家领导人第九次会晤。围绕"深化金砖伙伴关系，开辟更加光明未来"主题，我们致力于未来共同发展的愿景，在金砖国家合作已有进展的基础上更进一步。我们还讨论了共同关心的国际和地区问题，协商一致通过《金砖国家领导人厦门宣言》。

我们重申，追求和平、安全、发展和合作的宏伟目标和愿望使金砖国家在10年前走到了一起。从此，金砖国家矢志发展经济，改善民生，沿着符合本国国情的发展道路共同走过了一段非凡历程。在历次领导人会晤的推动下，我们致力于协调行动，构建起全方位、多层次的合作势头。我们坚持发展事业，秉持多边主义，共同推动建立更加公正、平等、公平、民主和有代表性的国际政治、经济秩序。

我们始于2006年的合作进程已经培育出互尊互谅、平等相待、团结互助、开放包容、互惠互利的金砖精神，这是我们的宝贵财富和金砖国家合作不竭的力量源泉。我们尊重各自选择的发展道路，理解和支持彼此利益。我们一直坚持平等团结，坚持开放包容，建设开放型世界经济，深化同新兴市场和发展中国家的合作。我们坚持互利合作，谋求共同发展，不断深化金砖务实合作，造福世界。

我们对合作取得的丰硕成果感到满意，包括成立新开发银行（NDB）和应急储备安排（CRA），制定《金砖国家经济伙伴战略》，通过安全事务高级代表会议、外长会晤等加强政治安全合作，深化五国人民的传统友谊。

我们回顾乌法和果阿会晤成果，将共同努力深化金砖国家战略伙伴关系，造福五国人民。我们将本着坚定信念，在历次领导人会晤成果和共识的基础上，开辟金砖国家团结合作的第二个"金色十年"。

我们相信，金砖国家发展前景广阔，合作潜力巨大，我们对金砖国家的未来满怀信心。我们致力于加强如下合作：

——深化务实合作，促进金砖国家发展。我们将加强发展经验交流，打造贸易投资大市场，促进基础设施联通、货币金融流通，实现联动发展。我们致力于同其他新兴市场和发展中国家建立广泛的伙伴关系。为此，我们将采取平等和灵活的方式同其他国家开展对话与合作，包括"金砖+"合作模式。

——加强沟通协调，完善经济治理，建立更加公正合理的国际经济秩序。我们将努力提高金砖国家及新兴市场和发展中国家在全球经济治理中的发言权和代表性，推动建设开放、包容、均衡的全球化经济，以促进新兴市场和发展中国家发展，为解决南北发展失衡、促进世界经济增长提供强劲动力。

——倡导公平正义，维护国际与地区和平稳定。我们将坚定维护以联合国为核心的公正合理的国际秩序，维护《联合国宪章》的宗旨和原则，尊重国际法，推动国际关系民主化法治化，共同应对传统和非传统安全挑战，为人类命运共同体开辟更加光明的未来。

——弘扬多元文化，促进人文交流，深化传统友谊，为金砖合作奠定更广泛的民意支持基础。我们将拓展全方位人文交流，鼓励社会各界广泛参与金砖合作，促进各国文化和文明的互学互鉴，增进各国人民之间的沟通和理解，深化传统友谊，让金砖伙伴关系的理念深植于民心。

选自《金砖国家领导人厦门宣言》

2. 请将下面这则宣言片段翻译成汉语，注意政治术语和热点表述的翻译。

Первый Медиа-саммит стран БРИКС прошел с 30 ноября по 1 декабря 2015 года в Пекине, Китай. Он стал первым торжественным собранием на высоком уровне для общения и обменов между ведущими СМИ стран БРИКС. В саммите приняли участие руководители 25 медиаорганизаций стран БРИКС, представленных в таких форматах, как информационное агентство, печатная пресса, радио и телевидение, а также интернет-СМИ.

Главная тема Медиа-саммита – «Инновации, развитие, сотрудничество и взаимодоверие». На саммите были затронуты три темы обсуждения: роль СМИ в содействии развитию более тесных партнерских отношений между странами БРИКС, углубление обмена и сотрудничества между СМИ стран БРИКС, и взаимная дополняемость и интеграционное развитие традиционных и новых медиа. Участники провели углубленный обмен мнениями по главной теме и трем указанным темам обсуждения. В частности, были обсуждены пути развития и сотрудничества СМИ стран БРИКС на фоне более тесных партнерских отношений между странами БРИКС и бурного развития новых медиа.

Мы считаем, что нынешний мир переживает глубокие и сложные перемены. Происходит углубление развития многополярности мира и глобализации экономики. Культурное многообразие и информатизация общества продвигаются вперед. Страны БРИКС уже стали важной силой в международных отношениях и активным строителем глобальной системы. Развитие стран БРИКС и непрерывное углубление механизмов сотрудничества предлагают широкие перспективы для развития медийной индустрии стран БРИКС, а также приносят все больше шансов для укрепления обменов и сотрудничества между СМИ стран БРИКС. Надеемся, что, пользуясь данным случаем, коллеги по медиасообществу смогут в практическом ключе продвинуть реформы и прогресс медиаиндустрии стран БРИКС.

Мы уверены, что СМИ играют незаменимо важную стимулирующую роль в углублении сотрудничества между странами, и подтверждаем, что с помощью объективного, справедливого, всестороннего и своевременного освещения новостных событий мы будем укреплять дружбу и взаимопонимание между народами стран

БРИКС и развивать взаимовыгодное сотрудничество в экономической, социальной и других сферах. Мы будем усиливать многостороннюю и двустороннюю координацию в работе над репортажами для общего изложения настоящей истории о сотрудничестве стран БРИКС.

Мы осознаем, что стремительное развитие интернета и цифровых технологий глубоко изменило мировую медиасреду. Мы сделали акцент и обменялись мнениями по вопросам продвижения взаимодополнения преимуществ и интеграционного развития СМИ традиционного и нового типа. Мы призываем СМИ стран БРИКС на основе закономерностей в распространении новостей и закономерностей в развитии новых медиа соответствовать новой тенденции распространения информации и развиваться за счет инноваций.

Мы надеемся, что разные виды медиа стран БРИКС, придерживаясь духа открытости, инклюзивности, сотрудничества и общего выигрыша, усилят обмены и заимствование опыта друг с другом, а также с учреждениями СМИ других стран, углубят деловое сотрудничество и будут способствовать взаимодоверию между народами с тем, чтобы достигнуть общего развития.

Медиа-саммит БРИКС состоялся по инициативе ИА Синьхуа, которое взяло на себя организационную работу по проведению мероприятия. Бразильская национальная корпорация ЕВС /Empresa Brasil de Comunicacao/, МИА «Россия сегодня», индийская газета The Hindu, южноафриканская медиагруппа Independent News and Media присоединились к инициативе проведения саммита.

Кроме вышеуказанных пяти инициаторов, в Медиа-саммите приняли участие руководители китайской газеты «Жэньминь жибао», Центрального телевидения Китая, Международного радио Китая, китайской газеты China Daily, бразильских газет Correio Braziliense, Daily Commerce, Industry and Services, Folha de S.Paulo, O POVO Communication Group, Российской газеты, телеканала Russia Today, Всероссийской государственной телевизионной и радиовещательной компании, ТАСС, медиагруппы India Today, телеканала New Delhi Television, медиагруппы Outlook, агентства Press Trust of India, южноафриканских African News Agency, Independent Online, Media24 и онлайн-портала News24.

选自《金砖国家媒体峰会北京宣言》

七、课后扩展阅读

请扫描下面这个二维码,阅读有关"金砖国家"基础知识的材料并回答问题。

第五章

白皮书的翻译

一、白皮书简介

白皮书是政府或议会正式发表的以白色封面装帧的重要文件或报告书。作为一种官方文件，白皮书代表政府立场，讲究事实清楚、立场明确、行文规范、文字简练，不带有文学色彩。

白皮书已经成为国际公认的正式官方文书，白皮书最早是因书的封皮和正文所用的纸皆为白色而得名。"皮书"最早源于政府部门对某个专门问题的特定报告，通常这种报告在印刷时不做任何装饰，封面也是白纸黑字，所以称为"白皮书"。世界各国普遍更加重视国防白皮书或相近形式的政府文告，对内对外进行国防政策阐释，以进一步明确防务或军事动向，增加军事透明度，努力树立自身良好国际形象，并满足国内民众的知情权。

自 1991 年第一部白皮书发布，截至 2022 年，中国已发表了 140 多部白皮书，涉及民主政治建设、法治建设、政党制度、人权状况、军控、国防、防扩散、宗教问题、人口问题、能源、环境问题、知识产权问题、食品药品安全、互联网以及西藏和新疆等内容，全面准确地介绍中国政府在这些重大问题上的政策主张、原则立场和取得的进展，增进了国际社会对中国的了解和认识，受到了广泛关注。

二、白皮书译例

抗击新冠肺炎疫情的中国行动（节选）
中华人民共和国国务院新闻办公室
（2020 年 6 月）

Борьба с COVID-19: Китай в действии (отрывки)

Информационное бюро Госсовета

Китайская Народная Республика

Июнь 2020 г.

【**白皮书结构解析构成**：白皮书一般由四部分内容构成，即目录、前言、主体、结束语，各部分内容及结构详见下文】

【**白皮书目录**：交代白皮书全文结构】

目录

前言

一、中国抗击疫情的艰辛历程

（一）第一阶段：迅即应对突发疫情

（二）第二阶段：初步遏制疫情蔓延势头

（三）第三阶段：本土新增病例数逐步下降至个位数

（四）第四阶段：取得武汉保卫战、湖北保卫战决定性成果

（五）第五阶段：全国疫情防控进入常态化

二、防控和救治两个战场协同作战

（一）建立统一高效的指挥体系

（二）构建全民参与严密防控体系

（三）全力救治患者、拯救生命

（四）依法及时公开透明发布疫情信息

（五）充分发挥科技支撑作用

三、凝聚抗击疫情的强大力量

（一）人的生命高于一切

（二）举全国之力抗击疫情

（三）平衡疫情防控与经济社会民生

（四）14亿中国人民坚韧奉献守望相助

四、共同构建人类卫生健康共同体

（一）中国感谢和铭记国际社会宝贵支持和帮助

（二）中国积极开展国际交流合作

（三）国际社会团结合作共同抗疫

结束语

Содержание

Предисловие

I. Борьба Китая с эпидемией: испытание огнем

· Этап I: быстрое реагирование на чрезвычайную ситуацию в области общественного здравоохранения (27 декабря 2019 г. - 19 января 2020 г.)

· Этап II: начальный прогресс в сдерживании вируса (20 января - 20 февраля 2020 г.)

· Этап III: число новых случаев заболевания в стране постепенно сократилось до однозначных цифр (21 февраля - 17 марта 2020 г.)

· Этап IV: Ухань и Хубэй - первая победа в решающей битве (18 марта - 28 апреля 2020 г.)

· Этап V: постоянная профилактика и контроль (С 29 апреля 2020 г.)

II. Хорошо скоординированные профилактика, контроль и лечение

· Централизованное и эффективное командование

· Жесткая система предупреждения и контроля, охватывающая все слои общества.

· Всеми силами лечить пациентов и спасать жизни.

· Китай опубликовал информацию открытым и прозрачным образом, как того требует закон.

· Наука и технологии лежат в основе усилий Китая

III. Собираем мощную силу, чтобы победить вирус

· Жизни драгоценны

· Мобилизация всей страны на борьбу с эпидемией

· Координация профилактики и контроля с социально-экономическим развитием

· Единство - миллиард жителей Китая

IV. Построение глобального сообщества здоровья для всех

· Китай ценит поддержку международного сообщества

· Китай ведет активные международные обмены и сотрудничество

· Международная солидарность и сотрудничество в борьбе с пандемией.

Послесловие

【白皮书前言：统领全篇，交代事件背景及意义，直接表明中国政府在该事件中的态度。以 Борьба с COVID-19: Китай в действии 为例，前言部分介绍了席卷全球的新冠疫情严重打乱了社会秩序，并对世界各国民生、经济、教育等各方面带来了深远影响，中国在抗击疫情斗争中充分展现了中国精神。】

前言
Предисловие

新型冠状病毒感染是近百年来人类遭遇的影响范围最广的全球性大流行病，对全世界是一次严重危机和严峻考验。人类生命安全和健康面临重大威胁。

Глобальная пандемия Covid-19 является самой масштабной за последнее столетие, поразившей человечество. Серьезный кризис для всего мира и суровое испытание, он представляет большую угрозу для жизни и здоровья людей.

这是一场全人类与病毒的战争。面对前所未知、突如其来、来势汹汹的疫情天灾，中国果断打响疫情防控阻击战。中国把人民生命安全和身体健康放在第一位，以坚定果敢的勇气和决心，采取最全面最严格最彻底的防控措施，有效阻断病毒传播链条。14亿中国人民坚韧奉献、团结协作，构筑起同心战疫的坚固防线，彰显了人民的伟大力量。

Это война, в которой человечество должно вести и побеждать. Столкнувшись с этой неизвестной, неожиданной и разрушительной болезнью, Китай начал решительную битву за предотвращение и сдерживание ее распространения. Сделав жизнь и здоровье людей своим главным приоритетом, Китай принял обширные, строгие и тщательные меры сдерживания и на данный момент преуспел в сокращении всех каналов передачи вируса. 1,4 миллиарда китайцев проявили невероятное упорство и солидарность, воздвигнув защитный вал, который демонстрирует их силу перед лицом таких стихийных бедствий.

中国始终秉持人类命运共同体理念，肩负大国担当，同其他国家并肩作战、共克时艰。中国本着依法、公开、透明、负责任态度，第一时间向国际社会通报疫情信息，毫无保留同各方分享防控和救治经验。中国对疫情给各国人民带来的苦难感同身受，尽己所能向国际社会提供人道主义援助，支持全球抗击疫情。

Основываясь на идее о том, что мир является глобальным сообществом, и полагая, что он должен действовать как ответственный член этого сообщества, Китай плечом к плечу с остальным миром сражался с общей угрозой. Открытым, прозрачным и ответственным образом и в соответствии с законом Китай своевременно уведомил международное сообщество о возникновении нового коронавируса и безоговорочно поделился своим опытом сдерживания распространения вируса и лечения инфицированных. Китай с большим сочувствием относится к жертвам во всем мире и сделал все возможное для оказания гуманитарной помощи в поддержку усилий международного сообщества по борьбе с пандемией.

当前，疫情在全球持续蔓延。中国为被病毒夺去生命和在抗击疫情中牺牲的人们深感痛惜，向争分夺秒抢救生命、遏制疫情的人们深表敬意，向不幸感染病毒、正在进行治疗的人们表达祝愿。中国坚信，国际社会同舟共济、守望相助，就一定能够战胜疫情，走出人类历史上这段艰难时刻，迎来人类发展更加美好的明天。

В настоящее время вирус сеет хаос по всему миру. Китай скорбит о тех, кто был убит, и о тех, кто пожертвовал своими жизнями в борьбе, проявляет величайшее уважение к тем, кто борется за спасение жизней, и предлагает настоящую моральную поддержку тем, кто инфицирован и получает лечение. Китай твердо убежден в том, что пока все страны объединены и будут сотрудничать для принятия коллективных ответных мер, международному сообществу удастся преодолеть пандемию и выйти из этого мрачного момента в истории человечества в более светлое будущее.

为记录中国人民抗击疫情的伟大历程，与国际社会分享中国抗疫的经验做法，阐明全球抗疫的中国理念、中国主张，中国政府特发布此白皮书。

Чтобы вести учет усилий Китая в его собственной борьбе с вирусом, поделиться своим опытом с остальным миром и прояснить свои идеи относительно глобальной битвы, китайское правительство публикует этот официальный документ.

【**白皮书主体**：交代事件发展历程、介绍相关决策理念。以 Борьба с COVID-19: Китай в действии 为例，以四个章节综述中国抗疫的时间线、抗疫举措、抗疫经验，国际合作立场，展示了中国的抗疫历程，呈现了中国的治理能力与我国的科学决策，体现了我国"人民至上，生命至上"的抗疫理念。】

一、中国抗击疫情的艰辛历程

新冠疫情是新中国成立以来发生的传播速度最快、感染范围最广、防控难度最大的一次重大突发公共卫生事件，对中国是一次危机，也是一次大考。中国共产党和中国政府高度重视、迅速行动，习近平总书记亲自指挥、亲自部署、统揽全局、果断决策，为中国人民抗击疫情坚定了信心、凝聚了力量、指明了方向。在中国共产党领导下，全国上下贯彻"坚定信心、同舟共济、科学防治、精准施策"总要求，打响抗击疫情的人民战争、总体战、阻击战。

I. Борьба Китая с эпидемией: испытание огнем

Эпидемия Covid-19 - серьезная чрезвычайная ситуация в области общественного здравоохранения. Вирус распространился быстрее и шире, чем любой другой, с момента основания Народной Республики в 1949 году, и оказалось, что его сложнее всего сдержать. Это одновременно кризис и серьезное испытание для Китая. Коммунистическая партия Китая (КПК) и правительство Китая рассмотрели эпидемию как первоочередную задачу и приняли незамедлительные меры. Генеральный секретарь Си Цзиньпин взял на себя личное командование, спланировал ответные меры, контролировал общую ситуацию и действовал решительно, указывая путь вперед в борьбе с эпидемией. Это укрепило уверенность китайского народа и укрепило его силу. Под руководством КПК вся нация следовала общему принципу «сохранять уверенность, объединяться для солидарности, применять научно обоснованный подход».

***

（二）第二阶段：初步遏制疫情蔓延势头

（1月20日至2月20日）

全国新增确诊病例快速增加，防控形势异常严峻。中国采取阻断病毒传播的关键一招，坚决果断关闭离汉离鄂通道，武汉保卫战、湖北保卫战全面打响。

Этап II: начальный прогресс в сдерживании вируса

(20 января - 20 февраля 2020 г.)

Ситуация стала особенно тяжелой в связи с быстрым увеличением числа новых подтвержденных случаев в Китае. В качестве решающего шага по сдерживанию распространения вируса правительство Китая приняло решительные меры, чтобы закрыть исходящий трафик из Ухани. Это положило начало тотальной битве за защиту Уханя и Хубэй от эпидемии.

***

（11）1月25日，中共中央总书记习近平主持召开中共中央政治局常务委员会会议，明确提出"坚定信心、同舟共济、科学防治、精准施策"总要求，强调坚决打赢疫情防控阻击战；指出湖北省要把疫情防控工作作为当前头等大事，采取更严格的措施，内防扩散、外防输出；强调要按照集中患者、集中专家、集中资源、集中救治"四集中"原则，将重症病例集中到综合力量强的定点医疗机构进行救治，及时收治所有确诊病人。

(11) 25 января: Си Цзиньпин провел заседание Постоянного комитета Политбюро ЦК КПК. Он призвал к решительным усилиям, чтобы выиграть битву за сдерживание вируса с «уверенностью и солидарностью, научным подходом и целенаправленными мерами». Он призвал Хубэй сделать борьбу с эпидемией своим главным приоритетом и принять более строгие меры, чтобы остановить распространение вируса в провинции и за ее пределами. По его словам, все подтвержденные пациенты должны быть без промедления госпитализированы, а тяжелые больные должны быть отправлены в назначенные больницы с достаточными медицинскими ресурсами, чтобы их могли лечить медицинские эксперты.

***

（21）2月2日开始，在中央指导组指导下，武汉市部署实施确诊患者、疑似患者、发热患者、确诊患者的密切接触者"四类人员"分类集中管理，按照应收尽收、应治尽治、应检尽检、应隔尽隔"四应"要求，持续开展拉网排查、集中收治、清底排查三场攻坚战。

(21) 2 февраля: Под руководством Центральной руководящей группы Ухань начал принимать меры по отношению к четырем категориям людей - подтвержденных случаев, подозреваемых случаев, пациентов с лихорадкой, которые могут быть носителями, и близких контактов - под контролем в специально отведенных учреждениях. Была внедрена политика обеспечения того, чтобы все нуждающиеся прошли тестирование, изолированы, госпитализированы или прошли лечение. Были приняты меры по проведению массовых обследований для выявления людей с инфекциями, их госпитализации и сбора точных данных о количестве случаев.

***

（23）2月3日，中共中央总书记习近平主持召开中共中央政治局常务委员会会议，指出要进一步完善和加强防控，严格落实早发现、早报告、早隔离、早治疗"四早"措施；强调要全力以赴救治患者，努力"提高收治率和治愈率"，"降低感染率和病亡率"。

(23) 3 февраля: Си Цзиньпин провел заседание Постоянного комитета Политбюро ЦК КПК. Он потребовал, чтобы меры по борьбе с эпидемией были усовершенствованы и усилены, а также строго соблюдался принцип раннего выявления, отчетности, карантина и лечения. Он призвал к спасению жизней за счет повышения показателей госпитализации и лечения, а также снижения инфекций и смертности.

***

（31）2月10日，中共中央总书记、国家主席、中央军委主席习近平在北京调研指导新冠疫情防控工作，并通过视频连线武汉市收治新冠肺炎患者的金银潭医院、协和医院、火神山医院，强调要以更坚定的信心、更顽强的意志、更果断的措施，紧紧依靠人民群众，坚决打赢疫情防控的人民战争、总体战、阻击战；指出湖北和武汉是疫情防控的重中之重，是打赢疫情防控阻击战的决胜之地，武汉胜则湖北胜，湖北胜则全国胜，要打好武汉保卫战、湖北保卫战；强调要按照集中患者、集中专家、集中资源、集中救治"四集中"原则，全力做好救治工作；强调要坚决抓好"外防输入、内防扩散"两大环节，尽最大可能切断传染源，尽最大可能控制疫情波及范围。

(31) 10 февраля: Си Цзиньпин проинспектировал работу по профилактике и контролю в Пекине. Он также поговорил по видеосвязи с врачами из больницы Ухань Цзиньинтань, больницы Ухань Сехэ и больницы Хуошэньшань, где проходят лечение пациенты с новым коронавирусом. Он призвал к укреплению доверия и принятию более решительных мер, чтобы остановить распространение и выиграть всеобщую войну народа против вируса. Он подчеркнул, что наивысший приоритет должен быть отдан Хубэй и Ухань, поскольку они являются решающими полями битвы. Победа в Ухане обеспечила бы победу в Хубэе и, в конечном итоге, победу по всей стране. Не жалели усилий для спасения жизней. Инфицированные должны лечиться в назначенных больницах под руководством высококлассных врачей и при наличии всех необходимых ресурсов. Необходимо принять строгие меры для предотвращения входящих и внутригородских передач.

***

（11）3月2日，中共中央总书记、国家主席、中央军委主席习近平在北京考察新冠疫情防控科研攻关工作，强调要把新冠疫情防控科研攻关作为一项重大而紧迫任务，在坚持科学性、确保安全性的基础上加快研发进度，为打赢疫情防控的人民战争、总体战、阻击战提供强大科技支撑；指出尽最大努力挽救更多患者生命是当务之急、重中之重，要加强药物、医疗装备研发和临床救治相结合，切实提高治愈率、降低病亡率；强调要加快推进已有的多种技术路线疫苗研发，争取早日推动疫苗的临床试验和上市使用；指出要把生物安全作为国家总体安全的重要组成部分，加强疫病防控和公共卫生科研攻关体系和能力建设。

(11) 2 марта: Президент Си проинспектировал несколько научных учреждений в Пекине, наблюдая за их исследованиями и разработками по профилактике и контролю Covid-19. Он сказал, что эта работа должна рассматриваться как важная и неотложная задача и продвигаться как можно быстрее, соблюдая правила науки и обеспечивая безопасность, чтобы обеспечить прочную научную и техническую поддержку для преодоления эпидемии. Си Цзиньпин отметил, что спасение как можно большего числа жизней всеми возможными способами является приоритетом номер один. Исследования и разработка лекарств и медицинского оборудования должны быть интегрированы с клиническим лечением, что преследует двойную цель: повысить уровень излечения и снизить уровень смертности. Разработка вакцин должна быть ускорена с помощью нескольких подходов, чтобы сделать их доступными для клинических испытаний и применения как можно быстрее. Президент сказал, что биозащита должна быть важной частью целостного подхода к национальной безопасности, и призвал к усилиям по укреплению научно-исследовательского потенциала Китая в области предотвращения и контроля эпидемий и общественного здравоохранения.

***

（四）第四阶段：取得武汉保卫战、湖北保卫战决定性成果
（3月18日至4月28日）
以武汉市为主战场的全国本土疫情传播基本阻断，离汉离鄂通道管控措施解除，武汉市在院新冠肺炎患者清零，武汉保卫战、湖北保卫战取得决定

性成果，全国疫情防控阻击战取得重大战略成果。境内疫情零星散发，境外疫情快速扩散蔓延，境外输入病例造成关联病例传播。中共中央把握疫情形势发展变化，确定了"外防输入、内防反弹"的防控策略，巩固深化国内疫情防控成效，及时处置聚集性疫情，分类推动复工复产，关心关爱境外中国公民。

Этап IV: Ухань и Хубэй - первая победа в решающей битве
(18 марта - 28 апреля 2020 г.)

Сделав критический прогресс в городе Ухань, главном поле битвы с вирусом, Китай первоначально остановил распространение Covid-19 на материке. Были сняты ограничения на исходящий трафик из города Ухань и провинции Хубэй, и все пациенты с Covid-19 в больницах Ухани были выписаны. Китай выиграл решающую битву, защитив Ухань и Хубэй от Covid-19, что стало важным шагом вперед в общенациональных усилиях по борьбе с вирусом. В течение этого периода регистрировались спорадические случаи, и все больше заражений было вызвано прибывающими людьми с вирусом, который продолжал распространяться за границу. В ответ на меняющуюся динамику Covid-19 ЦК КПК принял подход к предотвращению проникновения коронавируса в страну и сдерживанию его возрождения внутри страны. Были предприняты усилия по закреплению достижений в борьбе с вирусами, оперативному лечению отдельных случаев и возвращению страны к работе по секторам. Зарубежным гражданам Китая оказывалась помощь и поддержка.

***

（9）5月11日至12日，中共中央总书记、国家主席、中央军委主席习近平赴山西，就统筹推进常态化疫情防控和经济社会发展工作、巩固脱贫攻坚成果进行调研，强调要坚持稳中求进工作总基调，坚持新发展理念，坚持以供给侧结构性改革为主线，扎实做好"六稳"工作，全面落实"六保"任务，努力克服新冠疫情带来的不利影响，在高质量转型发展上迈出更大步伐，确保完成决战决胜脱贫攻坚目标任务，全面建成小康社会。

(9) 11-12 мая: Си Цзиньпин совершил инспекционную поездку в провинцию Шаньси, чтобы его проинформировали о том, что было сделано в провинции для проведения профилактики и контроля Covid-19 на посто-

янной основе, одновременно способствуя экономическому и социальному развитию и укреплению успехи в борьбе с бедностью. Он призвал местных чиновников действовать в соответствии с новой философией развития для достижения устойчивого прогресса и провести структурную реформу предложения. От них требовалось стабилизировать шесть фронтов (занятость, финансы, внешняя торговля, входящие инвестиции, внутренние инвестиции и ожидания рынка) и гарантировать шесть приоритетов (рабочие места, повседневные жизненные потребности, продукты питания и энергия, промышленность и цепочки поставок, интересы участников рынка и бесперебойное функционирование низового правительства). Он призвал местных властей преодолеть негативное воздействие вируса, ускорить качественные экономические преобразования и достичь целей по искоренению бедности и достижению умеренного благосостояния во всех отношениях.

***

按照"追踪到人、登记在册、社区管理、上门观察、规范运转、异常就医"的原则，依法对重点人群进行有效管理，开展主动追踪、人员管理、环境整治和健康教育。

Чтобы справиться с четырьмя категориями уязвимых людей, в соответствии с законом был принят ряд мер, таких как отслеживание, регистрация и посещение каждого человека, передача их под управление сообщества и перевод, при необходимости, в определенные медицинские учреждения. на карантин или лечение в установленном порядке. Были предприняты действия сообщества для поддержания местного состояния в хорошем состоянии и содействия санитарному просвещению.

***

多渠道多平台传播信息。国家卫生健康委中、英文官方网站和政务新媒体平台设置疫情防控专题页面，发布每日疫情信息，解读政策措施，介绍中国抗疫进展，普及科学防控知识，澄清谣言传言。各省（自治区、直辖市）政府网站及政务新媒体平台及时发布本地疫情信息和防控举措。大力开展应急科普，通过科普专业平台、媒体和互联网面向公众普及科学认知、科学防治知识，组织权威专家介绍日常防控常识，引导公众理性认识新冠疫情，做好个人防护，消除恐慌恐惧。加强社会舆论引导，各类媒体充分传递抗击疫情正能量，同时发挥舆论监督作用，推动解决疫情防控中出现的问题。

Информация, связанная с Covid-19, предоставляется через различные каналы и платформы. Официальные китайские и английские веб-сайты NHC и его платформа в социальных сетях имеют специальные разделы, в которых ежедневно публикуется информация, связанная с Covid-19, включая информацию о соответствующей политике, прогрессе в усилиях Китая по сдерживанию, обновленной информации о профилактике заболеваний и борьбе с ними, а также разъяснениях, которые опровергают слухи. Информация о местном контроле Covid-19 была незамедлительно опубликована на правительственных веб-сайтах и платформах социальных сетей всех провинций. Для распространения информации о своей реакции на Covid-19 Китай опубликовал соответствующую информацию через платформы для популяризации науки, а также через средства массовой информации и Интернет. Ведущие медицинские эксперты дали советы по повседневной самозащите, чтобы помочь общественности увидеть Covid-19 рационально и предотвратить панику. Средства массовой информации расширили охват населения и направили позитивный сигнал в борьбе с вирусом, а общественное мнение сыграло свою роль в надзоре, чтобы помочь решить проблемы, влияющие на контроль над вирусами.

***

【白皮书结束语：总结事件主旨、展望未来。Борьба с COVID-19: Китай в действии 高度概括了集体抗疫的伟大力量，并提出了共同构建人类卫生健康共同体的理想愿景。】

结束语
Послесловие

中华民族历经磨难，但从未被压垮过，而是愈挫愈勇，不断在磨难中成长、从磨难中奋起。面对疫情，中国人民万众一心、众志成城，取得了抗击疫情重大战略成果。中国始终同各国紧紧站在一起，休戚与共，并肩战斗。

Китайскую нацию никогда не подавляли невзгоды. Чем сложнее задача, тем больше мужества она набирает. Преодоление трудностей помогло Китаю стать сильнее. Столкнувшись с этим вирусом, китайский народ объединился и объединил свои усилия. Им удалось сдержать распространение вируса. В этой битве Китай всегда будет стоять вместе с другими странами.

当前，新冠病毒仍在全球传播蔓延，国际社会将会面对更加严峻的困难和挑战。全球疫情防控战，已经成为维护全球公共卫生安全之战、维护人类健康福祉之战、维护世界繁荣发展之战、维护国际道义良知之战，事关人类前途命运。人类唯有战而胜之，别无他路。国际社会要坚定信心，团结合作。团结就是力量，胜利一定属于全人类！

Теперь, когда коронавирус все еще распространяется и вызывает разрушения во всем мире, международному сообществу придется столкнуться с еще большими трудностями и проблемами. Предотвращение и контроль распространения вируса превратились в борьбу за охрану общественного здоровья во всем мире, за обеспечение благополучия человечества, за поддержание мирового процветания и за насаждение морали и совести в международном сообществе. Это борьба, которая определит будущее человечества. У нас нет другого выбора, кроме как преодолеть пандемию. Международное сообщество должно найти решимость и сплотиться. Солидарность означает силу. Мир выиграет эту битву.

新冠疫情深刻影响人类发展进程，但人们对美好生活的向往和追求没有改变，和平发展、合作共赢的历史车轮依然滚滚向前。阳光总在风雨后。全世界人民心怀希望和梦想，秉持人类命运共同体理念，目标一致、团结前行，就一定能够战胜各种困难和挑战，建设更加繁荣美好的世界。

Пандемия окажет значительное влияние на развитие человечества, но стремление людей к счастливой жизни останется неизменным. Преобладают мир, развитие и взаимовыгодное сотрудничество. Солнце всегда будет снова светить после грозы. Пока народы мира могут лелеять надежды и мечты, могут принять идею глобального сообщества общего будущего и могут объединиться для достижения общей цели, мы сможем преодолеть все наши нынешние трудности и проблемы и построить лучший мир для всех.

三、白皮书译法提示

近年来，中国政府出版的白皮书涵盖国防、人权、农业、健康、安全等诸多领域。它是政府为回应国际关切，表明中国官方立场的对外文字宣传品[1]。"白皮书"常与"官方解读""权威"相联系，中国政府需要通过"白皮书"这一语言载体向国际社会说明事实，表明立场，传递自己的"中国理念"，以此来推动积极正向的中国国家形象传播。翻译白皮书时，不仅要追求语言表达的准确性，而且要注意内容的政治性和严肃性，特别要注意其中隐含的政治意义，在坚持立场与原则的情况下，谋求双方最能接受的表达形式。

译法提示 1. 热点词汇的翻译

热点词汇的翻译应保持高度的精确性，通过传媒、网站等查找标准译法，如有固定译法要采用固定译法，不可自己创造词汇或熟语。

本章例举的白皮书翻译中涉及的热点词汇主要包括理念举措（抗疫理念、法规条例、防疫措施）、社会民生（社会治理、百姓生活）、主题词汇（医学词汇：疾病/病毒名称、传播途径/方式、医疗救治、医疗科研、病理症状、医疗设备、药品名称及其他医学词汇），译例如下：

（1）理念举措

1. 抗疫理念	
白衣执甲、逆行出征	*Невзирая на собственную безопасность медицинские работники отправились на передний фронт борьбы с коронавирусом*
打好武汉保卫战	*Защитить Ухань в битве против коронавируса*
坚定信心、同舟共济、科学防治、精准施策	*Укрепить уверенность и солидарность в осуществлении целенаправленных мер борьбы с коронавирусом на научной основе*
坚决打赢疫情防控的人民战争、总体战、阻击战	*Решительно выиграть общенациональную битву по сдержанию распространению коронавирусной эпидемии*
尽最大可能控制疫情波及范围	*Приложить максимум усилий по купированию распространения эпидемии*

---

[1] 李洋. 白皮书的翻译与出版 [J]. 中国翻译，2020,41(01):49-53.

(续表)

形势积极向好	Ситуация меняется в позитивном направлении
战胜疫情	Победить эпидемию
2. 法规条例	
《新型冠状病毒感染的肺炎诊疗方案》	Схема диагностики и лечения COVID-19
《中华人民共和国传染病防治法》	Закон КНР «О профилактике и лечению инфекционных болезней»
3. 防疫措施	
测量体温	Измерять температуру тела
保持社交距离	Соблюдать социальное дистанцирование
出入境防疫	Карантинные меры на границах
打破传播链	Прервать цепочку распространения
第一时间切断病毒传播链	Разрыв цепочек передачи через раннее вмешательство
戴口罩	Надеть маску
对口支援	Помощь назначенному партнеру
遏制疫情蔓延	Сдержать распространение эпидемии
分区分级精准防控	Многоуровневый целевой подход с учетом специфики конкретного региона к профилактике и контролю эпидемии
公开、透明、负责任态度	Открытый, прозрачный и ответственный подход
国家公共卫生应急管理体系	Национальная система управления чрезвычайными ситуациями в области общественного здравоохранения
国务院联防联控机制	Механизм совместной профилактики и контроля при Госсовете КНР
集中患者、集中专家、集中资源、集中救治	Доставить зараженных в специализированные больницы с необходимыми ресурсами и специалистами для прохождения лечения

(续表)

控制传染源	Контролировать источники инфекции
勤洗手 / 仔细洗手	Мыть руки чаще и тщательнее
群防群控	Сдержать эпидемию с помощью усилий всего общества
室内通风	Вентиляция помещения
提高收治率和治愈率、降低感染率和病亡率	Повысить показатели приема и излечения и снизить показатели инфицированности и смертности
内防扩散、外防输出	Предупредить распространение коронавируса внутри страны или из-за ее пределов
外防输入、内防反弹	Предупредить завоз вируса из-за границы и его повторную вспышку внутри страны
外防输入、内防扩散	Предупредить завоз коронавируса из-за границы и его распространение внутри страны
网格化管理	Цифровое управление матрицей городских общин
卫生检疫	Здравоохранение и карантин
消毒	Дезинфекция
推迟开学	Отложить возобновление работы школ
延长春节假期	Продлить каникулы китайского нового года
医学排查	Медицинский скрининг
医学巡查	Медицинская инспекция
疫情防控	Профилактика и контроль эпидемии
疫情信息发布依法做到公开、透明、及时、准确	Обнародование сведений об эпидемии должно быть открытым, прозрачным, своевременным и точным на правовой основе
应收尽收	Все пациенты с подозрением или подтверждением на коронавирус должны быть госпитализированы
应治尽治	Все пациенты с подтвержденным диагнозом должны получить лечение

(续表)

早发现、早报告、早隔离、早治疗	*Раннее выявление, сообщение, изоляция и лечение*
增强收治能力	*Наращивать способность больницы по приему пациентов*
重大疫情防控体制机制	*Механизм профилактики и контроля крупной эпидемии*
提供物资保障和社会保障	*Обеспечить прочную материальную и социальную опору*

（2）社会民生

1. 社会治理	
强化防疫物资质量和价格监管	*Усилить контроль качества и цен на противоэпидемические материалы*
保障全国生活必需品市场总体稳定	*Сохранять общий баланс на рынке товаров первой необходимости*
多渠道灵活就业	*Гибкое трудоустройство через различные каналы*
多种方式扩大产能和增加产量	*Наращивать производственную мощность и выпуск различными способами*
恢复生产生活秩序	*Возобновить нормальную работу и жизнь*
减负、稳岗、扩就业并举	*Предпринимать комплекс мер по снижению бремени предприятий, стабилизации рабочих постов и созданию новых рабочих мест*
健康码	*Код здоровья*
健康申报	*Декларация о состоянии здоровья*
将疫情对经济社会发展的影响降到最低	*Минимизировать воздействие эпидемии на социально-экономическое развитие*
紧平衡	*Жесткий баланс*
居家办公	*Работать из дома*
灵活复工	*Гибкий подход к возобновлению работы*
绿码	*Зеленый код (здоровья)*

(续表)

慕课	*Массовые открытые онлайн курсы (МООС)*
日常基本生活物资	*Товары первой необходимости*
生活必需品	*Предметы первой необходимости*
统筹推进疫情防控和脱贫攻坚	*Координировать борьбу с эпидемией и работу по ликвидации бедности*
统筹疫情防控和经济社会发展	*Координировать борьбу с эпидемией и социально-экономическое развитие*
统筹疫情防控与经济社会秩序恢复	*Координировать борьбу с эпидемией и меры по нормализации экономической и общественной деятельности*
外卖服务	*Услуги по выносу еды*
网上就业服务	*Услуги по онлайн набору персонала*
网上面试	*Онлайн собеседование*
网上签约	*Подписать контракт о найме в режиме онлайн*
无接触电梯按钮	*Виртуальные кнопки в лифте*
无接触销售	*Продажа без физических контактов*
务工人员安全返岗	*Безопасное возвращение мигрантов-рабочих на свои посты.*
线上职业技能培训	*Онлайн профессиональное обучение*
严厉打击涉疫违法犯罪	*Принять решительные меры по борьбе со связанной с эпидемией преступностью*
一米线	*Линия ожидания с расстоянием в один метр*
优先吸纳贫困劳动力务工就业	*Обеспечить занятость бедных мигрантов-рабочих в первую очередь*
有序复工	*Обеспечить упорядоченное возобновление производственной деятельности*
远程办公	*Работать дистанционно*
在线教育	*Онлайн образование*

在线直播	*Прямая трансляция*
助农	*Поддержка фермеров и сельского хозяйства*
2. 百姓生活	
哀悼抗击肺炎疫情牺牲烈士和逝世同胞	*Скорбь по погибшим в борьбе с COVID-19 героям и соотечественниками, умершими от болезни*
低、中、高风险地区	*Регионы с низкими, средними, высокими рисками*
非疫情防控重点地区	*Регионы с некритической эпидемиологической обстановкой*
拐点	*Поворотная точка*
国际关注的突发公共卫生事件	*Международная чрезвычайная ситуация в области общественного здравоохранения (PHEIC)*
基层防控能力	*Способность профилактики и контроля на общинном уровне*
抗击疫情第一线	*Передний край борьбы с эпидемией*
口罩产能	*Мощность производства масок*
跨境采购	*Трансграничная закупка*
全国哀悼日	*День национального траура*
社保制度	*Система социального обеспечения*
实时发布	*Обновление в режиме реального времени*
突发公共卫生事件	*Чрезвычайная ситуация в области общественного здравоохранения*
卫生系统	*Система здравоохранения*
无本地新增病例	*Нулевой прирост новых местных случаев заражения*
以武汉市为主战场的全国本土疫情传播基本阻断	*Распространение коронавирусной эпидемии в стране, эпицентром которой является Ухань, в основном остановлено*
疫情防控工作到了关键阶段	*Борьба с эпидемией вступила в ключевой этап*

（续表）

疫情防控重点地区	Ключевые регионы в плане профилактики и контроля эпидемии
疫情重灾区	Эпицентр эпидемии

（3）主题词汇：医学词汇

1. 疾病 / 病毒名称	
病毒性肺炎	Вирусная пневмония
不明原因肺炎	Пневмония неизвестной этиологии
肺炎	Пневмония
高致病性禽流感	Высокопатогенный птичий грипп (HPAI)
冠状病毒	Коронавирус
流感	Грипп
新型冠状病毒感染	Пневмония, вызванная инфекцией коронавируса нового типа (COVID-19)
呼吸道疾病（呼吸系统疾病）	Респираторные болезни
中东呼吸综合征	Ближневосточный респираторный синдром (MERS)
*急性呼吸窘迫综合征	Синдром острой дыхательной недостаточности (ARDS)
*严重急性呼吸道感染	Серьезная острая респираторная инфекция (SARI)
*严重急性呼吸综合征（非典）	Серьезный острый респираторный синдром (SARS)
2. 传播途径 / 方式	
传播方式	Способ передачи
交叉感染	Перекрестное заражение
人传人	Передача от человека к человеку
无症状携带者	Бессимптомный носитель

（续表）

* 病毒携带者	Носитель вируса
* 超级传播者	Суперраспространитель
* 超长潜伏期	Сверхдлинный инкубационный период
3. 医疗救治	
隔空诊疗	Онлайн диагностика и лечение
核酸检测	Тест нуклеиновых кислот (NAT)
恢复期血浆治疗	Плазмотерапия во время выздоравливания
隔离治疗	Лечение в изоляции
体温监测	Мониторинг температуры тела
检测样本	Тест образцов
紧急救治	Неотложная помощь
复诊	Вторичный прием
体温检测	Измерение температуры тела
心理疏导	Психологическое консультирование
医学观察	Медицинское наблюдение
诊断	Диагностика
中西医结合 / 中西医并用	Сочетание методов ТКМ и Западной медицины
* 四抗二平衡： "抗"：一是抗病毒；第二是抗休克；第三是抗低氧血症；第四是抗继发感染。 "二平衡"：维持水电解质、酸碱平衡以及维持微生态平衡。	Комбинированное лечение против вируса, против шока, против гипоксемии и против вторичного заражения. Поддержать водно-электролитный и кислотно-щелочной баланс и микроэкологический баланс.
4. 医疗科研	
病毒分离	Выделение вируса
动物试验	Испытание на животных

（续表）

基因结构	*Генетическая структура*
基因序列	*Генетическая последовательность*
临床试验	*Клинические опыты*
新型冠状病毒成功分离	*Успешное выделение коронавируса нового типа*
疫苗	*Вакцина*
药品和疫苗研发	*Разработка лекарства и вакцины*
灭活疫苗	*Инактивированные вакцины*
重组蛋白疫苗	*Рекомбинантные белковые вакцины*
减毒流感病毒载体疫苗	*Живые аттенуированные вакцины против гриппа*
腺病毒载体疫苗	*Аденовирусные вакцины*
核酸疫苗	*Вакцины на основе нуклеиновых кислот*
有效性和安全性研究	*Исследование эффективности и безопасности*
5. 病理症状	
病理	*Патология*
病原体	*Патоген*
发热	*Жар*
临床表现	*Клинические проявления*
致病机理	*Патогенез*
6. 医疗设备	
N95 口罩	*Маска N95*
防护服	*Защитный костюм*
负压救护车	*Скорая помощь с отрицательным давлением*
含酒精的消毒液	*Дезинфицирующее средства на спиртовой основе*

（续表）

红外体温测量仪	Инфракрасный термометр
呼吸机	Аппарат ИВЛ（искусственная вентиляция легких）
口罩	Маска
试剂盒	Тестовый набор
消毒液	Антисептический раствор
医用外科口罩	Хирургическая маска
*含酒精洗手液	Спиртосодержащий антисептик
*抗菌洗手液	Антибактериальное жидкое мыло
7. 药品名称	
磷酸氯喹	Хлорохин фосфат
特效药	Специальные лекарства
托珠单抗	Тоцилизумаб
8. 其他医学词汇	
病毒的蔓延	Распространение вируса
出院	Выписаться из больницы
传染性	Инфекционность
大流行病	Пандемия
发病	Заболевание
发病率	Заболеваемость
发热病人	Пациенты с жаром
呼吸道	Дыхательные пути
基础性疾病	Основные болезни
甲类传染病	Инфекционные болезни категории А

（续表）

境外输入关联病例	Случаи, связанные с носителями вируса, вернувшимися из-за границы
聚集性疫情	Кластерная вспышка
临床诊断病例	Клинически диагностированные случаи
流行病学	Эпидемиология
流行病学史	Историческая эпидемиология
流行病学调查（流调）	Эпидемиологические расследования
密切接触者	Тесный контакт
轻症患者	Пациенты с легкими симптомами
确诊病例	Подтвержденные случаи
散在病例 / 散发病例	Единичные случаи
试剂	Реагент
收治率	Показатель приема пациентов
输入性病例：境外输入病例	Случаи, завезенные из-за границы
输入性病例：来自国内其他城市或省份的输入病例	Случаи, завезенные из других городов или провинций страны
无症状感染者	Бессимптомные случаи
疑似病例	Случаи с подозрением на коронавирус
乙类传染病	Инфекционные болезни категории В
疫情	Эпидемия
治愈率	Коэффициент излечения
重症	Тяжелые случаи
重症患者	Пациенты в тяжелом или критическом состоянии
住院	Госпитализация

(续表)

转院	*Перевод в другую больницу*
新冠病毒检测为阳性/阴性	*Положительный/отрицательный результат теста на коронавирус*

译法提示 2. 白皮书中的专有名词翻译

白皮书中常出现一些国际/国家机构组织的名称、特定职业群体及场所名称，上述名称需要在网上查阅固定译法，不可自行翻译，以免违反俄语规范，造成跨文化认知传递误解。

白皮书中出现的专有名称主要有：机构组织名称、职业群体名称和场所名称等。

（1）机构组织名称：

国家卫生健康委员会（国家卫健委）	*Государственный комитет здравоохранения*
国家中医药管理局	*Государственное управление традиционной китайской медицины*
世界卫生组织（世卫组织）	*Всемирная организация здравоохранения (ВОЗ)*
卫生机构	*Учреждение здравоохранения*
医疗机构	*Медицинское учреждение*
中国红十字会	*Китайское общество красного креста*
中国红十字基金会	*Китайский фонд красного креста*
中国疾病预防控制中心（中国疾控中心）	*Китайский центр профилактики и контроля болезней (China CDC)*
中共中央政治局常务委员会	*Постоянный комитет Политбюро ЦК КПК*
中央应对新型冠状病毒感染肺炎疫情工作领导小组（中央应对疫情工作领导小组）	*Руководящая группа ЦК КПК по профилактике и контроля COVID-19*
*感染控制和流行病学专业人员协会	*Ассоциация профессиональных специалистов по инфекционному контролю и эпидемиологии (APIC)*
*国际病毒分类委员会	*Международный комитет по таксономии вирусов (ICTV)*

（续表）

*国家市场监管总局	Государственное управление по регулированию рынка
*国家药品监督管理局	Государственное управление по контролю лекарственных препаратов
*国家医疗保障局（国家医保局）	Государственное управление безопасности здравоохранения

（2）职业群体名称：

一线医护人员	Медики в переднем крае
医疗从业者	Работник здравоохранения
医疗人员	Медицинский персонал

（3）场所名称：

定点医院	Специализированные больницы
发热门诊	Отделение по приему пациентов с повышенной температурой
方舱医院	Временная больница (Фанцан)
火神山医院	Больница Хошэньшань
检疫区	Карантинная зона
检疫所	Карантинный пункт
雷神山医院	Больница Лэйшэньшань
普通病区	Общая палата
重症病区	Специальная палата (для пациентов в тяжелом положении)
重症监护病房 / 重症监护病区	Отделение интенсивной терапии (ICU)
*负压房间	Комната с отрицательным давлением
*感染控制、检验、特诊、放射诊断科室	Контроль инфекции, анализ, специальный осмотр, отделение рентгенодиагностики
*隔离病房	Бокс

(续表)

*清洁区	Чистая зона
*污染区	Загрязненная зона
*药店	Аптека
*医护人员专用通道	Коридор для медицинского персонала
*疫区	Пораженная зона
*应急医院	Временный госпиталь

译法提示3：白皮书中的思想政治术语翻译

白皮书是中国在国际社会立场和形象的象征，常被翻译为多种语言出版。政府白皮书的恰当翻译对中国政府的理念宣传、国家形象构建都极为重要。白皮书中大量的思想政治术语和词汇承载着大量的政治思想方面的语义信息，准确翻译政治术语是讲好中国故事、传播中国声音、再现中国政治思想内容的前提和基础。

白皮书中出现的思想政治术语主要以中国立场与态度的概念范畴构成。译例如下：

（向其他国家）提供抗疫物资	Поставить (в другие страны) материалы для борьбы с эпидемией
打好新冠疫情防控全球阻击战	Вести глобальную борьбу с COVID-19
共同构建人类卫生健康共同体	Построение глобального сообщества здоровья для всех
分享病毒基因序列	Делиться данными о генетической последовательности вируса
负责任大国	Ответственная крупная держава
及时同国际社会分享信息	Своевременно делиться информацией с международным сообществом
加强国家间政策协调	Усилить политическую координацию между странами
减免关税、取消壁垒、畅通贸易	Снизить тарифы, снять барьеры и содействовать торговле
尽力阻止疫情跨境传播	Предотвратить распространение эпидемии за границы

(续表)

开展国际联防联控	Организовать коллективное реагирование в рамках профилактики и контроля на международном уровне
汇聚成战胜疫情的强大合力	Консолидировать мощную силу для победы над пандемией
全球公共卫生安全	Глобальная безопасность в области общественного здравоохранения
全球公共卫生治理	Управление глобальным общественным здравоохранением
深化疫情防控国际合作	Углубить международное сотрудничество по профилактике и контролю эпидемии
以电话、信函、声明等方式表示慰问和支持	Выразить сочувствие и поддержку по телефону, посланием и заявлением
暂缓或减少留学人员等双向流动	Приостановить или уменьшить двусторонний поток иностранных студентов

四、翻译技巧

翻译技巧 1. 加减词译法

汉俄两种语言词汇的含义范围、使用习惯不同，两个民族的表情达意方式也有所区别，所以翻译的目的就是力求译文与原文在意义和内涵上对等，而不必保持译文和原文的词量相当，因此，我们在必要时可以采用加减词的译法。

加词译法。所谓加词，即在翻译时根据目的语的词法、句法、语义、修辞等需要，增加一些原文中无其形而有其意的词，如：在译文中增加一些潜存于原文字里行间的词、词组、句子，便准确表达原意，使译文文理通顺，符合俄语的行文规范和表达习惯。加词必须以忠实原文为前提，且加词绝不等同于增义。见译例（1）—（4）：

（1）新冠疫情是<u>新中国成立</u>以来发生的传播速度最快、感染范围最广、防控难度最大的一次重大突发公共卫生事件，对中国是一次危机，也是一次大考。

Эпидемия Covid-19 - серьезная чрезвычайная ситуация в области общественного здравоохранения. Вирус распространился быстрее и шире, чем любой другой, <u>с момента основания Народной Республики в 1949</u>

году, и оказалось, что его сложнее всего сдержать. Это одновременно кризис и серьезное испытание для Китая.

例（1）中，原文"新中国成立"在翻译的过程中增译了新中国成立年份1949，"*с момента основания Народной Республики в 1949 году*"，补充了目标读者在阅读时可能存在的文化背景相关信息的缺失。

这里特别指出，加译的内容必须有根据，必须是语义、语法、修辞和逻辑等方面所必不可少的，而绝不能凭空地、无缘无故地加添译词，以致画蛇添足，损害原义。白皮书中常涉及数字缩略的翻译。译例如下：

（2）六稳

стабилизировать шесть фронтов (занятость, финансы, внешняя торговля, входящие инвестиции, внутренние инвестиции и ожидания рынка)

（3）六保

гарантировать шесть приоритетов (рабочие места, повседневные жизненные потребности, продукты питания и энергия, промышленность и цепочки поставок, интересы участников рынка и бесперебойное функционирование низового правительства)

（4）四早

принцип раннего выявления, отчетности, карантина и лечения

（5）四类人员

четыре категории людей–подтвержденных случаев, подозреваемых случаев, пациентов с лихорадкой, которые могут быть носителями, и близких контактов。

例（2）中，"六稳"指的是"稳就业、稳金融、稳外贸、稳外资、稳投资、稳预期"，是政治术语。外文译者若没有这一背景知识，会导致双方信息不对等。译文进行了补充翻译，增加、显化了缩语的含义。例（3）中，"六保"指的是"保居民就业、保基本民生、保粮食能源安全、保产业链供应链稳定、保市场主体、保基层运转"，也属政治术语。"六稳""六保"可见中国的抗疫理念从宏观向微观逐渐深入，在保证、稳定经济发展的同时，细化为保民生、能源、基层等各个领域的共同发展步调，努力克服新冠疫情带来的不利影响，确保完成决战决胜脱贫攻坚目标任务，全面建成小康社会，进一步向高质量转型迈进。同样，例（4）中，"四早"指的是"早发现、早报告、早隔离、早治疗"，例（5）中，"四类人员"指的是"确诊患者、疑似患者、发热患者、确诊患者的密切接触者"。可见，中国能够在第一时间有效控制疫情进一步扩散，这种中国式理念和举措多以数字缩略语的形式呈现，在民间使用方便，人们谈及更是朗朗上口，很好地安慰了处于焦虑中的人们，使得全国人民上下一心，积极配合抗疫。上述数字缩略多是以名词、形容词为中心语，再根据词语本身内涵进行添加、补充翻译。

数字缩略词汇的翻译应保持高度的准确性，应该通过传媒、网站等查找数字缩略语全程、指称，根据具体内涵多使用加词译法，进行补充翻译。如有固定译法要采用固定译法，不可直译数字与后接名词。

减词译法。所谓减词，就是将原文中的某些可致译文拖泥带水、生硬别扭的冗词不译，以保证译文简洁明快、严谨精练。翻译实践中有时需要在译文中省略原文的个别词，否则行文会显得冗余，不符合译文表达习惯，甚至会影响原意表达。减词处理后的译文应保持意义、内涵和原文一致。减词绝不是减意，而是为了更好地达意。译例如下：

（6）防控和救治两个战场协同作战

Хорошо скоординированные профилактика, контроль и лечение

例（6）中采用减词译法，省略了汉语原文中的"两个战场"及其搭配的动词"作战"，译文中仅传达了"防控"（профилактика, контроль）和"救治"（лечение）的语义。这一差异反映了汉俄语言"战争"类隐喻的使用偏好差异。汉语中"战争"类隐喻强调"敌—我"对立，双方之间存在很大的矛盾性、强烈的冲突性和对抗性，通常以一方战胜另一方为结局，这类隐喻义不仅能表达面临艰难挑战，而且能烘托具有一定规模的场面后施行积极行为，伴有颂扬色彩。相较之下，"战争"隐喻也是俄语中较为常见的隐喻思维方式，将战争概念的竞争性、冲突性特征映射到政治领域的相关概念上，进而强调政治活动相关主体之间存在的冲突性和对峙性的语用意义，如政治竞选、国家间冲突和对峙等，А.П.Чудинов 认为："战争隐喻的使用反映了现代人民族意识的某种特点，这是一种焦虑不安、危险性和侵略性思想的流露，以及俄罗斯传统民族心智中的力量感和果断行事、对军事力量和战争荣誉感的无限崇尚。"[①] 由此可见，中俄有关"战争"隐喻在使用频率和联想情感义方面仍存一定差异。译文选择省略翻译"两个战场"的表述，是在语言传义上充分考虑了汉俄概念隐喻特点，为适应俄语的常用表达做了部分调整。

---

① Чудинов А. П. Россия в метафорическом зеркале:Когнитивное исследование политической метафоры(1991-2000)[M]. Екатеринбург:Урал. Гос. Пед. уни-т.,2001.стр.113.

（7）2月10日，中共中央总书记、国家主席、中央军委主席习近平在北京调研指导新冠疫情防控工作……强调要以更坚定的信心、更顽强的意志、更果断的措施，紧紧依靠人民群众，坚决打赢疫情防控的人民战争、总体战、阻击战；

10 февраля: Си Цзиньпин проинспектировал работу по профилактике и контролю в Пекине. .... Он призвал к укреплению доверия и принятию более решительных мер, чтобы остановить распространение и выиграть всеобщую войну народа против вируса. ......

例（7）中有两处减译，一是对原文中有关习近平职称的相关内容进行了减译。白皮书的原文中多次引用习近平总书记的发言及其观点，对其职称在全文之初已有翻译 "*президент Си Цзиньпин, также генеральный секретарь ЦК КПК и председатель Центрального военного совета*"，后文中该职称再现，译文选择减译 "*Си Цзиньпин*"。二是把极具中国文化特性的"人民战争、总体战、阻击战"减译为 "*всеобщую войну народа*"，减译后的表达保留了"人民战争"（*война народа*）的内核。一方面，将"总体战"和"阻击战"删减，合并为其修饰语—形容词"普遍的，全国的，总的"（*всеобщий*），突显了抗疫行动全民参与的积极性，提高了译文的可读性；另一方面，原文中的"总体战"和"阻击战"都属于"人民战争"的范畴，因此译者把原文的三个词组合并译为 "*всеобщую войну народа*"。这一翻译也表现了中国有效凝聚中央和地方力量，形成战胜疫情的强大合力（*Консолидировать мощную силу для победы над пандемией*）。

（8）为记录中国人民抗击疫情的伟大历程，与国际社会分享中国抗疫的经验做法，阐明全球抗疫的中国理念、中国主张，中国政府特发布此白皮书。

Чтобы вести учет усилий Китая в его собственной борьбе с вирусом, поделиться своим опытом с остальным миром и прояснить свои идеи относительно глобальной битвы, китайское правительство публикует этот официальный документ.

例（8）原文中五次强调"中国"，在汉语传统修辞中极具激昂自豪之势，反复强调，更容易与读者在情感上达成共鸣，激发母语读者的自信力和自豪感。相较俄译文本，由于目标读者发生了变化，交际目的从激发国内民众的家国情怀、鼓舞集体抗疫士气，转向说明中国在全球抗疫过程中的国家担当，翻译时做出适应性协调，因而译文仅保留了一个"中国"（*Китая*）和一个"中国政府"（*китайское правительство*），将国家自身作为整体（*своим опытом, свои идеи*）置于全球背景中（*с остальным миром*），彰显我国积极参与全球抗疫，打好新冠疫情防控全球阻击战（*Вести глобальную борьбу с COVID-19*），及时同国际社会分享信息（*Своевременно делиться информацией с международным сообществом*），共同构建人类卫生健康共同体（*Построение глобального сообщества здоровья для всех*），体现了我国"人民至上，生命至上"的抗疫理念，及负责任的大国担当。

翻译技巧2. 分合句译法

汉俄语句子结构特点不同，两种语言拥有的词汇手段、语法手段以及修辞手段具有很大差异。因此，为使原文的内容表达得明晰确切，通顺流畅，在组织译文安排句式时，常常需要作适当的分合句处理，亦即将简单句转换成复合句，或将复合句转换成简单句。

分句译法。汉语中的简单句，其主语部分同谓语部分、主要成分同次要成分、一个次要成分同另一个次要成分之间，常常有着错综复杂的结构语义联系。因此，在汉译俄过程中依据各成分之间的逻辑联系，常可把汉语中的一个单句合理地拆分、重组而译成俄语的复合句，以使译文条理分明，表意准确。译例如下：

（9）大力开展应急科普，通过科普专业平台、媒体和互联网面向公众普及科学认知、科学防治知识，组织权威专家介绍日常防控常识，引导公众理性认识新冠疫情，做好个人防护，消除恐慌恐惧。

Для распространения информации о своей реакции на Covid-19 Китай опубликовал соответствующую информацию через платформы для популяризации науки, а также через средства массовой информации и Интернет. Ведущие медицинские эксперты дали советы по повседневной самозащите, чтобы помочь общественности увидеть Covid-19 рационально и предотвратить панику.

例（9）中，原语主谓结构复杂，且小句之间缺乏连接词。吕叔湘将这类句子称为"流水句"，他指出："汉语口语里特多流水句，一个小句接一个小句，很多地方可断可连"[①]。汉语流水句给译者造成了较大的困难。汉语的流水句较长，缺乏连接词，主语富

[①] 吕叔湘. 汉语语法分析问题[M]. 商务印书馆，1979.

于变化，因此翻译时很难用一句话对应翻译，需要采用分句译法，根据语义联系对小句重新组合，将句子分成两个或多个短句进行翻译。译文根据原文句意中提及的"平台科普"和"专家科普"两个意群进行拆分、重组。译文为了防止主语重复，第一个意群以"中国"（*Китай*）作主语，*опубликовал*（颁布，发布）作谓语，共同表达"平台科普"的句意；第二个意群，以"权威专家"（*Ведущие медицинские эксперты*）做主语，*дали*（给予）作谓语，这样，汉语的流水句就得以切分为两个逻辑清晰、主谓分明的俄语简单句。

（10）中共中央把握疫情形势发展变化，确定了"外防输入、内防反弹"的防控策略，巩固深化国内疫情防控成效，及时处置聚集性疫情，分类推动复工复产，关心关爱境外中国公民。

В ответ на меняющуюся динамику Covid-19 ЦК КПК принял подход к предотвращению проникновения коронавируса в страну и сдерживанию его возрождения внутри страны. Были предприняты усилия по закреплению достижений в борьбе с вирусами, оперативному лечению отдельных случаев и возвращению страны к работе по секторам. Зарубежным гражданам Китая оказывалась помощь и поддержка.

例（10）中，原文由多个短句构成，且为并列关系，包含了三个意群："确定策略""巩固成效"和"关爱公民"。译文对原句进行了拆分：*принял подход к+чему*（采取方法）；*Были предприняты усилия по+чему*（做出努力）；*оказывалась*（提供），避免了信息的简单堆砌，保证原文信息传递的同时，也符合俄语读者的思维模式与阅读习惯。由意群整体来看，原文内容不仅涵盖政府的理念举措（"外防输入、内防反弹"），还注重社会民生（"推动复工复产""关心关爱境外中国公民"）。

合句译法。汉译俄过程中，除需要增加句量外，有时还要注意减少句量，即按照原文上下文的语义关系和逻辑意义，把两个或两个以上的分句合并处理成俄语的一个句子，以使译文简洁紧凑，通顺耐读。译例如下：

（11）……，强调要把新冠疫情防控科研攻关作为一项重大而紧迫任务，在坚持科学性、确保安全性的基础上加快研发进度，为打赢疫情防控的人民战争、总体战、阻击战提供强大科技支撑；

...Он сказал, что эта работа должна рассматриваться как важная и неотложная задача и продвигаться как можно быстрее, соблюдая правила науки и обеспечивая безопасность, чтобы обеспечить прочную научную и техническую поддержку для преодоления эпидемии.

例（11）中，原中文看似有"防控科研"和"科研团队"两个主语，但实际上，整个句子的逻辑关系是：动作的发出者是"科研团队"，其余部分是行为、条件和目的。翻译时选择遵循以谓语动词为核心，通过动词不定式 рассматриваться（视为、作为）、продвигаться（推动、推进）；副动词 соблюдая（遵守、坚持）、обеспечивая（保证、确保）；连接词 и（和）、чтобы（为了）的共同使用来达成翻译。汉语原文为多个小句。孙卫斌指出：汉语虽无连接词，但语义的表达可根据时间、事理发展顺序形成联系。汉语本身"重意合、轻形式"，即重视语句内部各要素之间意义的融会贯通，轻视句子成分之间的细微分析。① 相较而言，俄语重"形合"，形式结构十分清晰，句子总是以主谓结构为轴心，通过非谓语动词结构、名词结构、前置词结构和从属句等来进行扩展或连接。在汉译俄过程中，根据汉语原文的语义联系，将多个分句合并处理成一个整句，可使得译文更加紧凑。

（12）中国坚信，国际社会同舟共济、守望相助，就一定能够战胜疫情，走出人类历史上这段艰难时刻，迎来人类发展更加美好的明天。

Китай твердо убежден в том, что пока все страны объединены и будут сотрудничать для принятия коллективных ответных мер, международному сообществу удастся преодолеть пандемию и выйти из этого мрачного момента в истории человечества в более светлое будущее.

例（12）中，中文流水句的逻辑关系较为模糊，包含了多个意群，进而淡化了句子表层的逻辑关系。首先，"同舟共济、守望相助"属于典型的"四字格"。马国凡指出：中文中常用四字格来完成语法和修辞功能，一方面能够发挥修辞作用，使语言生动活泼，增强文本在民间的接受性，做到"雅俗共赏、雅俗共用"。② 该类词在翻译时需考虑目标语读者的阅读习惯，避免重复，所以宜采用合句译法，将两个分句合并处理成一个句子，使译文简洁紧凑，通顺耐读。其次，译文以"就"这一连接词，承接前后，展开三个意群："战胜疫情"（преодолеть пандемию）、"走出艰难时刻"（выйти из этого мрачного момента）、"迎来明天"（в более светлое будущее），这三个短句由小到大、由近到远的线性逻辑关系明晰后，再以动词短语和前置词短语进行架构合

---

① 孙卫斌. 汉语流水句的英译方法 [J]. 内江科技, 2008(01):73+79.
② 马国凡. 四字格论 [J]. 内蒙古师大学报（哲学社会科学版）, 1987(S2):51-58.

并，使译文更加贴近俄语读者的表达习惯。最后，再现原文的同时，译文准确传达了中国的抗疫态度，表明了中国的抗疫立场，道出了中国的抗疫理念——坚定信心、同舟共济、科学防治、精准施策（*Укрепить уверенность и солидарность в осуществлении целенаправленных мер борьбы с коронавирусом на научной основе*）。

在翻译四字格时，由于中俄语言的差异，完全的对等是无法实现的，必要时甚至可以允许语义的缺失。白皮书中有很多四字格或三字格，为保证交际目的，将信息准确无误地传达，应将目的语读者的理解放在首位，再考虑结构的再现。译例如下：

（13）按照"应收尽收、应治尽治、应检尽检、应隔尽隔"要求

Была внедрена политика обеспечения того, чтобы все нуждающиеся прошли тестирование, изолированы, госпитализированы или прошли лечение.

（14）按照"追踪到人、登记在册、社区管理、上门观察、规范运转、异常就医"的原则

Чтобы справиться с четырьмя категориями уязвимых людей, в соответствии с законом был принят ряд мер, таких как отслеживание, регистрация и посещение каждого человека, передача их под управление сообщества и перевод, при необходимости, в определенные медицинские учреждения. на карантин или лечение в установленном порядке.

（15）坚定信心、同舟共济、科学防治、精准施策

Укрепить уверенность и солидарность в осуществлении целенаправленных мер борьбы с коронавирусом на научной основе.

例（13）—（15）中，原文以四字格来概括中国抗疫要求与举措，汉语可完成语义的连贯性，逻辑层层递进，读起来朗朗上口。汉俄语言的语法结构、运用规则、表达习惯以及修辞特点等方面都存在着许多差异。在翻译过程中，很难既保证原文语义准确传达，又保留其修辞特色。所以，翻译时多采用合句译法，将两个及以上的四字格合并处理成一个句子，忠实确切地表达出原文的内容，使译文能够达到概念清楚，逻辑准确，语言通顺，文字简练。

五、礼宾知识点滴

外交着装礼仪

俗话说："佛要金装，人要衣装"，服饰是构成第一印象的重要内容，通过服饰可以了解一个人的个性、态度和职业风格①。服饰的选择需要根据工作者的身份、想要创造的形象、拟参加的场合来考虑。

服饰语言是一门特殊的交际语言，它能传达特定的信息，服饰语言不仅表现在自我形象上，而且也表现在文化价值上。在涉外交往中，服饰礼仪成为一个民族的生活方式和精神面貌的现实反映，所以要根据不同的交际目的以及不同客人的需求，选用不同的服饰。

在与外国人（或商务人员）打交道时，对于每一个人衣着的基本礼仪要求是：得体而应景。公务场合的重点：庄重保守。男士：黑色、藏蓝色、灰色的西装套服或中山装、白色衬衫、深色袜子、黑色皮鞋。穿西服套装时，务必要戴领带。遵循"三色原则"，即全身的颜色不得多于三种，其中包括上装、下装、鞋子、领带和衬衫；遵循"三一定律"，即鞋子、腰带、公文包三处的颜色要一致，如果颜色过于杂乱，会显得不正式②。男士西装的款式常见欧式、美式、英式和日式四种。欧式西装面料厚，领型狭长，穿着者要求高大魁梧；美式西装面料薄，款式偏休闲，稍显散漫；英式、日式西装裁剪贴身，更多情况下更加适合中国人穿着。当然，近年来，我国的中山服出镜率也很高。女士：单一色彩的西服套裙、白色衬衫、肉色长筒丝袜和黑色高跟皮鞋，单一色彩的连衣裙亦可（尽量不要选择以长裤为下装的套装）。切忌：穿黑色皮裙、正规场合光腿、穿残破的袜子、在裙袜之间露出腿肚。涉外交往中，女士西服套裙最好搭配长筒丝袜或连裤袜，肉色最佳，可随身携带一双备用丝袜，以免丝袜出现破损、抽丝使自己陷入尴尬局面。

得体的服装不仅能给人留下良好的印象，而且还能体现一个人的内在涵养和审美品位。任何拥有高雅情趣的人都会十分注重自己着装的和谐和适度。因此，在外交公务场合中，优雅合体的穿着很重要，值得注意的是，对于饰品的佩戴要力求和谐，总数不宜超过三件。

---

① 程润明，程洁. 国际商务礼仪 [M]. 上海外语教育出版社，1996(11):93.
② 尹敬湘，喻子敬. 涉外礼仪知识 [M]. 武汉大学出版社，2015(12):126-130.

六、课后翻译练习

1. 请将这篇白皮书（摘译）翻译为俄文，指出其中的分合句译法。

1978年改革开放以后，国家针对当时存在的医疗卫生资源严重短缺、服务能力不足、服务效率较低等问题，实行多渠道筹资，鼓励多种形式办医，增加资源供给，逐步放开药品生产流通市场，发展医药产业，注重发挥中医药的作用，采取一定的经济激励措施，调动医务人员积极性，增强内部活力。

1996年，第一次全国卫生工作会议明确了"以农村为重点，预防为主，中西医并重，依靠科技与教育，动员全社会参与，为人民健康服务，为社会主义现代化建设服务"的新时期卫生工作方针。

2009年，国家启动实施新一轮医药卫生体制改革，颁布了《关于深化医药卫生体制改革的意见》，确立把基本医疗卫生制度作为公共产品向全民提供的核心理念，进一步明确公共医疗卫生的公益性质，提出建立公共卫生、医疗服务、医疗保障、药品供应"四大体系"和医药卫生管理、运行、投入、价格、监管、科技和人才、信息、法制"八项支撑"，加快基本医疗卫生制度建设，推动卫生事业全面协调可持续发展。

选自《中国健康事业的发展与人权进步》白皮书

2. 请将下面这篇小短文翻译为俄文，指出其中采用加减词和分合句译法之处，注意其中的热点词汇、专有名称以及思想政治术语的翻译。

防控和救治两个战场协同作战

面对突发疫情侵袭，中国把人民生命安全和身体健康放在第一位，统筹疫情防控和医疗救治，采取最全面最严格最彻底的防控措施，前所未有地采取大规模隔离措施，前所未有地调集全国资源开展大规模医疗救治，不遗漏一个感染者，不放弃每一位病患，实现"应收尽收、应治尽治、应检尽检、应隔尽隔"，遏制了疫情大面积蔓延，改变了病毒传播的危险进程。

习近平总书记亲自指挥，亲自部署。习近平总书记高度重视疫情防控工作，全面加强集中统一领导，强调把人民生命安全和身体健康放在第一位，提出"坚定信心、同舟共济、科学防治、精准施策"的总要求，明确坚决打赢疫情防控的人民战争、总体战、阻击战。

全力救治患者、拯救生命

医疗救治始终以提高收治率和治愈率、降低感染率和病亡率的"两提高""两降低"为目标，坚持集中患者、集中专家、集中资源、集中救治"四集中"原则，坚持中西医结合，实施分类救治、分级管理。对重症患者，调集最优秀的医生、最先进的设备、最急需的资源，不惜一切代价进行救治，大幅度降低病亡率；对轻症患者及早干预，尽可能在初期得以治愈，大幅度降低转重率。

选自《抗击新冠肺炎疫情的中国行动》白皮书

3. 请将下面两则白皮书（摘选）翻译成中文，注意加减词、分合句译法。

(1) Благодаря длительным усилиям развитие китайской медицины и здравоохранения вышло на новую ступень: не только значительно повысился уровень здоровья населения, но и сформировалась модель обеспечения права на здоровье, соответствующая реальному положению дел в Китае, важными особенностями которой являются следующие пункты:

— Здоровье превыше всего. Здоровье стоит на стратегических позициях приоритетного развития. Исходя из характерных национальных особенностей идея охраны и улучшения здоровья внедряется в процесс разработки и осуществления политического курса, законов и законоположений; осуществляется благоприятное согласованное развитие здорового образа жизни, условий производства и экологии с экономикой и обществом.

— Упор на профилактику. Если раньше во главу угла ставили лечение, то теперь акцент делается именно на поддержании здоровья. Нужно твердо придерживаться сочетания профилактических и лечебных мероприятий, уделять большое внимание как физическому, так и душевному состоянию человека, а также взаимодополняемости методов китайской и западной медицины, придавать большое значение профилактике и контролю над хроническими, эндемическими и профессиональными заболеваниями, уменьшению возникновения случаев заболевания, твердо придерживаться закономерностей развития медицинской сферы и делать упор на раннюю диагностику, раннее лечение и раннее восстановление.

— Руководствоваться общественными интересами. Необходимо твердо придерживаться общественно-полезного характера базового медико-санитарного обслуживания, предоставлять народу систему базового медико-санитарного обслуживания в качестве общественного продукта, рассматривать государственные больницы в качестве главного субъекта системы медицинского обслуживания, постепенно осуществить охват всего населения общественным медицинским обслуживанием.

– Справедливое отношение и всеобщие льготы. Необходимо придерживаться задачи по охвату всего населения медицинским обслуживанием и гарантированным лечением, делать упор на деревню и низы, постепенно уменьшать разницу в уровне здоровья городского и сельского населения, населения разных регионов, различными группами людей, обеспечивать выравнивание базового социального обслуживания, касающегося сферы здоровья.

– Совместное строительство и совместное пользование его плодами. Необходимо придерживаться идеи гармоничного объединения правительственного руководства с мобилизацией общественной и личной активности, поощрять соответствующее участие, приложение усилий и пользование результатами со стороны каждого человека, правильным образом урегулировать отношения между правительством и рынком, чтобы правительство предпринимало меры для достижения успехов в сфере базового медицинского обслуживания, а рынок проявлял себя в сфере медицинского обслуживания, отличного от базового.

选自《中国健康事业的发展与人权进步》白皮书

(2) Забота, которую оказывают инвалидам, является маркером социального прогресса. Развитие параспорта играет жизненно важную роль в поощрении людей с ограниченными возможностями к повышению самооценки и самоуверенности, росту независимости и силы, а также стремлению к самосовершенствованию. Необходимо и далее продвигать вперед дух постоянного самосовершенствования и создавать атмосферу, которая побудит все общество с большим пониманием, уважением, заботой и поддержкой относиться к людям с ограниченными возможностями и их делу, а также совместно продвигать их всестороннее развитие и общую зажиточность.

С момента основания КНР, в частности после XVIII съезда КПК, Китай добился значительного прогресса в сфере параспорта. В то же время нужно понимать, что развитие остается несбалансированным и недостаточным. Существует огромный разрыв как между различными регионами, так и между сельскими и городскими районами, при этом возможности для предоставления соответствующих услуг остаются недостаточными. Необходимо повысить уровень участия соответствующей группы людей в реабилитационных, оздоровительных и спортивных мероприятиях, а также в дальнейшем популяризировать зимний параспорт. Для того чтобы параспорт вышел на новый уровень развития, еще предстоит приложить массу усилий и времени.

Под руководством ЦК КПК, ядром которого является товарищ Си Цзиньпин, КПК и правительство Китая будут и впредь, твердо идя по пути всестороннего строительства социалистического модернизированного государства, отстаивать философию развития, ориентированного на человека, и не жалеть усилий для оказания помощи наиболее уязвимым группам населения, обеспечения равных прав людей с ограниченными возможностями, улучшения их благосостояния и навыков саморазвития. Китай примет конкретные меры по уважению и обеспечению прав и интересов людей с ограниченными возможностями, включая право на участие в занятиях физкультурой и спортом, в целях продвижения дела людей с ограниченными возможностями и удовлетворения их ожиданий в отношении лучшей жизни.

选自《中国残疾人体育事业发展和权利保障》白皮书

七、课后扩展阅读

请扫描下面这个二维码，阅读有关"四个自信"基础知识的材料并回答问题。

第六章

对外交往文书的翻译

一、对外交往文书简介

对外交往文书以书信形式呈现，指对外交往中处理一系列事务性和日常性工作而制作和使用的文书，如照会、备忘录、邀请函、对外函件、外事访问日程和宴请菜单等。收到各类文书要尽快处理，切勿施压，收下不予回复或不予置理以至拒收退回，都反映一种政治态度。因此，对外交往文书的处理要十分慎重。一般情况下，除某些纯属通知性的文电外，应以相应的文书进行答复或复谢。

二、对外交往文书类型

1.几种常见的对外交往文书类型及使用要求（照会、对外函件、备忘录等）

（一）照会

照会分正式照会和普通照会两种。

正式照会由国家元首、政府首脑、外交部长、大使、代办、临时代办等人签名发出，并用第一人称写成。一般不盖机关印章。

正式照会用于：

（1）重大事件的通知。如国家领导人的变更，大使、领事的更换，承认、断交、复交等事项的正式通知。

（2）重要问题的交涉。如建议缔结或修改条约，建议召开双边、多边国际会议，互设领事馆，国家元首的访问以及其他有关政治、军事、经济等重要问题的交涉。

（3）隆重的礼仪表示。如表示庆贺、吊唁等等。

（4）为了表示对某一件事的特别重视，也有使用正式照会的。

普通照会由外交部或外交代表机关发出，行文用第三人称，加盖机关印章，一般不签字。但有的国家要求加盖印章后再由使节或受权的外交官签名。

普通照会用于进行一般交涉、行政性通知、办理日常事务、交际往来。

普通照会以同样内容普遍分发给当地各外交代表机关的，亦称通告照会。如外交部用以向外交团发送各种事务性通知的照会，各外交代表机关用以通知外交官到离任、例假日等。这类通告照会可复印。

照会处理要及时，需再次强调，签收或拒收、答复或不予置理、及时办理或拖延，都是一种政治态度。

（二）对外函件

对外函件形式简便，使用范围较广。国家领导人、外交人员以及各部门各机构写给外国相应人员与机构的书信都可采用这种形式。根据内容情况，凡属重要者，视为正式函件，凡属事务性者，视为便函。一般说来，领导人和外交代表之间的亲笔签名信即属外交函件。

（三）备忘录

备忘录是外交代表机关之间使用的一种外交文书，用来说明就某一事件、问题进行交涉时在事实上、立场上、法律方面的细节，或用来重申外交会谈中的谈话内容。在会谈或交涉中为了对方便于记忆谈话的内容或避免误解，可预先写成备忘录面交对方，也可在谈话后将要点用备忘录送交对方。

备忘录也可以作为正式照会或普通照会的附件。

三、对外交往文书使用要求

1. **格式** 使用对外文书首先要注意格式，不要用错。如外长和外交代表使用正式照会，不用普通照会的格式，非外交代表机构使用对外函件，不用照会格式。

2. **人称** 正式照会、外交函件、电报均是以签署人的口气，以第一人称写成。在正式照会中，一般不用"我们"一词，普通照会一般以单位名义用第三人称写成，称对方亦用第三人称，不可用"贵方"或"贵馆"等措词，而是重提受照机关的名称。以机构名义书写的对外函件亦用第三人称。

签署者与受文者要相适应，即人对人、单位对单位。正式照会是人对人，普通照会是单位对单位。在个人对个人的外交文书中讲究身份对等，如元首对元首，总理对总理，外长对外长。大使作为国家的全权代表可对外长、总理、元首；代办一般只对外长。

3. **客套用语** 客套用语要与格式相适应。

普通照会开头用"×××向×××致意"这一客套用语；照会结尾的致敬语使用时要注意与双方的身份、关系和场合相适应。

致代办处的文书一般用"顺致敬意"或"顺致崇高的敬意"；给外交部和大使馆的文书则一般用"顺致崇高的敬意"。事务性的文书，亦用"顺致崇高的敬意"。致敬语不能自成一页，应紧跟正文后另起一段。

4. **称呼** 文书抬头即受文人的职衔、姓名等要全称，文中第一出现职衔、姓名也要全称。第二次出现则可用简称。

5. **国名** 文书信封和文中的抬头的国名等均用全称。文中第一次出现时用全称，以后可用简称。但有些国家由于情况特殊，如朝鲜民主主义人民共和国国名须用全称。有些国家由于发生革命、政变或其他原因，国名可能改变，须随时注意，不要写错。

四、常见交往文书格式

1. 中文正式照会

> 副本
>
> 苏维埃社会主义共和国联盟最高苏维埃主席团主席
> 康·乌·契尔年科同志
> 主席同志：
> 　　为巩固和发展中华人民共和国和苏维埃社会主义共和国联盟之间的友好合作关系，我任命李则望同志为中华人民共和国驻苏维埃社会主义共和国联盟特命全权大使。
> 　　我相信李则望同志将尽力完成他所担负的使命，请你惠予接待，并对他代表中华人民共和国政府所进行的工作给予信任和帮助。
> 　　杨守正同志已完成其苏维埃社会主义共和国联盟特命全权大使的使命，限于照会。我愿借此机会对他任职期间所受到的接待和帮助表示感谢。
>
> 中华人民共和国主席 李先念（签字）
>
> 中华人民共和国外交部部长 吴学谦（签字）副署
>
> 一九八五年二月十五日于北京

中文照会一般由三部分组成：照头、正文和照尾。照头就是照会的开头部分，主要写受照人的称呼、尊称、职衔、姓名或受照机关名称。正文写明照会内容，即大使就任通知，适用于正式照会。照尾包括致敬语和落款两部分。致敬语多用"顺致最崇高的敬意"，此处仅对任职期间所受的接待和帮助表示感谢。落款写发照人的职务、发照的时间、地点并进行签署。

俄文正式照会

> **личная нота образец**
>
> Посольство
> Республики Беларусь
> 　　　　　　　　　　(город)
> 　　　　　　　　　　(дата)
> 　Ваше Превосходительство,
> 　Имею честь сообщить Вашему Превосходительству, что я вернулся в (город) и возобновил руководство Посольством.
> 　Я пользуюсь этим случаем, чтобы возобновить Вашему Превосходительству уверения в моем весьма высоком уважении.
> 　　　　　　　　　　(подпись)
> 　　　　　　　　Посол Республики Беларусь
> Его Превосходительству
> Господину (имя и фамилия)
> Министру Иностранных Дел
> (название страны)
> (название города).

正式照会是以第一人称起草的，即"我"称呼自己，一般不用复数第一人称"我们"。以呼语开头，常见的呼语是："阁下"*Ваше Превосходительство*（大写表尊敬）、"尊敬的部长先生"*Уважаемый господин министр*、"尊敬的大使先生"*Уважаемый господин посол* 等。随后是恭维性的话语"我很荣幸地通知您……"*Имею честь сообщить Вашему Превосходительству*。正文阐明问题。以礼貌语结尾，受照人使用三格。

2. 中文普通照会

```
（××）部 × 字第 ×× 号
×× 国驻华大使馆：
中华人民共和国外交部向 ×× 国驻华大使馆致意，并谨通知如下：
中华人民共和国政府对于 ×××× 年 × 月 × 日在北京签订的中、×× 两国政府
××× 合作协定已履行了手续。鉴于 ×× 政府已于 ×××× 年 × 月 × 日通知中国驻
×× 国大使馆，×× 国政府批准了该协定，根据协定第 × 条的规定，该协定将自本照
会发出之日起正式生效。
顺致最崇高的敬意。
（盖外交部带国徽铜印）
×××× 年 × 月 × 日于北京 [14]
```

本照会用于通知协定生效。照头为驻华大使馆。正文写明照会内容，即通知协定生效，用于普通照会。照尾包括致敬语和落款两部分。致敬语用"顺致最崇高的敬意"。落款写发照的时间、地点并盖印。

俄文普通照会

```
                вербальная нота Образец:
Посольство
Республики Беларусь
№ 45
    Посольство Республики Беларусь
свидетельствует свое уважение Министерству
иностранных дел Республики Польша и имеет честь
подтвердить получение ноты Министерства за № 55
от 15 апреля 2009 года и поблагодарить за
содержащуюся в ней информацию об изменениях в
Правительстве Республики Польша.
    Посольство пользуется этим случаем, чтобы
возобновить Министерству уверения в своем весьма
высоком уважении.
Варшава                        16 апреля 2009 года
Министерству
иностранных дел
Республики Польша
Варшава
```

格式要求上正式照会最严格，普通照会次之。普通照会以第三人称书写，给外交大使或外交部长的普通照会以外交礼貌语开头，一般为恭维性的话语"很荣幸地收到……的照会"*xxx имеет честь подтвердить получение ноты…*。段尾一般使用固定用法"大使馆借此机会再次向外交部致以最崇高的敬意"*Посольство пользуется этим случаем, чтобы возобновить министерству уверения в своём весьма высоком уважении*。最后，受照人置末尾，居左。

3. 中文对外函件

中华人民共和国外交部

感谢信

外交学院：
尊敬的王先生
　　中非合作论坛北京峰会是2006年我外交工作中的大事，也是建国以来规模最大的一次外事活动。在党中央的统一部署和正确领导下，经过各方的通力合作和细致工作，峰会取得了圆满成功，为中非长期稳定的战略伙伴关系奠定了坚实的基础，开创了中非友好关系发展的新局面。

　　贵校在教学任务繁重的情况下，应我部要求，推荐了36名学生参与峰会接待工作。在一个多月的时间里，36名同学认真负责，不辞劳苦，工作得力，表现突出，圆满地完成了任务，得到各方好评。谨对贵校给予我部及北京峰会的大力协助表示衷心感谢，并对36名同学的辛勤工作提出表扬！此致！

外交部干部司

二〇〇年十一月十日 [15]

中文对外函件一般由六部分组成：标题、问候、主体、信函结尾的礼貌表达、机关名称或签名、时间。标题不是必要的，视情况而定。问候一般使用套语，如：尊敬的先生、尊敬的女士、尊敬的临时代办等，主体阐明事件，信函结尾一般表达感谢，如"谨对×××给予的帮助表示衷心感谢""此致！"。末尾使用发函人签名或代表机关名称。

俄文对外函件

中 华 人 民 共 和 国 大 使 馆

Председателю Правления Центра
изучения боевых искусств "Дамо"
г-ну Рогову В. М.

Уважаемый Вячеслав Михайлович!

Позвольте мне от имени Посольства Китайской Народной Республики в Российской Федерации поздравить Ваш Центр и Вас лично с Вашим первым успешным годом работы в прекрасных залах на территории Всероссийского Выставочного Центра! Выражаю Вам свою удовлетворённость за проделанную Вашим Центром в течение этого года работу!

Деятельность Вашего Центра, направленная на развитие межкультурных коммуникаций, укрепление дружбы и взаимопонимания между нашими народами, является основополагающей!

Надеюсь, что и в дальнейшем Вы будете являть собой яркий пример для подражания всем российским гражданам, развивающим традиционную китайскую культуру на территории Российской Федерации!

Чрезвычайный и Полномочный
Посол КНР в РФ

Ли Хуэй

俄文对外函件中收函人的姓名、职衔或受照机关名称居首右对齐，并使用三格。问候一般使用 *Уважаемый ххх*，如 *Уважаемые господа, Уважаемые дамы, Уважаемый временный поверенный в делах* 等。主体阐明事件，段尾表达希冀或感谢。文末为发函人签名、收函机关名称等。另外，对外函件还会使用一些套语，如：很高兴收到您的来信 *Очень рад получить от вас письмо*；等您的回信！*Ждем вашего ответа*；期待着您的回复 *Надеемся на Ваш быстрый ответ*；请尽快回复 *Пожалуйста, ответьте как можно скорее*；如蒙早日复函，不胜感激 *Мы будем признательны за быстрый ответ*；我们希望不久将收到贵方答复 *Надеемся получить Ваш ответ в ближайшем будущем*；预致谢意 *Заранее благодарим Вас*；多谢合作！*Спасибо за сотрудничество*；未提到的或不详之处，请随时提出宝贵意见 *Если у Вас остались вопросы или предложения, прошу незамедлительно сообщить мне об этом*；有任何问题，请及时联系 *Прошу, как можно скорее обратиться ко мне, если у Вас остались какие-либо вопросы*；烦请联络 *Обращайтесь ко мне, если нужно что-то уточнить*；若贵方需要什么帮助，我们愿意效劳 *Прошу обращаться ко мне,*

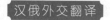

если вам потребуется помощь；希望我们合作愉快 *Я надеюсь на наше дальнейшее благоприятное сотрудничество*；希望我们能建立良好的合作关系 *Надеюсь, что сможем установить хорошие партнерские отношения*；我很乐意同您进行合作 *Я очень рад сотрудничать с Вами* 等。

五、常见交往文书译例

1. 俄罗斯外交部照会【俄罗斯通知协定生效】

【结构解析】中俄照会格式不同。本俄语照会照头融入正文内容，发照机关为俄罗斯外交部，而中文照头则写受照机关名称，并居句首。正文都写明照会内容，本照会内容为协定生效程序。中俄照尾都包括致敬语和落款两部分。不同的是，俄语照尾写受照机关、时间和地点，中文照尾落款写发照机关、时间和地点。

№ _____

【正文：俄罗斯通知协定生效】

Министерство Иностранных Дел Федерации свидетельствует своё уважение Исполнительному Комитету Содружества Независимых Государств и имеет честь сообщить, что Российской Стороной выполнены внутригосударственные процедуры, необходимые для выступления в силу Договора о зоне свободной торговли, подписанного 18 октября 2011 года в г. Санкт-Петербурге.

【致敬语】

Министерство пользуется случаем, чтобы возобновить Исполнительному Комитету уверения в своём высоком уважении.

【照尾：受照机关、时间和地点】

Москва, 14 апреля 2012 года
ИСПОЛНИТЕЛЬНОМУ КОМИТЕТУ
СОДРУЖЕСТВА НЕЗАВИСИМЫХ
ГОСУДАРСТВ
г. Минск

【照头：受照机关】

明斯克

独立国家联合体执行委员会：

【正文：俄罗斯通知协定生效】
俄罗斯联邦外交部向独立国家联合体执行委员会致意，并谨通知如下：

俄方已完成2011年10月18日于圣彼得堡签订的自由贸易协定生效所需的国内程序。

【致敬语】
顺致崇高的敬意。

【照尾：发照机关、时间和地点】
俄罗斯外交部（盖章）
2012年4月14日于莫斯科

2. 中国外交部照会新闻【习近平任免驻外大使】

国家主席习近平任免驻外大使

Председатель КНР Си Цзиньпин назначил новых послов в зарубежных странах

2020-02-08

【结构解析】 中文照会由照头、正文和照尾组成。照头即照会的开头部分，正文写明照会内容，照尾包括致敬语和落款两部分。该文本属于照会新闻报道，无照头照尾，正文言简意赅。

【正文：习近平任免驻外大使名单】

新华社北京2月7日电，中华人民共和国主席习近平根据全国人民代表大会常务委员会的决定任免下列驻外大使：

Пекин, 8 февраля /Синьхуа/ – Председатель КНР Си Цзиньпин назначил новых чрезвычайных и полномочных послов в зарубежных странах в соответствии с решением, принятым Постоянным комитетом Всекитайского собрания народных представителей.

免去邢海明的中华人民共和国驻蒙古国特命全权大使职务；任命柴文睿为中华人民共和国驻蒙古国特命全权大使。

Чай Вэньжуй назначен чрезвычайным и полномочным послом КНР в Монголии, сменив Син Хаймина.

免去邱国洪的中华人民共和国驻大韩民国特命全权大使职务；任命邢海明为中华人民共和国驻大韩民国特命全权大使。

Син Хаймин назначен чрезвычайным и полномочным посолом КНР в Республике Корея, сменив Цю Гохуна.

免去黄溪连的中华人民共和国驻东盟特命全权大使职务；任命邓锡军为中华人民共和国驻东盟特命全权大使。

Дэн Сицзюнь назначен чрезвычайным и полномочным послом КНР в АСЕАН, сменив Хуан Силяня.

免去李念平的中华人民共和国驻哥伦比亚特命全权大使职务；任命蓝虎为中华人民共和国驻哥伦比亚特命全权大使。

Лань Ху назначен чрезвычайным и полномочным послом КНР в Колумбии, сменив Ли Няньпина.

3. 俄罗斯抗议照会新闻【俄罗斯驱逐意大利外交官】

Россия объявила о высылке итальянского дипломата
俄罗斯谴责并驱逐一名意大利外交官

【开头部分】 抗议照会新闻开头直接指出照会内容：俄罗斯外交部对意大利实施制裁，将意大利外交官驱逐出境。

Москва, 26 апреля /Синьхуа, российская сторона приняла решение о высылке итальянского дипломата, он должен покинуть страну в течение 24 часов, говорится в сообщении, опубликованном сегодня на сайте Министерства иностранных дел.

新华社莫斯科4月26日电，俄罗斯外交部宣布，决定驱逐一名意大利外交官，限其在24小时内离境。

Как сообщается, сегодня посол Италии в Москве был приглашен в МИД России, где ему была вручена нота. В ноте говорилось, что в качестве ответной меры на недружественные и ничём не обоснованные действия итальянских властей в отношении российского военного атташе при посольстве России в Риме, российская сторона объявила персоной нон грата помощника атташе по вопросам обороны, военно-морского атташе при посольстве Италии, ему предписано покинуть территорию Российской Федерации в течение 24 часов.

【第二部分】表明态度，阐明驱逐意大利外交官这一外交行为是对其不友好和无礼行径的抗议。

消息称，意大利驻俄大使受邀前往俄外交部，并收到了一封照会，称针对意当局对俄武官的不友好和无理行径，俄方宣布意驻俄使馆一名武官助理为"不受欢迎的人"，限其在24小时内离开俄罗斯。

В тот же день МИД Италии в ответ заявил, что действия России были безосновательным и несправедливым.

意大利外交部当天对此回应称，俄方行为是毫无根据、不公平的。

【第三部分】交代背景：意大利驱逐俄罗斯外交官的理由是指控其涉嫌情报交易。

Власти Италии 31 марта объявили о высылке из страны двух российских дипломатов по подозрению в шпионаже.

意大利政府3月31日宣布将驱逐两名俄罗斯外交人员，理由是他们涉嫌情报交易。

六、常见对外交往文书译法提示

外交文书是一个国家对外政策的具体体现，表明一国政府对其他政府或国家社会的承诺或对国际问题的立场，关乎一个国家的利益、安全、尊严和形象。翻译外交文书时要做到内容准确无误，用语严谨，行文自然规范，格式对等。

译法提示1. 照会篇章中敬语、固定用法的翻译

对外交往文书具有正式性、准确性、通用性、对等性等特征，它有特定的交际领域、交际对象、交际功能和交际程式，具备信息功能、调节功能和影响功能。在对外交往文书进行篇章翻译时需使用固定的套语和外交术语。

对外交往文书文种不同、格式不同、篇章结构也不同。照会一般用于处理重要事

务或履行重要的外交礼节。普通照会的开头与结尾均有固定的敬语和固定表达。开头必须为"×××向×××致意",结尾一般为"顺致敬意"或"顺致崇高敬意",而大使馆写给外交部的照会,则用"顺致最崇高敬意"。正式照会开头不必写"致意",但结尾的"顺致最崇高敬意"不可或缺,且落款要亲自签名,还要印上自己职务全称。重要政治性的照会,其使用及其内容体现国家的立场,涉及国家关系,必须慎重对待。即使是纯属事务性的照会,如果格式、行文不符合常规,也可能会引起收件人误解,产生不良后果。外交信函与照会的篇章结构基本一致(发信的地点、时间、收信人的位置有所不同)。备忘录一般需要打印在正式公文用纸上,注明编号、抬头并盖章。敬语、固定用法的译例见例(1)—(3):

(1) Министерство Иностранных Дел Федерации свидетельствует своё уважение Исполнительному Комитету Содружества Независимых Государств и имеет честь сообщить, что Российской Стороной выполнены внутригосударственные процедуры, необходимые для выступления в силу Договора о зоне свободной торговли, подписанного 18 октября 2011 года в г. Санкт-Петербурге.

Министерство пользуется случаем, чтобы возобновить Исполнительному Комитету уверения в своём высоком уважении.

俄罗斯联邦外交部向独立国家联合体执行委员会致意,并谨通知如下:俄方已完成2011年10月18日于圣彼得堡签订的自由贸易协定生效所需的国内程序。

顺致崇高的敬意。

(2) Имею честь сообщить Вашему Превосходительству, что я вернулся в город и возобновил руководство Посольством. Я пользуюсь этим случаем, чтобы возобновить Вашему Превосходительству уверения в моём весьма высоком увважении.

谨通知阁下我已返回并继续担任大使。我愿借此机会向阁下致以崇高敬意。

(3) Посольство Республики Беларусь свидетельствует своё уважение Министерству иностранных дел Республики Польша и имеет честь подтвердить получение ноты Министерства за №55 от 15 апреля 2009 года.

Посольство пользуется этим случаем, чтобы возобновить Министерству уверения в своём весьма высоком уважении.

白俄罗斯大使馆向波兰外交部致意，谨确认收到波兰外交部 2009 年 4 月 15 日第 55 号照会。

大使馆借此机会再次向外交部致以最崇高的敬意。

照会开头和结尾有固定的敬语和固定表达。例（1）照会开头为俄罗斯联邦外交部向独立国家联合体执行委员会致意，结尾为顺致崇高的敬意。对于约定俗成的敬语和固定表达套用即可，如：*xxx свидетельствует своё уважение кому*（×××向×××致意），*xxx имеет честь сообщить…*（xxx 谨通知……），*xxx пользуется случаем, чтобы возобновить кому уверения в своём высоком уважении*（顺致崇高敬意）。例（2）正式照会中正文使用固定话语 *Имею честь сообщить Вашему Превосходительству……*（谨通知阁下……）、*Я пользуюсь этим случаем, чтобы возобновить Вашему Превосходительству уверения в моём весьма высоком увважении.*（我愿借此机会向阁下致以崇高敬意。）例（3）普通照会中正文使用固定话语 *xxx свидетельствует своё уважение кому*（xxx 向 xxx 致意）、*xxx имеет честь подтвердить получение ноты*（谨确认收到照会）、*xxx пользуется этим случаем, чтобы возобновить кому уверения в своём весьма высоком уважении.*（xxx 借此机会再次向 xxx 致以最崇高的敬意。）以上译例中的敬语或固定用法在俄汉语中有固定的用法，因此，翻译时应遵循固定译法，逐词翻译和根据意义自由翻译会破坏照会语篇的语言特色和修辞特征，均不可行。

译法提示 2. 照会篇章中的词法翻译

对外交往文书具有正式性和准确性，多使用过去时来记录和确认事实。动词过去时常见于照会、备忘录、外交信函等文件中；现在时和将来时常用来表示在条约和协定中的法规意义。此外，副动词、形动词、动词不定式和名词转化来的复合前置词使用频率高。

（4）中华人民共和国主席习近平根据全国人民代表大会常务委员会的决定任免下列驻外大使：

Председатель КНР Си Цзиньпин <u>назначил</u> новых чрезвычайных и полномочных послов в зарубежных странах в соответствии с решением, <u>принятым</u> Постоянным комитетом Всекитайского собрания народных представителей.

（5）免去邢海明的中华人民共和国驻蒙古国特命全权大使职务；任命柴文睿为中华人民共和国驻蒙古国特命全权大使。

Чай Вэньжуй назначен чрезвычайным и полномочным послом КНР в Монголии, сменив Син Хаймина.

例（4）用于通知大使的更换。新闻报道的主要特点就是纪实性，还原事件发生的起因、经过等，报道事件的发展过程等需要使用动词的过去时形式，因此句中 назначил 使用过去时；形动词（причастие）短语是俄语的一种特有语言表达手段，它的作用相当于扩展的定语。该句中 принятым 是动词 принять 的被动形动词长尾形式，该句可以用 который 引导的从句 которое принял Постоянный комитет Всекитайского собрания народных представителей 来替换，二者句意并无区别，但从句子长短和结构来看，使用被动形动词使句子更凝练，符合报刊政论语体的特征，因此，我们选用被动形动词。例（5）用于通知大使任免，汉语表述为"免去职务、任命大使"，"任命"的主体不确知，只强调被任命，至于被谁任命并不是句子的重点，因此使用被动形动词 назначен。而此处的"免去职务"不是"罢免"，而是"更换、轮换"的意思，因此不能翻译成 уволить，而要译为 сменить，此处使用副动词 сменив 将两句话合并成一句话翻译，精简、准确，可避免误解和曲解。

译法提示 3. 职务名称翻译

外交翻译与其他翻译的最大区别是翻译内容的政治性强，政策敏感度高。在国际交往中，称呼由于国情、民族、宗教、文化背景的不同而显得千差万别，因此有必要予以区别对待。在国际交往中，对待称呼问题，有两点必须注意：其一，要掌握一般性规律，即国际上通行的做法。其二，要留意国别差异，并加以区分对待。外交文书中涉及人名的翻译必须加上对应的职务，首次出现的国家名称、职务名称必须是全称。

（6）国家主席习近平任免驻外大使

Председатель КНР Си Цзиньпин назначил новых чрезвычайных и полномочных послов в зарубежных странах

例（6）的职务翻译有两点需要注意。首先，"主席"根据固定用法应译为 председатель，切忌译为 президент。

我们知道，总统与国家主席有相同之处：他们都是国家元首，对外代表国家，对内负责国家管理事务。但总统与国家主席也有不同处：总统多为联邦制国家，拥有军事、外交、经济等全面政策的制定权和执行权，向国会负责，但也可依法解散国会或议会。而国家主席多为共和制国家所设，主席只有政策的执行权，没有制定权，向议会或国会（我国为人大及其常委会）负责，无权解散国会或议会。因此，站在中国的立场，主席应译为 *председатель*，而非 *президент*。另外，原语受众是中国人，因此默认"国家"是"中华人民共和国"，但在汉译俄的过程中需对这一信息进行确指，译为 *КНР*。

（7）免去邢海明的中华人民共和国驻蒙古国特命全权大使职务；任命柴文睿为中华人民共和国驻蒙古国特命全权大使。

Чай Вэньжуй назначен чрезвычайным и полномочным послом КНР в Монголии, сменив Син Хаймина.

例（7）的职务翻译有两点需要注意。首先，"特命全权大使职务"首次出现不可直接简化为"大使"仅译为 *посол*；其次，该照会用于通知大使的任免，根据惯例后续出现相同称谓、国名和职务名皆用全称，不用简称。

外交人员衔级和职务翻译：

特命全权大使（大使）	*чрезвычайный и полномочный посол(посол)*
特命全权公使（公使）	*чрезвычайный и полномочный посланник(посланник)*
代办	*дипломатический агент*
临时代办	*временный поверенный в делах*
公使衔参赞	*советник-посланник*
参赞	*советник*
秘书	*секретарь*
武官	*военный атташе*
随员	*атташе*
特使	*специальный посланник*

译法提示 4. 思政热点的翻译

Как сообщается, сегодня посол Италии в Москве был приглашен в МИД России, где ему была вручена нота. В ноте говорилось, что в качестве ответной меры на недружественные и ничем не обоснованные действия итальянских властей в отношении российского военного атташе при посольстве России в Риме, российская сторона объявила персоной нон грата помощника атташе по вопросам обороны, военно-морского атташе при посольстве Италии, ему предписано покинуть территорию Российской Федерации в течение 24 часов.

消息称，意大利驻俄大使受邀前往俄外交部，并收到了一封照会，称针对意当局对俄武官的不友好和无理行径，俄方宣布意驻俄使馆一名武官助理为"不受欢迎的人"，限其在24小时内离开俄罗斯。

本照会是抗议照会，俄外交部旗帜鲜明地对意大利驱逐俄外交官这一外交行为提出强烈抗议。照会使用典型的外交辞令，通过"不友好""无理行径""不受欢迎的人"等词可以看出，抗议照会立场明确。要知道领土完整、经济贸易、国际关系等问题背后体现的是一个国家的政治立场和意识形态，不容侵犯。比如：针对美国议员访台的无礼行径，国台办称坚决反对美国会一些议员以所谓"非官方"名义窜访中国台湾地区。译为 *Канцелярия Госсовета КНР по делам Тайваня: Китай выступает против поездок членов Конгресса США на Тайвань под видом неофициальных визитов*，译文中 *выступает против* 体现中方"一个中国"的坚定立场。近年来，随着中国国际地位与国际影响力的显著提升，外交辞令也跟着时代的步伐不断更新，因此，在翻译时也要注重在使用目标语符合语境的同时保留源文化的特点。比如：习近平主席在上海合作组织青岛峰会欢迎宴会上发表重要讲话时使用的"孔子登东山而小鲁，登泰山而小天下"。译为 *Поднявшись на гору Дуншань, Конфуций увидел всё царство Лу, а на гору Тайшань – всю Поднебесную*。"非典型"外交辞令引孟子之语对上海合作组织成员国提出希冀，望成员国认识世界发展大势，跟上时代潮流，能够站在推动人类文明进步的高度，凝聚共识，同心协力，维护世界和平发展，维护人类和平正义。该译文保留传统文化中的意象，彰显我们的文化自信。再如：国家国际发展合作署署长罗照辉在国家国际发展合作署与商务部联合主办的"国际发展合作阳光论坛"上，批驳近日美国高官多次攻击抹黑中国援外政策实践的不实言论。他强调："中国73年来始终如一高度重视对外援助，中国援外不干涉他国内政，不附加任何政治条件，重视授人以渔。"原文引用《老子》中的话"授人以鱼不如授人以渔"，译文保留原文的文化特色，译为 *Он* заявил, что Китай всегда придавал и придает большое значение внешней помощи на протяжении последних 73 лет. Политика Китая относительно оказания помощи зарубежным странам, характеризуется отсутствием политических оговорок и обучением этих стран как «рыбачить». Хочешь накормить человека один раз - дай ему рыбу. Хочешь накормить его на всю жизнь - научи его рыбачить. 这种 "非典型" 的外交辞令充分体现了中华文化的魅力，彰显了中国的外交自信。因此，我们在翻译的过程中要在符合语境的同时保留原文的语言特色，弘扬中华文化的传统魅力。

七、翻译技巧

翻译技巧 1. 语体特征的传达

语体特征体现为某些词语只能用于一定体裁和类型的语言中。词语被固定在一定语体的特征属于语用意义的范畴，翻译时须予以传达。美国语言学家 Martin Joos 把语体分为庄严体、正式体、商议体、随意体、亲昵体五种，这五种变体表示了话语正式程度的五个阶梯。人们在言语交际中不仅要做到语法正确，合乎规范，而且还要了解语体的特点和差异，根据表达的方式、场合、对象和目的的不同，恰当地使用语体。做到言语得体，才能使交际顺利进行。而外交用语具有重礼性、缓冲性等特征。故在外交场合，翻译必须准确传达词语的"正式"与"庄严"。

(8) Министерство Иностранных Дел Федерации свидетельствует своё уважение Исполнительному Комитету Содружества Независимых Государств и <u>имеет честь сообщить</u>, что Российской Стороной выполнены <u>внутригосударственные процедуры</u>, необходимые для <u>выступления в силу Договора о зоне свободной торговли</u>, подписанного 18 октября 2011 года в г. Санкт-Петербурге.

俄罗斯联邦外交部向独立国家联合体执行委员会致意，并<u>谨通知</u>如下：俄方已完成 2011 年 10 月 18 日于圣彼得堡签订的<u>自由贸易协定生效所需的国内程序</u>。

имеет честь сообщить 译为谨通知，符合外交场合要求的庄严和正式的语体要求，如果译为"为了表示尊敬通知"，则表达过于累赘和口语化，不符合外交场合的语用要求。*договор о зоне свободной торговли* 同理，不能译为"关于自由贸易区的协议"，译为"自由贸易协定"更符外交场合的语体要求。

(9) В тот же день МИД Италии в ответ заявил, что действия России были безосновательным и несправедливым.

意大利外交部当天对此回应称，俄方行为是毫无根据、不公平的。

(10) Российская сторона приняла решение о высылке итальянского дипломата, он должен покинуть страну в течение 24 часов, говорится в сообщении, опубликованном сегодня на сайте Министерства иностранных дел.

俄罗斯外交部宣布，决定驱逐一名意大利外交官，限其在24小时内离境。

(11) В ноте говорилось, что в качестве ответной меры на недружественные и ничём не обоснованные действия итальянских властей в отношении российского военного атташе при посольстве России в Риме, российская сторона объявила персоной нон грата помощника атташе по вопросам обороны, военно-морского атташе при посольстве Италии, ему предписано покинуть территорию Российской Федерации в течение 24 часов.

照会称针对意当局对俄武官的不友好和无理行径，俄方宣布意驻俄使馆一名武官助理为"不受欢迎的人"，限其在24小时内离开俄罗斯。

例（9）中 *безосновательный* 和 *несправедливый* 两个词语意思相似，*безосновательный* 译为"毫无根据"，*несправедливый* 译为"不公平"，此处层层递进表示强调，译为"毫无根据、不公平"可以体现语体的正式、庄严和立场的坚定。例（10）中 *высылка* 译为"驱逐"更能体现语体的庄严，如果译为"赶走"则显得口语化和随意；*должен покинуть страну* 倘若译为"应该离开国家"则体现不出外交语体的特点，译为"限……离境"具有正式语体的色彩，表达效果会更好；例（11）中 *недружественные и ничём не обоснованные действия* 译为"不友好和无理行径"，"行径"一词在指小路时是中性词，指人的作为时是贬义词。因此，"行径"比"行为"更能体现出俄方对意方行为的强烈不满；*персона нон грата* 译为"不受欢迎的人"，用词的正式和庄严让读者体会到俄方对待此事件态度的坚决。

翻译技巧2. 句子的分译

外交语体作为书面语体的一种，在句法结构上具有书面语体的特点。有时句子很长很复杂，汉译则要切断，以符合汉语句长特点，满足汉语读者的阅读心理。因此在翻译外交语体的句子时，应合理采用分译的方法将长句拆分成两个或两个以上的短句，使句子表达简练，更容易被理解。

分译，即拆分式全译，指将原文拆成若干片段，使其中的词、短语或小句译成相应的译语单位。在采用分译方法时，一定要保证分译不走意，即在保持原文语义的情况下，根据上下文进行分译。分译时应注意，不能使原文语义表达不正确或产生歧义。

（12）Власти Италии 31 марта объявили о высылке из страны двух российских дипломатов по подозрению в шпионаже.

意大利政府 3 月 31 日宣布将驱逐两名俄罗斯外交人员，理由是他们涉嫌情报交易。

（13）Посольство Республики Беларусь свидетельствует своё уважение Министерству иностранных дел Республики Польша и имеет честь подтвердить получение ноты Министерства за №55 от 15 апреля 2009 года.

白俄罗斯大使馆向波兰外交部致意，谨确认收到波兰外交部 2009 年 4 月 15 日第 55 号照会。

例（12）中将原句拆分成两个短句，在前置词词组 *по подозрению в шпионаже* 处进行划分并加上适当的词"理由是"，起到承上启下的作用。例（13）中原句很长很复杂，汉译时将其在连接词 *и* 处切断，拆分成两个句子，两个分句分别以谓词性结构 *свидетельствует своё уважение* "致意"和 *имеет честь подтвердить* "谨确认"为中心语，符合汉语的结构特点。

翻译技巧 3. 词类转译

由于俄汉两种语言遣词造句的习惯不同，翻译时往往需要改变原文中某些词的词类，常见的转换如动名词译为动词。适当的词类转换有助于原文意思的准确表达和译文的通顺、流畅，如：

（14）Российская сторона приняла решение о высылке итальянского дипломата, он должен покинуть страну в течение 24 часов, говорится в сообщении, опубликованном сегодня на сайте Министерства иностранных дел.

俄罗斯外交部宣布，决定驱逐一名意大利外交官，限其在 24 小时内离境。

(15) В тот же день МИД Италии в ответ заявил, что действия России были безосновательным и несправедливым.

意大利外交部当天对此回应称，俄方行为是毫无根据、不公平的。

(16) Власти Италии 31 марта объявили о высылке из страны двух российских дипломатов по подозрению в шпионаже.

意大利政府3月31日宣布将驱逐两名俄罗斯外交人员，理由是他们涉嫌情报交易。

俄语动名词属于名词类，可以在句中做主语、宾语、补语、定语等，俄语中有大量的动名词，构成方式主要是词缀派生。汉语中也有动名词的概念，指的是出现在主宾语位置上的动词，兼有动词和名词性质。但是俄汉语中动名词的用法不同，朱德熙曾提出，汉语名动词应符合下面四个语法条件：（1）可以做准谓宾动词的宾语。（2）直接受名词修饰。（3）可以直接修饰名词。（4）能做"有"的宾语。[①] 例（14）—（16）中的俄语动名词均位于前置词之后，不符合汉语动名词使用的语法条件。因此，例（14）将 решение о высылке 两个动名词转化为动词"决定驱逐"，例（15）将前置词词组 в ответ 转化为动词"回应"，例（16）将动名词 высылка 转化为动词"驱逐"，并作为"谴责"的并列成分进行翻译，并将动名词 подозрение 转化为动词"涉嫌"。词类的转换使译文符合汉语的语法规则和表达习惯。

八、礼宾知识点滴

外交人员

外交代表，又称外交使节，是一个国家派往其他国家或国际组织的代表，代表国家，负责办理外交事务，有常驻和临时两种。常驻外交代表指派驻某一特定国家或某一国际组织并负责同该国或该组织保持经常联系的代表；临时外交代表指临时出国担负有某种特定任务的代表。

《中华人民共和国驻外外交人员法》中将外交人员定义为驻外国使馆、领馆以及常驻联合国和其他政府间国际组织代表团等机构中具有外交衔级的人员。我国的外交衔级有大使、公使、参赞、一等秘书、二等秘书、三等秘书、随员。根据《维也纳外交关系公约》和《中华人民共和国外交特权与豁免条例》，使馆馆长和具有外交衔级的外交人员统称为"外交代表"，这是广义上的外交代表。

---

① 朱德熙：现代书面汉语里的虚化动词和名动词：为第一届国际汉语教学讨论会而作 [J]. 北京大学学报，1985(05),1-6.

1. 外交代表的等级和分类

确定外交代表的等级是建交双方在同意建立外交关系时需要商定的要点之一。外交代表的等级应是对等的，并且明确见之于建交公报或其他建交文书中。

理论上外交代表有特命全权大使、特命全权公使和代办。

1.1 特命全权大使，简称大使，是最高一级的外交代表，系一国元首向另一国元首派遣的代表，享有完全的外交特权和豁免权，并享有比其他两个等级的外交代表更高的礼遇。在现代外交实践中，互派大使级外交代表是各国通行做法。

国际上与大使居同等地位的外交代表还有高级专员。高级专员是英联邦各成员国之间互相派遣的外交代表。在以英女王为元首的英联邦国家之间，高级专员由总理向对方派遣。

在《维也纳外交关系公约》中教廷大使是和大使同一等级的外交代表。教廷大使是梵蒂冈教皇派出的大使。

1.2 特命全权公使，也是一国元首向另一国元首派遣的外交代表，只是其所受礼遇次于大使，所享有的外交特权和豁免权与大使相同。

第二次世界大战以后，任命特命全权公使一级的外交代表已越来越少，绝大多数国家都把特命全权公使升格为特命全权大使。新中国成立初期曾与北欧一些国家互派特命全权公使，后均升格为大使。目前各国驻外使团多设有公使这一职衔，但与这里所说的特命全权公使不同。大使馆内的公使是外交代表机关中在礼宾次序上仅次于大使的一级外交官员，其任命同其他外交官一样，无需事先征得驻在国的同意。

此外，列为特命全权公使级外交使节的还有教廷公使，其派遣情况与教廷大使相同。

1.3 代办，是由一国外交部长向另一国外交部长派遣的，它是最低一级的外交代表。代办所受礼遇低于大使、公使，但所享有的外交特权和豁免权与大使、公使相同。

1954年我国先后与英国、荷兰根据双方政府协议，曾互派代办，其任务是继续谈判建立外交关系事宜并办理侨务和商务业务。这是建立正常外交关系前的一种特殊做法。

区别于常任代办，临时代办是在使馆馆长休假、离职、因故不能视事时，临时代理主持馆务的外交人员。临时代办不是外交代表的一个等级，一般由外交代表机关主管政务的外交人员中级别最高者担任。

外交人员被任命为临时代办均不必事先征得驻在国的同意。

2. 特使（临时外交代表）

特使，为临时执行某项使命而派遣的外交代表，又称临时外交代表。我国的特使是指由国家主席或者政府派出、赴他国履行特定礼仪性或者政治性任务的正式代表，可分为国家主席特别代表、国家主席特使、中国政府代表。我驻外机构馆长也可担任国家主席特别代表、国家主席特使、中国政府代表。

国际上，特使通常由国家元首或政府首脑派遣，称为总统（国王）特使或政府代表。

特使按其所担负的使命可分为礼仪性的和政治性两类。礼仪性是指出席外国国家元首就职（加冕）典礼、国庆（独立）日、重要合作项目开（竣）工仪式，吊唁外国领导人或者前政要，参加葬礼等活动。政治性是指就专门问题赴有关国家、国际和地区组织履行访问、谈判、交涉、磋商、斡旋、转达口信或者信函等任务，以及应外国政府或者国际、区域、专门组织邀请出席双、多边会议活动。

根据国际惯例，特使的身份可由特使证书、正式照会或其他官方文电来确认。

特使在其使命完成归国后，其特使身份即告终止。

有的国家还设无任所大使，亦称巡回大使。无任所大使不是常驻某国的使节，而是专门处理某项事务的使节。

3. 大使的任命和到任活动

根据国际惯例，在正式任命特命全权大使（高专等使节）前，派遣国须向对方提供新任外交代表简历征求接受国的同意。接受国回复提名同意后，使节方可上任。

新任大使抵达接受国的时间应及时通知接受国外交部。抵达该国首都时，一般由礼宾司负责人或其他外交部官员迎接。

新任大使抵达接受国后，应尽快向外交部或礼宾司负责人递交国书副本，之后向接受国国家元首呈递国书。

按国际习惯，一般认为新任大使递交国书或国书副本后即开始履行职务。在我国，外国新任大使递交国书副本后即可参加礼仪活动，到任日期以递交国书之日为准。

新任大使到任后要向驻在国政府官员进行礼节性拜会。对当地的外交团则应以正式照会发出就任通知书。对外交团礼节性拜会一般先从拜会外交团团长开始。

新任大使可举行到任招待会，邀请驻在国有关官员和各国使节。有些驻在国官方亦为新任使节举行招待会或宴会，邀请新任使节夫妇和外交官出席。

4. 外交代表职务的终止和离任活动

外交代表的职务有下列情形之一者即为终止：任期届满，被本国政府召回另有任用；使节逝世；被驻在国政府宣布为"不受欢迎的人"；两国发生战争或因其他事件而使外交关系破裂中断；建交国一方发生政变、使节被解除职务或使节自愿离职等。

正常情况下的离任，使节通常以照会通知驻在国外交部、驻在地的各国外交代表机关以及驻当地有来往的各国外交使节。在照会里应告以临时代办的姓名；向驻在国元首、政府首脑、有关官员以及平日有交往的使节提出辞行拜会；举行离任招待会。

驻在国政府按其习惯做法为离任使节举行饯行活动，包括领导人会见、组织饯行宴会以及授勋等。

有的外交团团长会出面举行招待会为即将离任的大使饯行。

使节离任回国时，驻在国外交部一般派代表赴机场（车站）送行。各国使节酌情为其送行。

九、课后翻译练习

1. 请将下面这份照会翻译成汉语，注意语体特征的传达。

Россия объявила двух болгарских дипломатов персонами нон грата – МИД России

Москва, 20 апреля /Синьхуа/ – Россия в качестве ответной меры на высылку дипломатов из Болгарии объявила двух сотрудников посольства этой страны в Москве персонами нон грата. Об этом во вторник сообщает ТАСС со ссылкой на заявление МИД России.

В заявлении говорится, что посол Болгарии Атанас Крыстин во вторник был приглашен в МИД России, где ему была вручена нота министерства об объявлении персонами нон грата первого секретаря консульской службы посольства Болгарии в России Н. Панайотова и первого секретаря службы по торгово-экономическим вопросам посольства Болгарии в России Ч. Христозова. Указанным сотрудникам предписано покинуть территорию России в течение 72 часов.

Напомним, 22 марта МИД Болгарии объявил персонами нон грата двух дипломатических сотрудников посольства России в Софии.

2. 请将下面这则照会翻译成俄语，注意敬语和固定用法的翻译

代办介绍信

××国外交部长×××阁下

阁下：

  在中华人民共和国驻××国特命全权大使赴任之前，我委派中华人民共和国驻××国大使馆参赞（或×等秘书）×××先生为临时代办。

  我现在向你介绍×××先生，请予接待，并对他执行任务给予一切便利。

  顺致最崇高的敬意。

中华人民共和国外交部长（签字）

××年×月×日于北京

注：1. 此介绍信需印正副本各一份，正本面交驻在国外交部长，副本面交驻在国外交部礼宾司长。

2. 正本用带国徽、带外交部衔的照会纸印，副本用无国徽、无外交部衔的白照会纸印。

十、课外扩展阅读

请扫描下面这个二维码，阅读有关"二十国集团"基础知识的材料并回答问题。

附录：

套语与固定搭配的翻译

根据	в соответствии с
全国人民代表大会常务委员会	постоянный комитет Всекитайского собрания народных представителей
特命全权大使	чрезвычайный и полномочный посол
……向……致意	… свидетельствует своё уважение кому
……谨通知……	… имеет честь сообщить…
顺致崇高敬意	… пользуется случаем, чтобы возобновить кому уверения в своём высоком уважении
国内程序	внутригосударственные процедуры
生效	выступление в силу
自由贸易协定	Договор о зоне свободной торговли
作为回应	в качестве ответной меры
不友好和无理行径	недружественные и ничём не обоснованные действия
武官	военный атташе
不受欢迎的人	персона нон грата
毫无根据、不公平的	безосновательный и несправедливый
尊敬的先生	уважаемые господа
尊敬的女士	уважаемые дамы
尊敬的临时代办	уважаемый временный поверенный в делах
很高兴收到您的来信。	Очень рад получить от вас письмо.
等您的回信！	Ждем вашего ответа!
期待着您的回复。	Надеемся на Ваш быстрый ответ.

（续表）

请尽快回复。	Пожалуйста, ответьте как можно скорее.
如蒙早日复函，不胜感激。	Мы будем признательны за быстрый ответ.
我们希望不久将收到贵方答复。	Надеемся получить Ваш ответ в ближайшем будущем.
预致谢意。	Заранее благодарим Вас.
多谢合作！	Спасибо за сотрудничество!
未提到的或不详之处，请随时提出宝贵意见。	Если у Вас остались вопросы или предложения, прошу незамедлительно сообщить мне об этом.
有任何问题，请及时联系。	Прошу, как можно скорее обратиться ко мне, если у Вас остались какие-либо вопросы.
烦请联络。	Обращайтесь ко мне, если нужно что-то уточнить.
若贵方需要什么帮助，我们愿意效劳。	Прошу обращаться ко мне, если вам потребуется помощь.
希望我们合作愉快。	Я надеюсь на наше дальнейшее благоприятное сотрудничество.
希望我们能建立良好的合作关系。	Надеюсь, что сможем установить хорошие партнёрские отношения.
我很乐意同您进行合作。	Я очень рад сотрудничать с Вами.

第七章

涉外礼仪文书的翻译

一、涉外礼仪文书简介

涉外礼仪文书指以信函和电子邮件方式，传递信息、互通情况、交流感情的涉外文书，如祝贺函电、感谢函电、慰问、吊唁函电和涉外名片等。

二、常见涉外礼仪文书类型及使用要求（贺电、慰问电、唁电等）

1. 文书类型

国家领导人、外交代表、各部门和机构常用电报同外国相应人员及单位进行文书往来。电报多用于祝贺、慰问、吊唁及各种事务性联系。抬头应写清受电人国名、地名、职衔、姓名，发电人亦应具职衔和全名或机构名称。

电报可直发收电人，亦可发有关国家外交部转或通过驻外使馆转交。

2. 使用要求

涉外礼仪文书一般以本国文字为正本。但为了使收件人能够确切理解文件的实质内容，往往附有收件国文字或通用的第三国文字的译文。在本国向外国常驻代表机关发送事务性函件，也可仅用本国文字，不附译文。较为重要的文书则附以译文为好（有的国家译文本上注有"非正式译文"字样）。

各国套语用法以及行文格式与中文不同，翻译时应注意，要符合各种文字的用法。一般函电也可用接受国文字或通用文字书写。

三、常见涉外礼仪文书译例

1. 慰问电【事故伤亡】

习近平就俄罗斯发生煤矿事故造成重大人员伤亡向俄罗斯总统普京致慰问电
Си Цзиньпин направил телеграмму с соболезнованиями президенту России В. Путину по поводу инцидента на российской шахте
2021-11-26

【结构解析】慰问电一般由五部分组成。1. 称谓；2. 开头、事由；3. 主体内容：慰问什么、为什么慰问；4 结语：表示祝愿、慰问、希望、鼓励等；5. 署名、日期。而慰问电新闻一般由标题、开头、主体、结语四部分组成。标题表明致电双方及事由；开头一般使用套语，表示慰问和遗憾；主体内容表明慰问原因等；结尾再次表达慰问和鼓励。

【开头：表明习近平向普京致慰问电的事由】

2021年11月26日，国家主席习近平就俄罗斯克麦罗沃州发生煤矿事故造成重大人员伤亡向俄罗斯总统普京致慰问电。

26 ноября 2021 г. председатель КНР Си Цзиньпин направил президенту России Владимиру Путину телеграмму с выражением соболезнований по поводу инцидента на шахте в российской Кемеровской области, который повлёк за собой большое количество жертв.

【主体内容和结尾：表明习近平代表中国政府和人民对遇难者表示沉痛哀悼和诚挚慰问】

习近平在慰问电中表示，我谨代表中国政府和中国人民，并以我个人的名义，对遇难者表示沉痛的哀悼，向遇难者家属及伤者致以诚挚的慰问。

Си Цзиньпин в телеграмме от имени правительства и народа Китая и от себя лично выразил глубокую скорбь по погибшим, а также искреннее сочувствие родным жертв и пострадавшим.

2. 慰问电【总统逝世】
【标题：表明致电方及事由】

Глава ООН выразил скорбь в связи со смертью президента ОАЭ
联合国秘书长就阿联酋总统逝世表示哀悼
2022-05-14

【结构解析】标题表明致电方：联合国秘书长，事由：阿联酋总统逝世；开头使用套语，对阿联酋总统逝世表示沉痛哀悼；主体内容回顾阿联酋总统生平成就和贡献；结尾表达联合国对未来同阿联酋加强合作的愿望。

【开头：对阿联酋总统逝世表示沉痛哀悼】

Генеральный секретарь ООН Антониу Гутерриш выразил скорбь в связи со смертью президента Объединённых Арабских Эмиратов шейха Халифы бен Заида Аль Нахайяна, который скончался в возрасте 73 лет.

联合国秘书长古特雷斯就阿联酋总统哈利法·本·扎耶德·阿勒纳哈扬的（享年73岁）逝世表示哀悼。

【主体内容：回顾阿联酋总统生平成就和贡献】

А. Гутерриш выразил соболезнования королевской семье, правительству и народу ОАЭ. Шейх Халифа бен Заида Аль Нахайян вступил в должность президента ОАЭ в 2004 году. Под его руководством страна прошла через знаковый период в своём развитии, характеризующийся крупными экономическими достижениями и ростом регионального и глобального влияния ОАЭ.

古特雷斯表示，他向阿联酋王室、政府和民众表示深切的哀悼。2004年，哈利法·本·扎耶德·阿勒纳哈扬任阿联酋总统。他带领阿联酋度过一个重要的发展时期，经济取得了巨大进步，阿联酋的区域和全球影响力激增。

【结尾：表达联合国对未来同阿联酋加强合作的愿望】

«Генеральный секретарь подтверждает приверженность ООН тесному сотрудничеству с ОАЭ, в том числе в рамках гуманитарных вопросов и межконфессионального диалога, а также по вопросам обеспечения регионального и глобального мира, безопасности и устойчивого развития», – подчёркивает он.

古特雷斯强调，联合国致力于与阿联酋的密切合作，其中包括了在人道主义问题和宗教间对话以及区域和全球和平、安全和可持续发展方面的合作。

3. 贺电【庆祝建交30周年】
【标题：表明贺电双方及祝贺事由】

习近平同白俄罗斯总统卢卡申科就中白建交30周年互致贺电
Лидеры КНР и Белоруссии обменялись поздравлениями в честь 30-летия дипотношений двух стран
2022-01-20

【结构解析】贺电一般由四部分组成：1. 标题。在第一行的中间写上"贺电"两字，也可以写谁给谁的贺电以及被祝贺的事由；2. 称谓。即对致电接受者的称呼。顶格写接受贺电的单位或个人的称谓，后边加上冒号，表示后面有话可说；3. 正文。贺电的具体内容。紧接称呼之后，另起一行，低两格写起。这部分大致包括以下内容：简略交代当时的背景或其他有关情况，为颂扬成绩做铺垫，充分肯定和热情赞扬对方所取得的主要成绩，以及取得成就的根本原因和重大意义；4. 结尾。表示殷切的希望、热情的祝愿等。

【正文：回顾中白建交 30 年来各个领域的合作】

2022 年 1 月 20 日，国家主席习近平同白俄罗斯总统卢卡申科互致贺电，庆祝两国建交 30 周年。

20 января 2022 г. председатель КНР Си Цзиньпин и президент Белоруссии Александр Лукашенко обменялись поздравительными телеграммами по случаю 30-й годовщины установления дипломатических отношений между двумя странами.

习近平指出，建交 30 年来，中白关系砥砺前行，两国传统友好历久弥坚。在我们共同引领下，中白先后建立全面战略伙伴关系和相互信任、合作共赢的全面战略伙伴关系。双方政治互信牢不可破，各领域合作成果丰硕，在涉及彼此核心利益问题上相互坚定支持，在国际和地区事务中密切有效协作。

Как отметил Си Цзиньпин, за прошедшие 30 лет китайско-белорусские отношения упорно двигались вперёд, традиционная дружба двух стран крепнет день ото дня. Стороны обладают нерушимым политическим доверием, сотрудничество в различных областях достигло значительных результатов, стороны оказывают взаимную твёрдую поддержку в вопросах, касающихся ключевых интересов друг друга, тесно и эффективно сотрудничают в региональных и международных делах.

【结尾：表达习近平和卢卡申科对未来两国合作的殷切希望。】

习近平强调，我高度重视中白关系发展，愿同卢卡申科总统一道努力，以两国建交 30 周年为契机，推动中白全面战略伙伴关系和共建"一带一路"

合作取得更多成果，造福两国和两国人民。

Председатель КНР отметил, что он придаёт большое значение развитию китайско-белорусских отношений и он готов и дальше работать вместе с президентом Лукашенко, чтобы использовать 30-ю годовщину установления дипломатических отношений в качестве возможности для продвижения всестороннего стратегического партнёрства Китая и Белоруссии, а также совместной реализации инициативы «Один пояс - один путь» и достижения новых результатов на благо двух стран и их народов».

卢卡申科表示，30年间，白中关系从友好合作关系提升至相互信任、合作共赢的全面战略伙伴关系，两国各领域合作取得丰硕成果。

Лукашенко отметил, что за минувшие 30 лет отношения Белоруссии и Китая развились от отношений дружбы и сотрудничества до всестороннего стратегического партнёрства, основанного на взаимном доверии и взаимовыгодном сотрудничестве. Он также отметил, что сотрудничество двух стран в различных направлениях достигло значительных результатов.

4. 贺电【祝贺当选总统】
【标题：表明致电双方及事由】

习近平致电祝贺马克龙连任法国总统
Си Цзиньпин поздравил Эмманюэля Макрона с переизбранием на пост президента Франции
2022-04-25

【结构解析】本篇贺电新闻由三部分组成。标题表明致电双方及事由；正文交代贺电的具体内容，交代中法两国合作背景，充分肯定和热情赞扬马克龙所取得的主要成绩；结尾部分习近平对两国关系前景表达殷切的希望。

【正文：交代中法两国合作背景，充分肯定和热情赞扬马克龙所取得的主要成绩】

2022年4月25日，国家主席习近平致电马克龙，祝贺他当选连任法兰西共和国总统。

25 апреля 2022 г. председатель КНР Си Цзиньпин направил Эммануэлю Макрону поздравительную телеграмму по случаю его переизбрания на пост президента Французской Республики.

习近平指出，过去五年来，在我们共同引领下，中法全面战略伙伴关系保持高水平发展，双方持续深化各领域务实合作，并肩抗击新冠疫情，共同维护多边主义、完善全球治理，为中欧关系发展注入新动力，为世界和平、稳定、繁荣做出新贡献。

Си Цзиньпин отметил, что на протяжении прошедших пяти лет под общим руководством глав двух государств китайско-французские отношения всеобъёмлющего стратегического партнёрства развивались на высоком уровне. Стороны продолжали углублять практическое сотрудничество во всех областях, плечом к плечу боролись с эпидемией коронавируса нового типа /COVID-19/, общими усилиями защищали мультилатерализм и совершенствовали глобальное управление, придав новый импульс развитию китайско-европейских отношений и внеся новый вклад в обеспечение мира, стабильности и процветания во всём мире.

【结尾：习近平对两国关系前景表达殷切的希望。】

习近平强调，中法都是具有独立自主传统的大国。当前，国际形势正经历深刻复杂变化，中法关系健康稳定发展的战略意义愈加凸显。我始终从战略高度和长远角度看待中法关系，愿继续同马克龙总统一道，秉持"独立自主、相互理解、高瞻远瞩、互利共赢"的建交初心，携手推动中法关系不断迈上新台阶，造福两国人民和世界人民。

Си Цзиньпин подчёркнул, что и Китай, и Франция – державы с самостоятельными и независимыми традициями. В настоящее время в международной обстановке происходят глубокие и сложные изменения, в этой связи здоровое и стабильное развитие китайско-французских отношений имеет еще более важное стратегическое значение. «Я всегда рассматривал китайско-французские отношения в стратегической и долгосрочной перспективе и намерен вместе с президентом Э. Макроном придерживаться исходных целей «независимости, самостоятельности, взаимопонимания, дальновидности, взаимовыгоды и обоюдного выигрыша» в дипломатических отношениях, объединять усилия для вывода отношений между КНР и Францией на новую ступень на благо китайского и французского народов и народов всех стран мира», – подчёркнул он.

四、常见涉外礼仪文书译法提示

涉外礼仪是指在长期的国际往来中逐步形成的外事礼仪规范，也就是人们参与国际交往所要遵守的惯例，是约定俗成的做法。涉外礼仪文书强调交往中的规范性、对象性、技巧性。

译法提示 1. 表程度修饰语的翻译

涉外礼仪文书主要涉及贺电、慰问电和唁电，需要对涉外突发事件做出恰当得体的反应和评价，翻译时用词要把握力度，准确再现对突发事件的情感评价，并再现原文的分寸感。

（1）2021年11月26日，国家主席习近平就俄罗斯克麦罗沃州发生煤矿事故造成重大人员伤亡向俄罗斯总统普京致慰问电。

26 ноября 2021 г председатель КНР Си Цзиньпин направил президенту России Владимиру Путину телеграмму с выражением соболезнований по поводу инцидента на шахте в российской Кемеровской области, который повлёк за собой большое количество жертв.

（2）习近平在慰问电中表示，我谨代表中国政府和中国人民，并以我个人的名义，对遇难者表示沉痛的哀悼，向遇难者家属及伤者致以诚挚的慰问。

Си Цзиньпин в телеграмме от имени правительства и народа Китая и от себя лично выразил глубокую скорбь по погибшим, а также искреннее сочувствие родным жертв и пострадавшим.

（3）习近平指出，建交30年来，中白关系砥砺前行，两国传统友好历久弥坚。在我们共同引领下，中白先后建立全面战略伙伴关系和相互信任、合作共赢的全面战略伙伴关系。双方政治互信牢不可破，各领域合作成果丰硕，在涉及彼此核心利益问题上相互坚定支持，在国际和地区事务中密切有效协作。

Как отметил Си Цзиньпин, за прошедшие 30 лет китайско-белорусские отношения упорно двигались вперёд, традиционная дружба двух стран крепнет день ото дня. "Стороны обладают нерушимым политическим доверием, сотрудничество в различных областях достигло значительных результатов, стороны оказывают взаимную твёрдую поддержку в вопросах, касающихся ключевых интересов друг друга, тесно и эффективно сотрудничают в региональных и международных делах".

（4）当前，国际形势正经历深刻复杂变化，中法关系健康稳定发展的战略意义愈加凸显。

В настоящее время в международной обстановке происходят глубокие и сложные изменения, в этой связи здоровое и стабильное развитие китайско-французских отношений имеет ещё более важное стратегическое значение.

（5）习近平强调，我高度重视中白关系发展，愿同卢卡申科总统一道努力，以两国建交30周年为契机，推动中白全面战略伙伴关系和共建"一带一路"合作取得更多成果，造福两国和两国人民。

Председатель КНР отметил, что он придаёт большое значение развитию китайско-белорусских отношений и он готов и дальше работать вместе с президентом Лукашенко, чтобы использовать 30-ю годовщину установления дипломатических отношений в качестве возможности для продвижения всестороннего стратегического партнёрства Китая и Белоруссии, а также совместной реализации инициативы «Один пояс - один путь» и достижения новых результатов на благо двух стран и их народов».

（6）卢卡申科表示，30年间，白中关系从友好合作关系提升至相互信任、合作共赢的全面战略伙伴关系，两国各领域合作取得丰硕成果。相信两国人民将把真诚友好、相互支持的精神世代传承下去。

Лукашенко отметил, что за минувшие 30 лет отношения Белоруссии и Китая развились от отношений дружбы и сотрудничества до всестороннего стратегического партнёрства, основанного на взаимном доверии и взаимовыгодном сотрудничестве. Он также отметил, что сотрудничество двух стран в различных направлениях достигло значительных результатов.

在贺电、慰问电、唁电中翻译表程度的修饰语时要准确，才能最大限度地传达原文的情感。*Огромный* 的俄语解释为 *Огромным является что-либо очень большое по силе, глубине, интенсивности и т. п.*（在力量、深度、强度等方面非常大）。例（1）中"重大"若译为 *огромные*，程度过于夸大；*значительный* 俄语意思是 *важный, влиятельный, имеющий вес, силу*（重要的、有影响的、有分量的），若译为 *значительный*，情感传达不准确，*большой* 俄语解释为 *значительный по размерам, по величине, силе*（大小、数量、力量大），文中指人员伤亡在数量上多，因此译为 *большое*，分寸最为合适，用词最为得体。例（2）中"沉痛的哀悼""诚挚的慰问"这些程度修饰词表现了习近平主席代表中国政府和中国人民对受难者和家属的真切情感。*глубокий* 俄语解释为 *очень сильный, напряжённый, достигший высшей степени (о чувстве, состоянии, переживании; книж.)*（非常强烈，达到最高程度，形容感受、处境、经历；书面语）。固定搭配：*глубокая печаль* 深深的悲伤、*глубокое уважение* 深切的敬意，因此沉痛的哀悼可用程度词 *глубокий* 来修饰，译为 *глубокая скорбь*；*искренний* 俄语解释为 *содержащий, выражающий неподдельные чувства, мысли; непритворный*（表达真实的感受、想法，真诚不虚伪），因此诚挚的慰问译为 *искреннее сочувствие*。例（3）是贺电，其中，"砥砺前行、坚定支持"等表达体现中白关系的密切和坚定，选词时要把握力度，准确再现原文的情感表达，*упорно* 和 *твёрдо* 是一组近义词，俄语释义为 *Будучи настойчивым, непреклонным в стремлении к чему-либо, в осуществлении чего-либо*（执著地追求某事、实现某个目标），"砥砺"和"坚定"词义相近，但在文章中词性不同，"砥砺"为副词，修饰动词，"坚定"为形容词，修饰名词。在俄语中，为体现表达多样性重复性程度修饰语应尽量避免使用，可以使用其近义词丰富表达。因此，"砥砺"和"坚定"可分别译为 *упорно* 和 *твёрдый*。

译法提示 2. 外交术语和固定表达的翻译选择

涉外礼仪文书在表达祝贺和慰问时会使用一些固定的表达，外交文件还会涉及一些专业性强、准确度高的术语或专业词汇，翻译时应尽量选用约定俗成的表达，并注意术语和词汇的专业性和规范性，切勿主观臆造。此外，当外交文本中出现固定表达时，译者不能根据原文意思进行直译，而应该通过查阅词典或相应的俄文（中文）文本，找出对应的固定用法进行翻译。涉外文书中的常见固定表达见本章附录部分。

（4）习近平<u>就</u>俄罗斯发生煤矿事故造成重大人员伤亡<u>向</u>俄罗斯总统普京<u>致慰问电</u>。

Си Цзиньпин <u>направил телеграмму с соболезнованиями</u> президенту России В. Путину <u>по поводу</u> инцидента на российской шахте.

（5）2022年4月25日，国家主席习近平致电马克龙，祝贺他当选连任法兰西共和国总统。

25 апреля 2022 г председатель КНР Си Цзиньпин направил Эммануэлю Макрону поздравительную телеграмму по случаю его переизбрания на пост президента Французской Республики.

（6）Глава ООН выразил скорбь в связи со смертью президента ОАЭ
联合国秘书长就阿联酋总统逝世表示哀悼。

以上例子中出现了致慰问电和致贺电的固定表达，总结如下：

向……致慰问电	*направил телеграмму с соболезнованиями по поводу чего*
就……表示哀悼	*выразил скорбь в связи с чем*
致电表示祝贺	*направил поздравительную телеграмму по случаю чего*

（7）习近平指出，过去五年来，在我们共同引领下，中法全面战略伙伴关系保持高水平发展，双方持续深化各领域务实合作，并肩抗击新冠疫情，共同维护多边主义、完善全球治理，为中欧关系发展注入新动力，为世界和平、稳定、繁荣做出新贡献。

Си Цзиньпин отметил, что на протяжении прошедших пяти лет под общим руководством глав двух государств китайско-французские отношения всеобъёмлющего стратегического партнёрства развивались на высоком уровне. Стороны продолжали углублять практическое сотрудничество во всех областях, плечом к плечу боролись с эпидемией коронавируса нового типа /COVID-19/, общими усилиями защищали мультилатерализм и совершенствовали глобальное управление, придав новый импульс развитию китайско-европейских отношений и внеся новый вклад в обеспечение мира, стабильности и процветания во всем мире.

（8）习近平强调，中法都是具有独立自主传统的大国。当前，国际形势正经历深刻复杂变化，中法关系健康稳定发展的战略意义愈加凸显。我始终从战略高度和长远角度看待中法关系，愿继续同马克龙总统一道，秉持"独立自主、相互理解、高瞻远瞩、互利共赢"的建交初心，携手推动中法关系不断迈上新台阶，造福两国人民和世界人民。

Си Цзиньпин подчёркнул, что и Китай, и Франция – державы с самостоятельными и независимыми традициями. В настоящее время в международной обстановке происходят глубокие и сложные изменения, в этой связи здоровое и стабильное развитие китайско-французских отношений имеет ещё более важное стратегическое значение. «Я всегда рассматривал китайско-французские отношения в стратегической и долгосрочной перспективе и намерен вместе с президентом Э. Макроном придерживаться исходных целей «независимости, самостоятельности, взаимопонимания, дальновидности, взаимовыгоды и обоюдного выигрыша» в дипломатических отношениях, объединять усилия для вывода отношений между КНР и Францией на новую ступень на благо китайского и французского народов и народов всех стран мира».

在国际外交发展过程中形成了许多相沿成习的套语、搭配和句型。外交文件翻译中最常用的、最行之有效的方法就是套用译语中约定俗成的套语、搭配和句型，这样更正式和便于理解。比如例（7）中"中法全面战略伙伴关系"译为 *китайско-французские отношения всеобъёмлющего стратегического партнёрства*，"肩并肩"译为 *плечом к плечу*，"深化务实合作"译为 *углублять практическое сотрудничество*，"抗击新冠疫情"译为 *бороться с эпидемией коронавируса нового типа /COVID-19/*，"维护多边主义、完善全球治理"译为 *защищать мультилатерализм и совершенствовать глобальное управление*，"注入新动力"译为 *придать новый импульс*，"在某方面做出新贡献"译为 *внести новый вклад в чём*。例（8）中"经历深刻复杂变化"译为 *происходить глубокие и сложные изменения*，"从战略高度和长远角度"译为 *в стратегической и долгосрочной перспективе*，"愿继续同×××一道"译为 *намерен/готов вместе с кем*，"秉持初心"译为 *придерживаться исходных целей*，"独立自主、相互理解、高瞻远瞩、互利共赢"译为 *независимость, самостоятельность, взаимопонимание, дальновидность, взаимовыгода и обоюдный выигрыш*，"携手"译为 *объединять усилия*，"造福两国人民和世界人民"译为 *на благо китайского и французского народов и народов всех стран мира*。这些都是套语和固定搭配，在外交翻译中往往具有唯一性，需要在日常学习中多加积累。

译法提示 3. 思政热点的翻译

习近平强调，我高度重视中白关系发展，愿同卢卡申科总统一道努力，以两国建交 30 周年为契机，推动中白<u>全面战略伙伴关系</u>和共建"一带一路"合作取得更多成果，造福两国和两国人民。

Председатель КНР отметил, что он придаёт большое значение развитию китайско-белорусских отношений и он готов и дальше работать вместе с президентом Лукашенко, чтобы использовать 30-ю годовщину установления дипломатических отношений в качестве возможности для продвижения <u>всестороннего стратегического партнёрства</u> Китая и Белоруссии, а также совместной реализации инициативы «Один пояс - один путь» и достижения новых результатов на благо двух стран и их народов».

"战略伙伴""战略协作伙伴""全方位伙伴关系""全面战略伙伴""建设性"或"创造性"伙伴关系等在表示两国关系的友好程度上是不同的，翻译时要首先厘清修饰两国关系的定语含义，并注意词汇的区分和选择。比如：战略协作伙伴关系中"战略协作"指除"战略合作"的内容外，双方还在军事技术等方面协作互助。目前和中国有新时代全面战略协作伙伴关系的国家是俄罗斯。战略合作伙伴关系中"战略合作"则意味着合作层次最高，"战略"从整体上、全局上、核心利益上对中国来说是政治、安全或特殊战略资源的关键国家，"合作"指的是政策相互协调、相互配合、相互支持。目前和中国有全天候战略合作伙伴关系的国家是巴基斯坦。"全天候"就意味着：不管任何时刻，双方都在政治、经济、安全等各种国际事务中有紧密的关系，是最高层次的友好关系。

而全面战略合作伙伴关系中"全面"指的是所有国际合作领域都具有一致性，包括政治、经济、文化、军事等。和中国有全面战略合作伙伴关系的国家有柬埔寨、老挝、缅甸、泰国、越南、塞内加尔、纳米比亚等。战略伙伴关系中"战略"则意味着政治层次较高。对中国来说是政治、安全或特殊战略资源的关键国家。和中国有全方位战略伙伴关系的国家是德国，有永久全面战略伙伴关系的国家是哈萨克斯坦。有全面战略伙伴关系的国家是马来西亚、蒙古国、印尼、阿尔及利亚、埃及、南非、白俄罗斯、丹麦、法国、葡萄牙、西班牙、希腊、意大利、英国、匈牙利、墨西哥、阿根廷、巴西、秘鲁、委内瑞拉、澳大利亚、新西兰、沙特阿拉伯、伊朗、塞尔维亚、波兰、乌兹别克斯坦等。有互惠战略伙伴关系的国家是爱尔兰。有战略伙伴关系的国家是阿联酋、吉尔吉斯斯坦、卡塔尔、塔吉克斯坦、土库曼斯坦、安哥拉、尼日利亚、乌克兰、哥斯达黎加、加拿大、厄瓜多尔、智利、斐济、保加利亚。"合作"指的是政策相互协调、相互配合、相互支持,其中不加战略修饰语的合作多特指经济合作。"全方位"指的是合作领域多、范围广,是比"全面"还要全面的关系与合作领域。"友好"指的是双方政治关系良好。和中国有全方位友好合作伙伴关系的国家是比利时。与中国有全面友好合作伙伴关系的国家是马尔代夫、罗马尼亚。与中国有全面合作伙伴关系的国家是东帝汶、孟加拉国、埃塞俄比亚、肯尼亚、坦桑尼亚、荷兰、克罗地亚、赤道几内亚。

常见两国关系翻译:	
战略协作伙伴关系	партнёрские отношения стратегического сотрудничества
全面战略协作伙伴关系	отношения всеобъемлющего партнёрства и стратегического взаимодействия
战略合作伙伴关系	отношения стратегического партнёрства
全天候战略合作伙伴关系	всепогодное стратегическое партнёрство
全面战略伙伴关系	всестороннее стратегическое партнёрство
全面战略合作伙伴关系	всеобъемлющее стратегическое партнёрство
永久全面战略伙伴关系	постоянное всеобъемлющее стратегическое партнёрство
互惠战略伙伴关系	взаимовыгодное стратегическое партнёрство
全方位友好合作伙伴关系	всестороннее дружеское партнёрство
全面合作伙伴关系	комплексное партнёрство

五、翻译技巧

翻译技巧 1. 带 который 的定语从属句(包括形动词短语)的译法

带 который(或 какой)的定语从属句和形动词短语是同义结构,两种同义结构的译法具有相似性。定语部分译为修饰语还是其他成分或句子结构,取决于原文中带 который 的定语从句和形动词短语与被说明词之间有无严格的限制关系。如果有严格的限制关系,一般译成修饰语,即"……的"。

（9）Генеральный секретарь ООН Антониу Гутерриш сегодня выразил скорбь в связи со смертью президента Объединённых Арабских Эмиратов шейха Халифы бен Заида Аль Нахайяна, который скончался в возрасте 73 лет.

联合国秘书长古特雷斯就阿联酋总统哈利法·本·扎耶德·阿勒纳哈扬的（享年73岁）逝世表示哀悼。

（10）双方政治互信牢不可破，各领域合作成果丰硕，在涉及彼此核心利益问题上相互坚定支持，在国际和地区事务中密切有效协作。

Стороны обладают нерушимым политическим доверием, сотрудничество в различных областях достигло значительных результатов, стороны оказывают взаимную твёрдую поддержку в вопросах, касающихся ключевых интересов друг друга, тесно и эффективно сотрудничают в региональных и международных делах.

例（9）中 *который* 引导的从句修饰的是 *Эмиратов шейха Халифы бен Заида Аль Нахайяна*，在从句中做主语。例（10）中原文"涉及彼此核心利益问题"的修饰语应为"涉及彼此核心利益"，中心语为"问题"，而主动形动词用来说明动作的发出者，即动作主体，因此翻译时用主动形动词 *касающихся ключевых интересов друг друга* 修饰名词 *вопросах*。此处也可以用 *который* 引导的从句替换，如 *вопросах, которые касаются ключевых интересов друг друга*，但 *который* 引导的从句具有口语化特征，外交语体的特点是庄严和正式，因此使用形动词更佳。

翻译技巧 2. 某些前置词结构的译法

前置词结构的翻译选择有的取决于被限定名词与限定名词之间的关系，有的取决于动词的支配关系，并附有前置词的意味色彩，翻译时根据上下文可译为定语、补语、谓语、介词短语等成分。

（11）Генеральный секретарь ООН Антониу Гутерриш выразил скорбь в связи со смертью президента Объединенных Арабских Эмиратов шейха Халифы бен Заида Аль Нахайяна, который скончался в возрасте 73 лет.

联合国秘书长古特雷斯就阿联酋总统哈利法·本·扎耶德·阿勒纳哈扬的

（享年73岁）逝世表示哀悼。

（12）Генеральный секретарь подтверждает приверженность ООН тесному сотрудничеству с ОАЭ, в том числе <u>в рамках</u> гуманитарных вопросов и межконфессионального диалога, а также <u>по вопросам</u> обеспечения регионального и глобального мира, безопасности и устойчивого развития.

联合国致力于与阿联酋的密切合作，其中包括了<u>在</u>人道主义问题和宗教间对话以及区域和全球和平、安全和可持续发展<u>方面</u>的合作。

（13）<u>Под его руководством</u> страна прошла через знаковый период в своём развитии, характеризующийся крупными экономическими достижениями и ростом регионального и глобального влияния ОАЭ.

他带领阿联酋度过一个重要的发展时期，经济取得了巨大进步，阿联酋的区域和全球影响力激增。

例（11）中"联合国秘书长表示哀悼"和"阿联酋总统哈利法·本·扎耶德·阿勒纳哈扬逝世"存在因果关系，而前置词词组 *в связи с* 用于表示某事之间的因果关系、相互依赖或共性，如果直译为"因为"语句表达不通顺，根据上下文译为"就……"更合适。例（12）中 *в рамках* 表示"在……框架下"、*по вопросам* 表示"在这些问题上"，但在译文的处理上为了更符合汉语的表达习惯，不一定将前置词直译出来，可将其融入汉语的表达。例（13）中前置词词组 *под его руководством* 在俄语中作状语，直译为"在他的领导下"，汉语翻译时强调"他"的主导作用，译为"他带领……"，在句中做主谓。此处前置词词组进行适当的词性转换可使语句更符合汉语的表达习惯。

六、礼宾知识点滴

外交中的庆贺、凭吊和慰问

遇丧庆情况，各有关的其他国家和民间人士应根据两国关系、当地的习惯做法以及当事人的身份等，以各种方式表示吊唁或祝贺。以下着重介绍国际上的一般做法和我国的一些惯例。

（一）节庆活动

节庆活动大体可分官方节日和民间节日两大类。官方节日一般指国庆日、建军节、建交日、友好条约签订等；民间节日指民间传统节日（包括国际性的）和宗教节日等。

世界各国对本国的国庆日都很重视，一般都要举行活动表示庆祝。一年一度的国庆招待会是各国庆祝国庆比较通常的做法。出面主持招待会的，有的是国家元首、政府首脑，也有的是外交部长。招待会的形式也各有差异，近年来采用酒会的形式日趋增多。招待会一般均邀请各国驻当地的外交使节出席。遇有逢五逢十的大庆，招待会的规模就更大些，形式也更隆重些。也有某些国家，在国庆日并不举行招待会。军事检阅和群众游行是某些国家国庆庆典的主要仪式。除本国领导人和军政官员出席观礼外，还邀请正在当地进行国事访问的外国领导人和各国驻该国外交使节出席，并对他们给予较高的礼遇。有的国家在节日之夜还放节日焰火、举行文艺晚会等活动。

我国自1980年以来，只举行国庆招待会和联欢会。招待会由国务院总理主持，采用酒会形式，邀请各国驻华使节、华侨、港澳台同胞、少数民族代表等出席。国庆联欢晚会一般不邀请外国人参加。

为庆祝国庆日，各当事国驻外使馆在驻在国首都一般都举行国庆招待会。这类招待会规模大小不一，多以酒会形式，邀请驻在国政府领导人和有关方面人士以及各建交国使节夫妇和主要外交官员参加。如在中午举行招待会，则往往不邀请配偶。招待会上一般很少发表讲话。有些国家的使节只举行小型双边宴会，邀请驻在国少数官员，不请外交团人士。也有一些国家的驻外使馆不举行招待会。各国对出席别国使馆的国庆招待会的规格，按习惯做法和国家关系来定。除关系密切的友好国家外，有的国家还明文规定领导人不出席大使馆的国庆招待会。

对别国的国庆日，国际上通常是发电、函祝贺，一般以国家元首或政府首脑名义致对方相应领导人，少数国家在对等的基础上，以政府或国会的名义发贺电。在外交界和民间人士中经常用名片、函件等方式祝贺。在关系更为密切的国家间，常互相邀请政府代表团或特使参加国庆庆典活动。各国对发来的贺电、函或名片以相应方式复谢。

各国军方对于建军节也颇为重视。多数国家由国防部长或总参谋长等军事首长出面主持建军节招待会，邀请各国武官参加，有的也邀请使节出席。

各国驻外武官是否举行建军节招待会，视各自情况而定。这样的招待会主要邀请驻在国的军方人士和各国派该国的武官出席，有时也邀请驻在国有关部门负责人和外交使节等。

建交日、友好条约签订日这类庆祝活动都是根据国家关系的需要在双边范围内进行。届时两国领导人或外长相互致电祝贺。两国驻对方的大使馆也可以举行招待会，邀请对方政府官员出席。少数国家在友好条约签订日举行规模较大的集会，以示庆祝。

对于各国官方节日，民间友好人士间、有关业务部门之间，通常相互祝贺，对关系较好的国家还可登门拜访祝贺。元旦各国庆祝的方式各异，内容不一，但大都含有除旧布新、祝福、祈求来年丰收之意。元旦期间各友好国家领导人之间或友好人士之间常常互发贺年片（或名片），这在国际上已是一种较为普遍的习惯做法。在某些国家则有外交团向驻在国元首或政府首脑登门团拜的惯例。团拜时，外交团团长代表全体使节致祝愿词，驻在国领导人致答词，并备酒水款待。

关于三八国际妇女节，有些国家由妇女组织发起组织各种报告会、座谈会、茶会等庆祝活动，邀请女宾参加。在我国则由全国妇联举行茶会，邀请驻华使节的夫人、女外交官和外国女专家、女记者参加。有时茶会上还安排一些节目。

对于五一国际劳动节，鉴于各国制度不一，庆祝的方式差异较大。某些国家举行盛大群众游行和军事检阅，邀请外宾参加，而许多国家官方则不举行任何庆祝活动。我国20世纪80年代举行群众游行活动，党政领导人和群众一起联欢，也邀请各国驻华使节、外交官和其他外国朋友参加。

（二）凭吊

一般人士在国外任职期间因故去世，其丧事通常是由死者的家属或其本国有关机构举办，但也有由所在国出面举办的。治丧安排常见的流程有设置灵堂、举行追悼会或葬礼等。所在国有关方面视情况以适当的方式表示哀悼，如向死者家属发唁函、送花圈、派有关人员参加葬礼等。信奉宗教的地方，还有各种宗教仪式。

我国人员在国外遇有外国友好人士去世，可以口头或书面表示哀悼，向逝者家属致以慰问，有时也送花圈。如若参加追悼仪式或丧礼，要尊重当地的风俗习惯，但在参加有宗教仪式的丧礼时，不信宗教者可不做下跪等宗教性动作。在我国，对长期在华工作的外国友好人士、老专家等逝世，有时由中国有关方面为其举办丧事。对知名的国际友人在华逝世，还组成治丧委员会，报纸发表讣告，设置灵堂，接受死者生前友好、外国朋友以及中国各界人士的吊唁。中国政府有关部门领导人送花圈，参加追悼会。根据死者遗愿，其骨灰（或遗体）或运送本国，或安放（或安葬）在中国。

花圈一般为鲜花以及松柏树枝等制成，有的花圈用绢花制成。花圈以白色缎带（也有的国家用红色缎带镶黑边）为挽联，用黑墨水或金粉书写，悬在花圈的左右两侧。

（三）慰问

一国元首或政府首脑患病或因故负伤，其他友好国家领导人往往发电慰问，或指令其驻当事国的使节亲往医院慰问。如因种种原因，使节不能亲晤伤病者，也有发函或送花篮（附名片）表示慰问的。如周恩来总理病重住院期间，曾有许多国家领导人发来慰问电，许多驻华使节也发函、送花篮表示慰问。征得当事国同意后，一些友好国家还专门派医生前往为患者治病。

对一般伤病者的慰问，可适当赠送鲜花、水果等。为照顾伤、病者的休息，谈话和逗留时间应较短，并注意避免谈论可能刺激对方或对方忌讳的话题。遇一国遭受重大自然灾害，或重大伤亡事故，其他建交国领导人大多发电慰问，有时驻当事国使节致函外交部长，代表本国政府和人民表示慰问。各国政府（或红十字会）还视灾情和两国关系向受灾国赠款、赠送药品或其他救济物资。

七、课后翻译练习

1. 请将下面这则慰问电翻译成俄语，正确选择外交术语和套语。

习近平就俄罗斯客机失事向俄罗斯总统普京致慰问电

2021 年 7 月 8 日，<u>国家主席习近平就俄罗斯客机坠毁事件向俄罗斯总统普京致慰问电</u>。

习近平在慰问电中表示，惊悉贵国一架客机在堪察加边疆区不幸失事，造成全体乘客和机组人员遇难。<u>我谨代表中国政府和中国人民，并以我个人的名义，对遇难者表示沉痛的哀悼，向遇难者家属致以诚挚的慰问。</u>

2. 请将下面这则贺电翻译成汉语，注意前置词结构的译法。

Ли Кэцян направил поздравительную телеграмму по случаю выступления Сводного китайско- российского молодёжного оркестра

В пятницу в Москве состоялось выступление Сводного китайско-российского молодёжного симфонического оркестра. <u>По этому случаю</u> премьер Госсовета КНР Ли Кэцян направил поздравительное сообщение.

Ли Кэцян горячо поздравил участников Сводного китайско-российского молодежного оркестра <u>с проведением концерта</u>. Он подчёркнул, что в этом году отмечается 70-я годовщина победы в мировой антифашистской войне, а также проводится Год дружественных молодёжных обменов между Китаем и Россией. Концерт китайско-российского молодёжного оркестра, <u>приуроченный к Победе</u> во Второй мировой войне, обладает особым значением. «Мы должны помнить историю и чтить память павших героев. Ещё важнее то, что мы должны <u>смотреть в будущее</u> и творить будущее, а молодёжь двух стран – передавать эстафетную палочку дружбы», – отметил Ли Кэцян в телеграмме, выразив надежду, что молодёжь России и Китая активизирует обмены, будет учиться <u>друг у друга</u> и перенимать опыт, <u>идти рука об руку</u> и неизменно придавать новый импульс прекрасному будущему китайско-российских отношений и развитию двух стран.

Премьер-министр России Дмитрий Медведев также направил участникам концерта поздравительную телеграмму. Он отметил, что Российско-китайский молодёжный оркестр «был создан совсем недавно и стал одним из самых заметных проектов Годов дружественных молодёжных обменов наших стран». Он также выразил уверенность, что в 70-ю годовщину победы в мировой антифашистской войне выступление оркестра произведёт незабываемое впечатление на слушателей концерта.

На концерте присутствовали член Госсовета КНР Ян Цзечи и заместитель премьер-министра России Ольга Голодец, которые зачитали поздравительные речи глав правительств двух стран.

Концерт Сводного китайско-российского молодежного оркестра стал важным мероприятием в рамках Года дружественных молодёжных обменов между Китаем и Россией и 70-й годовщины Победы во Второй мировой войне, которую совместно отмечают две страны.

Симфонический оркестр состоит из молодых музыкантов китайского Национального Большого театра и российского Мариинского театра.

Во время концерта 8 мая музыканты двух стран исполнили фортепианный концерт «Река Хуанхэ» Сянь Синхая и «Ленинградскую» Седьмую Симфонию Д. Шостаковича.

八、课外扩展阅读

请扫描下面这个二维码，阅读有关"中俄关系"基础知识的材料并回答问题。

附录：

政治术语与热点表述的翻译	
区域和全球影响力	региональное и глобальное влияние
人道主义问题	гуманитарные вопросы
宗教间对话	межконфессиональный диалог
保障区域和全球和平、安全和可持续发展	обеспечение регионального и глобального мира, безопасности и устойчивого развития
互致贺电	обменяться поздравлениями
建交	установление дипломатических отношений
砥砺前行	двигаться вперёд
历久弥坚	крепеть день ото дня
全面战略伙伴关系	отношения всеобъёмлющего стратегического партнёрства
国际和地区事务	в региональных и международных делах
肩并肩	плечом к плечу
深化务实合作	углублять практическое сотрудничество
抗击新冠疫情	бороться с эпидемией коронавируса нового типа /COVID-19/
维护多边主义	защищать мультилатерализм
完善全球治理	совершенствовать глобальное управление
注入新动力	придать новый импульс
在某方面做出新贡献	внести новый вклад в чём
经历深刻复杂变化	происходить глубокие и сложные изменения
从战略高度和长远角度	в стратегической и долгосрочной перспективе
愿继续同×××一道	намерен/готов вместе с кем

（续表）

秉持初心	придерживаться исходных целей
独立自主、相互理解、高瞻远瞩、互利共赢	независимость, самостоятельность, взаимопонимание, дальновидность, взаимовыгода и обоюдный выигрыш
建交	установление дипломатических отношений
以……为契机	использовать что в качестве возможности
携手	объединять усилия
推动中白全面战略伙伴关系	продвижение всестороннего стратегического партнёрства Китая и Белоруссии
一带一路	Один пояс - один путь
造福两国和两国人民	на благо двух стран и их народов
在……领导下	под общим руководством
保持高水平发展	развиваться на высоком уровне
持续深化各领域务实合作	продолжать углублять практическое сотрудничество во всех областях
常见固定表达	
×××就某事向×××致慰问电	××× направил кому телеграмму с соболезнованиями/с выражением соболезнований по поводу чего
×××就某人逝世表示哀悼	××× выразил скорбь в связи со смертью кого
造成重大伤亡	повлечь за собой большое количество жертв
谨代表中国政府和中国人民	от имени правительства и народа Китая
以个人的名义	от себя лично
对遇难者表示沉痛的哀悼	выразить глубокую скорбь по погибшим
向遇难者家属及伤者致以诚挚的慰问	выразить искреннее сочувствие родным жертв и пострадавшим
×××致电×××表示祝贺	××× направил поздравительную телеграмму по случаю чего

（续表）

×××同×××就某事互致贺电	ххх и ххх обменялись поздравлениями в честь / по случаю чего
两国建交30周年	30-ая годовщина установления дипломатических отношений между двумя странами
高度重视两国关系发展	придать большое значение развитию отношений двух стран
×××愿同×××一道努力	ххх готов и дальше работать вместе с кем
以两国建交30周年为契机，推动全面战略伙伴关系和共建"一带一路"合作取得更多成果	использовать 30-ю годовщину установления дипломатических отношений в качестве возможности для продвижения всестороннего стратегического партнёрства, а также совместной реализации инициативы «Один пояс - один путь» и достижения новых результатов
造福两国和两国人民	на благо двух стран и их народов
相互信任、合作共赢的全面战略伙伴关系	всестороннее стратегическое партнёрство, основанное на взаимном доверии и взаимовыгодном сотрудничестве
两国各领域合作取得丰硕成果。	Сотрудничество двух стран в различных направлениях достигло значительных результатов.

第三部分

第八章

外交口译

一、外交口译的特点

外交翻译的内容政治性强、政策敏感度高。我国领导人的对外表态、外交或外事文件中的用语等是国家方针政策的体现，往往涉及国家主权和领土完整，关系到国家的政治、安全、经济、军事利益的得失，关系到地区乃至世界形势。

我国独立自主的和平外交政策不仅是外交口译的政策基石，也是外交口译"分毫不让"和"张弛有度"翻译总准则的根本依据：即在对霸权主义、强权政治、侵略扩张、施压制裁、干涉内政等问题上，在涉及我国主权、领土完整和国家独立等原则问题上，没有丝毫松动的余地，在相关翻译中应体现这种敏感性和严肃性；同时，国际形势、国际关系错综复杂，每个国际事件、国际问题都有其特殊的背景和时间特点，本着实事求是的精神，我国在处理国际问题、制定具体的外交政策时，既坚持原则性，又讲究灵活性和策略性。因此，外交语言有时立场坚定、旗帜鲜明，有时又婉转含蓄，具有一定的伸缩性，在翻译时需严格遵循相关政策，把握语言的分寸。① 与外交语言对应，相对于其他类型的口译，外交口译主要有以下特点：

1. 外交口译的立场性

外交翻译的根本原则是立场正确性。立场决定了译员采用何种翻译策略和遵守哪些翻译准则。只有立场正确，对外事口译其他特点（正确性、明确性、模糊性）的讨论才有意义。

作为一名合格的新中国外事翻译，要站稳政治立场，捍卫国家主权，维护国家利益，促进国家团结、维护祖国的统一。在外事口译中，翻译立场正确性主要从以下几方面来把握：弘扬中国共产党的精神、建设中国特色社会主义的治国理念和内政外交政策、回击某些霸权主义国家对我们的中伤、向部分受到舆论误导和利用的不明真相外国人传播正确理念、讲好"中国故事"。

译例1 直译与立场正确性

　　汪文斌强调："一个中国原则的含义是清晰、明确的，那就是世界上只有一个中国，台湾是中国的一部分，中华人民共和国政府是代表全中国的唯一合法政府。一个中国原则的适用是普遍性的、无条件的、不容置疑的。所有同中国建立外交关系的国家，所有联合国会员国都应当无条件遵守一个中国原则，遵守联大第2758号决议。"

　　«Суть принципа одного Китая является ясной и недвусмысленной: в

---

① 徐亚男：外交翻译的特点以及对外交翻译的要求 [J]. 中国翻译，2000(3): 35-38.

мире есть только один Китай, Тайвань – часть Китая, а правительство Китайской Народной Республики – единственное законное правительство, представляющее весь Китай. Применение принципа одного Китая является универсальным, безусловным и бесспорным. Все страны, установившие дипломатические отношения с Китаем, и все государства-члены ООН должны безоговорочно соблюдать принцип одного Китая и придерживаться резолюции 2758.», — Ван Вэньбинь подчёркнул.

源语文本表达的立场已经十分明确，在句法层面，主要由陈述定义式的结构"*что является чем, что есть что, что –что ... 是*……"来表达事实不可否认、不容争辩。例 如：*в мире есть только один Китай, Тайвань – часть Китая, а правительство Китайской Народной Республики – единственное законное правительство, представляющее весь Китай. Применение принципа одного Китая является универсальным, безусловным и бесспорным.* 在词法层面，使用数词、形容词和副词表示唯一性和绝对意义的限定语，例如："*принцип одного Китая* 一个中国原则"，"*только один Китай* 只有一个中国"，"*единственное законное правительство* 唯一合法政府"，"*универсальный, безусловный и бесспорный* 普遍性的、无条件的、不容置疑的"。把握住这两点，就可以用直译的方法，准确地将源语的立场明确表达出来。

译例 2 意译与立场正确性

Тайвань отвергает модель «одна страна, две системы», предложенную Пекином в «Белой книге», опубликованной ранее на этой неделе. Об этом Reuters сообщил представитель тайваньского МИДа.

台湾省外事部门代表向 Reuters 新闻表示：台湾（台独分子）不接受本周北京发表的《台湾白皮书》中所提出的"一国两制"模式。

例中 *Тайвань* 在此应译成台湾台独分子，以免以偏概全。台湾省是我国的一个行政单位，所以 *тайваньский МИД* 应意译为"台湾省外事部门"。适用于意译的类似情况主要有部门名称、与之对应的职务名称和与职务相关的活动名称。例如，*администрация Тайвань* 台湾当局、*законодательный совет* 台湾地区立法机构，台湾蔡英文的职务为"*глава администрации Тайвань Китая* 中国台湾地区的领导人"，吴钊燮的职务为"*начальник иностранных дел администрации Тайвань Китая* 中国台湾地区外事部门负责人吴钊燮"，"*выборы главы администрации Тайвань Китая*

中国台湾地区领导人选举"等。针对一些谈及台湾问题时常提到的中国党派名称，则根据名从主人原则更适合采取音译的方法，例如："Гоминьдан 国民党"等。

译例 3 语调翻译与立场表达

在口译中还有一个经常被人忽视但有效的立场表达手段——语调。语调可以传达感情、态度并影响译语对听众作用的效果，语调翻译是口译的重要特点。著名翻译研究学者劳伦斯·韦努蒂认为"翻译的目标就在于生产出透明的译文，最好就像没有翻译过的译语原文一样。好的翻译就像一块玻璃。只有在玻璃上出现一些小小的瑕疵——擦痕和气泡的时候你才会注意到它的存在"。[①] 外交口译中，当体现"明确性"为翻译所要达到的首要目的时，口译员应"透明地"传达包括语调在内的所有信息，其翻译方法也是直译，即选用合适的俄语调型模仿发言人的语调。

译例文本参见译例 1

语篇全部由陈述句构成，语调体现排比性并列特点，每句话的音调从第一个重读音节开始，从高到低，依次递降，在最后一个音节上语调滑落下降。语义句之间间隔稍长，重点词汇与之前的普通词汇基本在同一音高，语速平稳适中。

因此在口译中，选用俄语第一调型"ИК-1: -- -- \ "，例如：/В ми́ре есть то́лько оди́н Кита́й, Тайва́нь – часть Кита́я, а прави́тельство Кита́йской Наро́дной Респу́блики – еди́нственное зако́нное прави́тельство, представля́ющее весь Кита́й./ 首先整个句子可分为三个语调相对独立部分：

"В ми́ре есть то́лько оди́н Кита́й""Тайва́нь – часть Кита́я"和"а прави́тельство Кита́йской Наро́дной Респу́блики – еди́нственное зако́нное прави́тельство, представля́ющее весь Кита́й."每个部分整体上都采用调型 1 的模式，但在语调降落部分各有不同，需要突出语义中心词时，可加略微强重音。

В ми́ре есть то́лько оди́н Кита́й/ Тайва́нь -- часть Кита́я./ а прави́тельство Кита́йской Наро́дной Респу́блики -- еди́нственное зако́нное прави́тельство, представля́ющее весь Кита́й.

[①] Venuti Lawrence. *The Translator's Invisibility — A History of Translation*[M]. 上海外语教育出版社, 2004.

2. 外交口译的准确性和明确性

外交语言体现着一个国家的方针政策，不仅关系到国家利益，还关系到国际关系的发展趋向及地区乃至世界的形势发展等重大问题，所以外交语言是字斟句酌的。虽然相较于笔译，工作环境的特点决定了口译中无法传达百分之百的信息，但是在外交口译中，译员不仅应将源语中所有实质性信息忠实地传递给听众，还应力求每个关键词语和翻译全文与源语话语最大程度的契合，保证翻译的准确性，这也是外交口译区别于其他类型口译的一个重要特点。

明确性是对外交语言本身特点的描述，准确性是对外事翻译译文的要求。苏联翻译理论家费道罗夫认为"翻译就是用一种语言把用另一种语言在内容与形式不可分割的统一中业已表达出来的东西准确而完全地表达出来"。[①] 因此，在口译译文中既要体现源语文本的明确性，也要达到准确性。

译例：

新的征程上，我们必须高举和平、发展、合作、共赢旗帜，奉行独立自主的和平外交政策，坚持走和平发展道路，推动建设新型国际关系，推动构建人类命运共同体，推动共建"一带一路"高质量发展，以中国的新发展为世界提供新机遇。中国共产党将继续同一切爱好和平的国家和人民一道，弘扬和平、发展、公平、正义、民主、自由的全人类共同价值，坚持合作、不搞对抗，坚持开放、不搞封闭，坚持互利共赢、不搞零和博弈，反对霸权主义和强权政治，推动历史车轮向着光明的目标前进！

В новом походе мы должны, высоко неся знамя мира, развития, сотрудничества и всеобщего выигрыша, проводить самостоятельную и независимую мирную внешнюю политику, неизменно следовать по пути мирного развития, способствовать построению нового типа международных отношений, продвигать создание сообщества единой судьбы человечества, содействовать высококачественному развитию в рамках инициативы «Один пояс и один путь», предоставлять миру новые возможности за счёт новых достижений развития Китая. Вместе со всеми миролюбивыми странами и народами Коммунистическая партия Китая будет продолжать развивать общие ценности всего человечества – мир, развитие, равенство, справедливость, демократию и свободу. КПК будет продолжать

---

① 费道罗夫：翻译理论概要 [M]. 李流等译，中华书局，1955: 9.

развивать сотрудничество, не занимаясь конфронтацией; расширять открытость, не проводя политику самоизоляции; твёрдо стоять на позиции взаимной выгоды и обоюдного выигрыша, отказываясь от мышления игры с нулевой суммой; выступать против гегемонизма и политики силы, продвигая колесо истории вперёд к светлым целям!

准确性是明确性的基础，直译是能最大程度保证翻译准确性的方法，在口译中做到信息翻译准确，翻译的明确性也就会水到渠成。该例语篇翻译的准确性首先主要表现为形容词或副词的使用，例如：*высоко неся* 高举旗帜，*неизменно следовать* 奉行，*высококачественному развитию* 高质量发展，*твёрдо стоять позиции взаимной выгоды и обоюдного выигрыша* 坚持互利共赢。准确性其次表现为我党在执政中宝贵的独创性词语和其他学科术语。由于这些独创性词语已经成为专门的政治术语，因此在翻译过程中应和其他术语一样，以与源语术语的对应性为重，优先考虑同化翻译策略和直译方法。当与译入语语言习惯和规则相悖时可加俄文引号。例如：«*Один пояс и один путь*» 一带一路，*самостоятельную и независимую мирную внешнюю политику* 独立自主的和平外交政策，*пути мирного развития* 和平发展道路，*сообщества единой судьбы* 人类命运共同体，*взаимной выгоды и обоюдного выигрыша* 互利共赢，*игры с нулевой суммой* 零和博弈，*политики силы* 强权政治。

语用翻译视域下的准确性和明确性

虽然外交语言的正确性、明确性应在口译中充分体现，但外交活动本身十分复杂，这就需要译员在翻译时，不能仅仅局限于言语本身，也要多方面尤其是从语用的角度进行思索，即从译文和翻译对象关系、译文的目的以及在特定环境下译文是否得体考虑。在外交口译中，译员应当做一块"透明玻璃"，但在少数情况下，玻璃也需要滤去微量不需要的光线。

译例：

中方认为，要化解当前危机，必须坚持联合国宪章宗旨和原则，尊重和保障各国的主权和领土完整；必须坚持安全不可分割原则，照顾当事方的合理安全关切；必须坚持通过对话谈判，以和平方式解决争端；必须着眼地区长治久安，构建均衡、有效、可持续的欧洲安全机制。

Считаем важным выйти из кризиса при строгом соблюдении целей и принципов Устава ООН, на основе уважения и обеспечения суверенитета и территориальной целостности всех стран, сохранять приверженность принципам неделимости безопасности при учёте резонных озабоченностей всех вовлеченных сторон, урегулировать споры исключительно мирным путем через диалог и переговоры, формировать сбалансированный, эффективный и устойчивый механизм европейской безопасности ради прочного мира в регионе.

汉语表达直白明确，使用了"应当"一词。在汉语中，不同的语境中使用"应当"表达的语气也不同，如法律话语的语境含义平和、中性，感情色彩较为平实，祈使中隐含说理意味，语气较为缓和；在口语交谈中，配合相应的语调也可以表强硬的命令。外交场合一般很严肃，为了避免误会，俄语译文采取了"以模糊译明确"的策略，转换句子成分将"应当"的意义用"*считать важным*"和"*при строгом соблюдении*"两个结构表达出来。需要注意的是，在会谈和谈判等某些外交场合，交际的目的是解决问题、达成一致，译员在口译时要考虑到这一点，在保证传达源语语义和立场的前提下，谨慎采取该翻译策略。

3. 外交口译的婉转含蓄性

外交语言的婉转含蓄性主要表现为模糊语言的使用。由于外交形势变化万千，外交语言往往不能过于绝对，否则容易陷入被动的局面，因此，外交语言中存在大量的模糊现象。模糊语的口译策略主要有以模糊译模糊、以精确译模糊。①

译例 1 以"模糊译模糊"的翻译策略和直译

"……中方主张根据《联合国宪章》的原则，和平解决争端，呼吁<u>相关各方</u>保持克制，避免局势继续升级。"王文斌在发布会上说。

«…Китай призывает все <u>заинтересованные стороны</u> оставаться разумными и воздерживаться от действий, которые могут привести к эскалации насилия,.», — сказал Ван Вэньбинь на брифинге.

"相关各方"属于语义模糊语，用看似笼统的词语划定了精确的范围，即俄乌问题涉及的所有对象和利益方，同时又避免了具体列举各方名称而导致的麻烦。此时，在翻

---

① 郝苗：目的论指导下外交口译中模糊语的翻译策略——以政府记者招待会口译为例 [J]. 海外英语, 2016(7): 88-90.

译中只需直译成"*заинтересованные стороны*"即可。

译例 2 以"模糊译模糊"的翻译策略和转译

<u>我们将</u>推动雅万高铁早日建成通车，为促进印尼疫后发展、增进双方互利合作提供更大加速度。

<u>Готовы</u> содействовать строительству высокоскоростной железной дороги Джакарта-Бандунг, придать стимул развитию Индонезии в постпандемический период и продвижению взаимовыгодного двустороннего сотрудничества.

整个句子翻译的关键在于"我们将"三个字。俄语将来时有两种构成：（1）完成体动词变位构成的简单式将来时，具有表示将来要完成、一定会达到某种结果的行为；表示一次性具体行为；表示说话者对实现某种行为的信心或可能性的估计，含有"一定""能"等意义。（2）*быть* 人称形式＋未完成体动词不定式构成的复合式形式，表示将要进行的行为或状态，有"打算"之意；表示将要持续的行为及行为过程，表示经常、反复进行的行为。源语文本中的"将"表示的是"计划"和"意愿"，因此使用简单式的将来时会将语义绝对化，把"意愿"变成了"允诺"。可以使用复合式将来时结构，译为 *Будем содействовать..., придать...*。此时的语义基本符合源语语义的模糊性。但是从交际目的来看，这句话着重传达的是"友好的合作意愿"，计划事实具体行为服务于"促进印尼疫后发展、增进双方互利合作提供更大加速度"。所以为了进一步突出"意愿性"，采取了意义的方法，使用表义更加模糊的 *готовы*，即强调了我方"现在"已准备好，做好了"将来"实施的准备，又委婉地将主动权交到对方手中。

二、外交口译的工作流程

外交口译工作分为译前、译中和译后三个阶段。

译前准备包括：

1.获取翻译服务对象相关资料，包括向主办方索取参加活动所有对象名单（机构和职务名称）、翻译服务对象简介，网上查找主要翻译服务对象讲话视频，熟悉言语风格。获取活动相关资料，包括活动中外文名称、活动简介和流程、发言稿、拟签订协议和备忘录、问答环节参考等所有相关文字材料。

2.围绕活动主题积累相关背景知识，包括了解我国对相关问题的立场和态度，观看相关主题的视频、报道和文章等，同时应完成相关词汇记忆工作。

3.临场准备。提前再次确认活动时间、地点、着装及其他要求；随身携带U盘、笔记本和笔；提前到场领取活动相关资料，确定译员位置；与合作翻译当面协商，确认翻译分工。

译中工作：此阶段主要依靠的是译员现场翻译能力，主要包括扎实的外语基础、译员的记忆力和记忆方法、语言快速转换能力和应变能力。只有借助科学方法进行严格的训练，译员才能具备现场口译翻译能力。在众多口译方法中首推口译笔记法，下面我们会对此方法做出详细介绍。

译后总结：译后总结也是一个译员自我反省的过程。相对于笔译，口译员在现场工作时需要在很短的时间内完成理解、转换和表达的全过程，因此在口译活动中，少量错误和瑕疵不可避免。译员的译后总结既包括词汇层面，也包括概念、背景层面。词汇层面的总结主要是对口译过程中出现的新词汇、专业词汇等加以分类梳理，形成特定领域的词汇表。概念和背景层面的总结是对现场学到的新知识加以整理、加深印象的过程，同时也是对活动流程、礼仪知识和实际活动中具体注意事项的一个梳理。

三、口译笔记法

口译笔记法是口译员在紧张的会场气氛中，在不干扰听辨源语的情况下，迅速以简便的符号、文字等记录讲话重点内容信息的一种笔记方法，它只需要记录重点语意信息点和语言逻辑结构就可以了。简单来说，它是由符号、文字加上斜线以及并列符号、连接符号和趋向符号来体现句与句之间的逻辑关系。[1]

1. 口译笔记符号

口译笔记法的基础是在翻译过程中起到提纲挈领作用的个性化符号系统。这套系统是口译译员在大量的翻译实践中总结而来的。口译笔记符号可以来源于数学符号、图形符号、英文字母符号、俄语字母符号、汉语拼音符号等。

数学符号

+：*плюс, повысить, возрасти, увеличиться* 加，正，提高，增长

-：*отнимать, уменьшиться, минус вице-, заместитель* 减，负，副，降低

=：*одинаковый, равный, справедливый* 一样的，等同的，公正的

---

[1] 胡谷明著，吴钟明编：俄语口译笔记法实战指导[M].武汉大学出版社，2011:1.

图形符号

⟲: *восставать, вооружённый, мятеж* 违抗，叛乱

⊗: *кончить, закончить, окончить, завершить* 结束，完成

□: *страна, государство* 国家

俄语字母符号

э: *экономика, финансовый* 经济，金融的

ц: *цифра* 数字[①]

2. 数字笔记

数字在口译工作中是一个难点。尤其在外交口译工作中经常涉及的大数，由于口译的时效性，很难迅速处理。这主要是由于俄汉两种语言的数字表达存在着一些差异，需要我们进行一些转换。

俄汉数字组成对照表

1000	10 000	100 000	1 000 000	10 000 000	1 00 000 000	1 000 000 000	10 000 000 000	100 000 000 000	1 000 000 000 000
1 тыс. (тысяча)	10 тыс.	100 тыс.	1 млн. (миллион)	10 млн.	100 млн.	1 млрд. (миллиард)	10 млрд.	100 млрд.	1 трлн. (триллион)
一千	一万	十万	一百万	一千万	一亿	十亿	一百亿	一千亿	一万亿

从上表可以看出，俄语千位以上是三位进制，即 *тысяча, миллион, миллиард, триллион*。汉语万以上是四位进制，即万、亿、兆。

口译中有以下三种最便捷有效的数字口译方法：

"点三杠四"法

根据俄汉语计数数位的差别，当听辨汉语源语时，记录数字时从右往左每四位数值打一个斜杠，然后，迅速地每隔三位数值打一个逗号，方便读出。相对的，如果源语为俄语，记录数字时每三位数值打一个逗号，记数后迅速每四位数值打一个斜杠，方便读出。

例如：听到一个俄文的大数，从右往左，每三位打一个逗号，记录为287,634,159，要翻译为中文时，从右往左每四位打一个"/"，即变为2/8763/4159，然后按照中文习惯将其读出。

[①] 胡谷明著，吴钟明编：俄语口译笔记法实战指导[M]. 武汉大学出版社，2011: 4-8.

表格法

在一张 A4 纸上排出多个如下图所示的表格，然后打印出来作为笔记辅助资料的一部分；在会场翻译或同传时，听到重要的大数，可以按照表格填入信息，然后通过上下位数转换直接读出：

俄语单位	триллион	миллиард	миллион	тысяча	标指符号
汉语单位	亿		万		
	2	8 7 6 3	4 1 9	5	a

在听到 2 8763 4159（两亿八千七百六十三万四千一百五十九）这个数字的中文时，迅速以"亿"为定位填入表格，然后再将视线集中于上方，迅速按照俄语的数位规律，将该数字的俄语读出：287 634 159（*двести восемьдесят семь миллионов шестьсот тридцать четыре тысячи сто пятьдесят девять*）。上表的最后一项位标指符号用于指出数字在译文中的位置，这样当翻译中出现多个数字时就不会搞混。

大数简化法

在很多口译场景下，尤其是在生活或旅行陪同过程中，对大数字的要求不那么精确时，还有译员遇到无法完全理解原句或过多落后于说话人时，为确保正常的翻译活动，可以将其简化为相应的约数，以使整个语义完整且降低口译难度。

如：

表述大于某一数目，可以用"*более чем, свыше, больше..., ... с лишним*"等；

表述小于某一数目，可以使用"*не более, не больше, почти*"等；

表述约等于某个数目，可以使用"*около, примерно, приблизительно*"等，或者将数词和名词位置对调以表示概数。除此之外，还可以使用如"*масса, в большом количестве, сотни, многотысячный*"等词来略指。

3. 口译笔记法的主要原则

分心原则：即三分记，七分听，一心多用。

借用原则：前面出现的要点，后面可用箭头借用。

简化原则：不必记下所有的信息点，要进行简化，记录的是要点和逻辑关系。

笔记一致原则：虽然笔记有一定的自主性，但是笔记符号对于每个译员应是完整的体系，切忌在实战的过程中临时改变符号，这样在回头看的时候会产生不必要的误解。

4. 口译笔记法的格式及注意事项

（1）笔记的工具一般使用竖向翻页的活页本，较硬的 A4 白纸，画三条竖线，将其均匀划分为四个区域。这正是眼睛扫视的范围，译员可以一目十行地快速抓住大意。

（2）每次完成一段内容在底下画一道横线，便于与下一段进行区分。

（3）每个意群画个斜线，符号占斜线的 1/3 长。

（4）每行记 1—2 个意群，一个分句后或一排空间不够时就换行。

（5）使用箭头标指有逻辑关系的语义句，箭头指向核心处。

（6）准备好写数字的专用表格，保证数据完整不出错。①

5. 个性化符号系统的构建与应用

个性化符号系统建立的基础是大量的练习。从简短的语句开始，逐渐过渡到较长的语篇，再到整段的话语。记录口译笔记的目的是帮助译员再现原文内容，因此在练习之初，重点应放在口译笔记研究，即每次完成听—记录—输出译文的过程后，都要整理符号笔记，摘录适合自己的典型符号记录，同时要注意笔记中逻辑关系的符号表示方法，积少成多构建自己的符号库，积累处理各种语言情况的经验。

符号选择与逻辑关系提示 1

今年是中俄建交 70 周年，我和普京总统共同宣布发展中俄新时代全面战略协作伙伴关系，一致决定继续将发展中俄关系作为各自外交优先方向，坚定不移深化两国战略协作和各领域合作。

Нынешний год прошёл под знаком 70-летия установления дипотношений между Китаем и Россией. Мы с Президентом Путиным вместе объявили о развитии китайско-российских отношений, всеобъёмлющего партнёрства и стратегического взаимодействия, вступающих в новую эпоху. И сошлись во мнении о том, что развитие китайско-российских отношений есть и будет приоритетным направлением внешней политики каждой из наших стран. Будем неуклонно укреплять стратегическое взаимодействие и сотрудничество в различных сферах между нашими странами.

---

① 胡谷明著，吴钟明编：俄语口译笔记法实战指导 [J]. 武汉大学出版社，2011: 14.

符号的选择与使用：条件性符号的设定和派生符号。设定空白方框"口"，表示国家，组合派生出符号"2口"表"两国"、⌂表示"主席"或"总统"；大写字母 П. 表示普京总统。大写字母 К 和 Р 表示中国和俄罗斯。"："表示"说、宣布、认为"。

逻辑关系的表达：本段主要体现并列逻辑关系。例如，"宣布"的三方面内容"发展……，将……作为……，深化……"在笔记中用括号表示三者的并列关系。同理，"深化"客体并列关系也以此方式表达。

符号选择与逻辑关系提示 2

　　东线天然气管道是中俄能源合作的标志性项目，也是双方深度融通、合作共赢的典范。2014 年 5 月，我同普京总统一道在上海见证了双方签署项目合作文件。

　　Восточная ветка российско-китайского газопровода – это знаковый проект двустороннего энергетического сотрудничества. Он служит образцом глубокой интеграции и взаимовыгодного сотрудничества наших стран. В мае 2014 года мы с Президентом Путиным в Шанхае вместе присутствовали на церемонии подписания контракта, договора о купле-продаже газа.

符号的选择与使用：意义固定符号和派生符号。本段涉及意义固定的符号有"||"表示管道，中间加 r，派生出表示"天然气管道"的符号；"十"表示方向，派生出"十4"表示"各个方向、四面八方、各个领域"，表示"东或 dong"，以此类推可获得表示"四个方向和对应拼音"的符号；上下叠放的双曲线表示"河流"，派生出上中下叠放的曲线表示"海洋"；"J"表示"能源"（热量单位为 J 焦耳，横线辅助表示地下），在横线上方添加字母 P，派生出表示"资源和能源"的符号。

逻辑关系的表达：与上面的笔记相同，括号表示并列关系，除此之外括号还表示话语的从属关系。因俄语语序特点，非一致定语在修饰词的后面，这与汉语语序不同，所以在笔记中用短"/"表示限定关系。

符号选择与逻辑关系提示 3

关于天然气管道后续管理及使用提出几点希望。一是打造平安管道，全力保证管道建设和投运安全可靠。二是打造绿色管道，要注重环境保护、资源能源节约利用，实现高效节能绿色低碳发展。

Хотел бы выразить некоторые пожелания по дальнейшему управлению и эксплуатации газопровода. Во-первых, необходимо поставить безопасность и надёжность эксплуатации газопровода на первое место. Второе – это экологичность. Важно уделять особое внимание охране окружающей среды, бережно относиться к эксплуатации ресурсов в интересах «зелёного», экологически чистого, энергоэффективного и низкоуглеродного развития.

符号的选择与使用：语言本身就是符号系统，单词也是一种符号。在中、俄、英三语中选择简单的字或简短的词表意是便捷有效的方法，例如笔记示例中"make"表打造，"safe"表"安全"，use 表"使用"，"all 力"表"全力"。

逻辑关系的表达：第一个逻辑关系借助数学符号"∴"和"∵"表示。在原文中并没有明确表因果的词汇，但是可以理解为"因为打造绿色管道，所以要注重环境保护、资源能源节约利用,实现高效节能绿色低碳发展"。这句话也可以理解为表目的"为了……所以……",可以用符号"..., aim..."表达。

符号选择与逻辑关系提示 4

В.Путин: Нихао! Добрый день! Здравствуйте! Уважаемый Председатель Си Цзиньпин, дорогой друг! Уважаемые коллеги, друзья! Сегодня знаменательное, по-настоящему историческое событие не только для глобального энергетического рынка, но прежде всего для нас с вами – для России и для Китайской Народной Республики.

普京：你好！上午好！大家好！尊敬的习近平主席，亲爱的朋友！尊敬的同仁们，朋友们！今天不仅对于全球能源市场，而且最重要的是，对于我们俄中两国而言，真正具有重大历史意义。

Для нашей страны, для России, этот проект важен ещё и потому, что газ по трубопроводу пойдёт не только на экспорт, но и на Амурский газоперерабатывающий завод, который станет одним из самых мощных в мире. Все объекты, необходимые для начала поставок газа по восточному маршруту, готовы – как на российской, так и на китайской стороне.

这一项目对于我们国家，对于俄罗斯而言意义非凡。这不仅是因为天然气通过管道出口，同时阿穆尔天然气加工厂也成为全球规模最大之一。天然气东线供应所需的项目在两国境内均已准备就绪。

符号的选择与使用：指示型组合符号的构成。眼睛符号可表示"看、关注、重视、见证"等意义。向上的箭头表示仰视，即"尊敬"。表示"过去（时）和将来（时）"，竖线表示"现在"，字母д在竖线上表示"今天"，"г,м"在竖线上指示"今年、这个月"，同理类推，相应的字母在竖线的左边表"去年、上个月、昨天"，在右边表示"明年、下个月、明天"。

逻辑关系的表达：递进关系的表达。用">"表示"更重要""尤其（对于）"的意义。它派生的符号">＋"可以表示"最重要"，"＞2＋"表示"极其重要"，例如，在语句"今天不仅对于全球能源市场，而且最重要的是，对于我们俄中两国而言，真正具有重大历史意义"中，"最重要"用的就是">＋"。除此之外，箭头指示了两个语义句之间的衔接。

四、会见与会谈礼宾知识点滴

仪容仪表。译员在服装上应适当低调，不可追求醒目和个性化。译员的服装、服饰必须庄重，尽量不佩戴饰品。男译员以色调朴素西装为宜，配以合适颜色的领带，女译员可穿西装套装、连衣裙等，衣服款式不宜隆重，颜色朴素。译员形象应该是整齐、利落、敏捷、朝气、沉稳。译员应当特别注意头面及指甲的修整，不得染彩发；工作前不要吃葱、蒜等食品，以免口中发出异味，也不可猛洒香水。

神态举止。译员的神态举止要端庄、自然，给人以既敏捷又稳重的印象，不能随意表露情感，配合谈话气氛应适度调整表情。在翻译场合，译员往往是被动的，自由发挥和展示的空间极其有限。应尽量少用肢体语言表达谈话的内容，必须使用时幅度要小。除非别人主动，口译员不能上前主动握手。译员应尽量躲开镜头，没有邀请，不可主动上前参加合影。在活动行进的过程中译员应注意自己所占据的位置要适宜。

座位安排。为了谈话方便，译员总是被安排在离主、宾最近的地方。在我国对外交往中，译员座位基本固定，听从礼宾官统一安排。

翻译礼节。译员必须尊重翻译现场的负责人员。在正式会面谈判中除指定的发言人外，其他人员的插话、发言要得到负责人的同意后才能进行。当来宾发言没有留出翻译时间时，翻译可以在话语自然停顿间隙，礼貌且较为自然地插入翻译。

五、课后翻译练习

1. 借助口译笔记法将下面的材料翻译成俄语。

共创开放繁荣的美好未来
——在第五届中国国际进口博览会开幕式上的致辞
中华人民共和国主席　习近平
（2022.11.4）

尊敬的各位国家元首、政府首脑，

尊敬的各位国际组织负责人，

尊敬的各代表团团长，

各位来宾

女士们，先生们，朋友们：

　　大家好！我谨代表中国政府和中国人民，并以我个人名义，向出席第五届中国国际进口博览会的各位嘉宾，表示热烈的欢迎和诚挚的问候！

　　5年前，我宣布举办进博会，就是要扩大开放，让中国大市场成为世界大机遇。现在，进博会已经成为中国构建新发展格局的窗口、推动高水平开放的平台、全球共享的国际公共产品。

　　开放是人类文明进步的重要动力，是世界繁荣发展的必由之路。当前，世界百年未有之大变局加速演进，世界经济复苏动力不足。我们要以开放纾发展之困、以开放汇合作之力、以开放聚创新之势、以开放谋共享之福，推动经济全球化不断向前，增强各国发展动能，让发展成果更多更公平惠及各国人民。

　　女士们、先生们、朋友们！

　　中国共产党第二十次全国代表大会强调，中国坚持对外开放的基本国策，坚定奉行互利共赢的开放战略，坚持经济全球化正确方向，增强国内国际两个市场两种资源联动效应，不断以中国新发展为世界提供新机遇，推动建设开放型世界经济。

　　——中国将推动各国各方共享中国大市场机遇，加快建设强大国内市场，推动货物贸易优化升级，创新服务贸易发展机制，扩大优质产品进口，创建"丝路电商"合作先行区，建设国家服务贸易创新发展示范区，推动贸易创新发展，推进高质量共建"一带一路"。

——中国将推动各国各方共享制度型开放机遇，稳步扩大规则、规制、管理、标准等制度型开放，实施好新版《鼓励外商投资产业目录》，深化国家服务业扩大开放综合示范区建设；实施自由贸易试验区提升战略，加快建设海南自由贸易港，发挥好改革开放综合试验平台作用。

——中国将推动各国各方共享深化国际合作机遇，全面深入参与世界贸易组织改革谈判，推动贸易和投资自由化便利化，促进国际宏观经济政策协调，共同培育全球发展新动能，积极推进加入《全面与进步跨太平洋伙伴关系协定》和《数字经济伙伴关系协定》，扩大面向全球的高标准自由贸易区网络，坚定支持和帮助广大发展中国家加快发展，推动构建人类命运共同体。

女士们、先生们、朋友们！

"山重水复疑无路，柳暗花明又一村。"路就在脚下，光明就在前方。中国愿同各国一道，践行真正的多边主义，凝聚更多开放共识，共同克服全球经济发展面临的困难和挑战，让开放为全球发展带来新的光明前程！

谢谢大家。

2. 借助口译笔记法将下面的材料翻译成汉语。

США планомерно выходят из всех договорённостей, связывающих им руки, заявила официальный представитель МИД РФ Мария Захарова, объясняя проблему Договора об открытом небе для Вашингтона на телеканале «Россия».

«Стратегическая стабильность и все документы, которые её поддерживали, которые задавали юридические рамки деятельности и действий государств, они планомерно разбивались США: договор по ПРО (2002 год), Договор о ракетах средней и малой дальности, заявление относительно нежелания ратифицировать договоры относительно ядерных испытаний и сейчас Договор об открытом небе (ДОН). Вот остался СНВ-3, но это последнее, наверное, что осталось. Поэтому вот эти факты свидетельствуют о том, что США намеренно разбивают всю систему стратегической стабильности», заявила Захарова.

六、课外扩展阅读

请扫描下面这个二维码,借助下面的关键词阅读短文并回答问题。

附录 1：

与中国建交国家（截至 2022 年 10 月）的名称和代码

Часть света	Наименование	Полное наименование	Код
Азия	Вьетнам	Социалистическая Республика Вьетнам	VNM
	Йемен	Йеменская Республика	YEM
	Казахстан	Республика Казахстан	KAZ
	Катар	Государство Катар	QAT
	Киргизия	Киргизская Республика	KGZ
	Корея, Народно-Демократическая Республика	Корейская Народно-Демократическая Республика	PRK
	Корея, Республика	Республика Корея	KOR
	Кувейт	Государство Кувейт	KWT
	Лаос	Лаосская Народно-Демократическая Республика	LAO
	Ливан	Ливанская Республика	LBN
	Малайзия		MYS
	Мальдивы	Мальдивская Республика	MDV
	Монголия		MNG
	Мьянма	Союз Мьянма	MMR
	Непал	Королевство Непал	NPL
	Оман	Султанат Оман	OMN
	Пакистан	Исламская Республика Пакистан	PAK
	Палестинская территория, оккупированная	Оккупированная Палестинская территория	PSE
	Саудовская Аравия	Королевство Саудовская Аравия	SAU
	Сингапур	Республика Сингапур	SGP
	Сирийская Арабская Республика	Республика Таджикистан	TJK
	Таджикистан	Королевство Таиланд	THA
	Таиланд	Туркменистан	TKM

（续表）

Часть света	Наименование	Полное наименование	Код
Азия	Туркмения	Турецкая Республика	TUR
	Турция	Республика Узбекистан	UZB
	Узбекистан	Демократическая Социалистическая Республика Шри-Ланка	LKA
	Филиппины	Республика Филиппины	PHL
	Шри-Ланка		SYR
Европа	Австрия	Австрийская Республика	AUT
	Албания	Республика Албания	ALB
	Андорра	Княжество Андорра	AND
	Беларусь	Республика Беларусь	BLR
	Бельгия	Королевство Бельгии	BEL
	Босния и Герцеговина	Республика Босния и Герцеговина	BIH
	Болгария	Республика Болгария	BGR
	Венгрия	Венгерская Республика	HUN
	Германия	Федеративная Республика Германия	DEU
	Греция	Греческая Республика	GRC
	Дания	Королевство Дания	DNK
	Ирландия	Ирландская Республика	IRL
	Исландия	Республика Исландия	ISL
	Испания	Королевство Испания	ESP
	Италия	Итальянская Республика	ITA
	Латвия	Латвийская Республика	LVA
	Литва	Литовская Республика	LTU
	Лихтенштейн	Княжество Лихтенштейн	LIE
	Люксембург	Великое Герцогство Люксембург	LUX
	Мальта	Республика Мальта	MLT

（续表）

Часть света	Наименование	Полное наименование	Код
Европа	Молдова	Республика Молдова	MDA
	Монако	Княжество Монако	MCO
	Нидерланды	Королевство Нидерландов	NLD
	Норвегия	Королевство Норвегия	NOR
	Польша	Республика Польша	POL
	Португалия	Португальская Республика	PRT
	Македония	Республика Македония	MKD
	Россия	Российская Федерация	RUS
	Румыния	Государство Румыния	ROU
	Сан-Марино	Республика Сан-Марино	SMR
	Сербия	Республика Сербия	SRB
	Словакия	Словацкая Республика	SVK
	Словения	Республика Словения	SVN
	Соединённое Королевство	Соединённое Королевство Великобритании и Северной Ирландии	GBR
	Украина	Республика Украина	UKR
	Финляндия	Финляндская Республика	FIN
	Франция	Французская Республика	FRA
	Хорватия	Республика Хорватия	HRV
	Черногория	Республика Черногория	MNE
	Чехия	Чешская Республика	CZE
	Швейцария	Швейцарская Конфедерация	CHE
	Швеция	Королевство Швеция	SWE
	Эстония	Эстонская Республика	EST
Африка	Алжир	Алжирская Народная Демократическая Республика	DZA
	Ангола	Республика Ангола	AGO

（续表）

Часть света	Наименование	Полное наименование	Код
Африка	Ботсвана	Республика Ботсвана	BWA
	Буркина-Фасо		BFA
	Бенин	Республика Бенин	BEN
	Бурунди	Республика Бурунди	BDI
	Габон	Габонская Республика	GAB
	Гамбия	Республика Гамбия	GMB
	Гана	Республика Гана	GHA
	Гвинея	Гвинейская Республика	GIN
	Гвинея-Бисау	Республика Гвинея-Бисау	GNB
	Джибути	Республика Джибути	DJI
	Египет	Арабская Республика Египет	EGY
	Замбия	Республика Замбия	ZMB
	Западная Сахара		ESH
	Зимбабве	Республика Зимбабве	ZWE
	Кабо-Верде	Республика Кабо-Верде	CPV
	Камерун	Республика Камерун	CMR
	Кения	Республика Кения	KEN
	Коморы	Союз Коморы	COM
	Конго	Республика Конго	COG
	Конго, Демократическая Республика	Демократическая Республика Конго	COD
	Кот д'Ивуар	Республика Кот д'Ивуар	CIV
	Лесото	Королевство Лесото	LSO
	Ливийская Арабская Джамахирия	Социалистическая Народная Ливийская Арабская Джамахирия	LBY
	Либерия	Республика Либерия	LBR
	Маврикий	Республика Маврикий	MUS

（续表）

Часть света	Наименование	Полное наименование	Код
Африка	Мавритания	Исламская Республика Мавритания	MRT
	Мадагаскар	Республика Мадагаскар	MDG
	Майотта		MYT
	Малави	Республика Малави	MWI
	Мали	Республика Мали	MLI
	Марокко	Королевство Марокко	MAR
	Мозамбик	Республика Мозамбик	MOZ
	Намибия	Республика Намибия	NAM
	Нигер	Республика Нигер	NER
	Нигерия	Федеративная Республика Нигерия	NGA
	Реюньон		REU
	Руанда	Руандийская Республика	RWA
	Сан-Томе и Принсипи	Демократическая Республика Сан-Томе и Принсипи	STP
	Святая Елена, Остров вознесения, Тристан-да-Кунья		SHN
	Сенегал	Республика Сенегал	SEN
	Сейшелы	Республика Сейшелы	SYC
	Сомали	Сомалийская Республика	SOM
	Судан	Республика Судан	SDN
	Сьерра-Леоне	Республика Сьерра-Леоне	SLE
	Танзания, Объединенная Республика	Объединенная Республика Танзания	TZA
	Того	Тоголезская Республика	TGO
	Тунис	Тунисская Республика	TUN
	Уганда	Республика Уганда	UGA
	Центрально-Африканская Республика		CAF
	Чад	Республика Чад	TCD

（续表）

Часть света	Наименование	Полное наименование	Код
Африка	Экваториальная Гвинея	Республика Экваториальная Гвинея	GNQ
	Эритрея		ERI
	Эсватини	Королевство Эсватини	SWZ
	Эфиопия	Федеративная Демократическая Республика Эфиопия	ETH
	Южная Африка	Южно-Африканская Республика	ZAF
	Южный Судан		SSD
Северная Америка	Антигуа и Барбуда		ATG
	Багамы	Содружество Багамы	BHS
	Барбадос		BRB
	Гренада		GRD
	Доминика	Содружество Доминики	DMA
	Доминиканская Республика		DOM
	Канада		CAN
	Коста-Рика	Республика Коста-Рика	CRI
	Куба	Республика Куба	CUB
	Мексика	Мексиканские Соединенные Штаты	MEX
	Никарагуа	Республика Никарагуа	NIC
	Панама	Республика Панама	PAN
	Соединенные Штаты	Соединенные Штаты Америки	USA
	Тринидад и Тобаго	Республика Тринидад и Тобаго	TTO
	Ямайка		JAM
Южная Америка	Аргентина	Аргентинская Республика	ARG
	Боливия, Многонациональное Государство	Многонациональное Государство Боливия	BOL
	Бразилия	Федеративная Республика Бразилия	BRA
	Венесуэла Боливарианская Республика	Боливарийская Республика Венесуэла	VEN

(续表)

Часть света	Наименование	Полное наименование	Код
Южная Америка	Гайана	Республика Гайана	GUY
	Колумбия	Республика Колумбия	COL
	Перу	Республика Перу	PER
	Чили	Республика Чили	CHL
	Суринам	Республика Суринам	SUR
	Уругвай	Восточная Республика Уругвай	URY
	Эквадор	Республика Эквадор	ECU
Океания	Австралия		AUS
	Вануату	Республика Вануату	VUT
	Кирибати	Республика Кирибати	KIR
	Микронезия, Федеративные Штаты	Федеративные штаты Микронезии	FSM
	Ниуэ	Республика Ниуэ	NIU
	Новая Зеландия		NZL
	Острова Кука		COK
	Папуа-Новая Гвинея		PNG
	Самоа	Независимое Государство Самоа	WSM
	Соломоновы острова		SLB
	Тонга	Королевство Тонга	TON
	Фиджи	Республика островов Фиджи	FJI

附录 2：

主要国际组织名称及缩写

N	Полное наименование организации на русском языке	Сокращенное наименование на русском языке	Сокращенное наименование на английском языке	Полное наименование организации на китайском языке
1	Азиатская парламентская ассамблея	АПА	APA	亚洲议会大会
2	Азиатско-Тихоокеанский парламентский форум	АТПФ	APPF	亚太议会论坛
3	Балтийская ассамблея	Балтийская ассамблея		波罗的海议会大会
4	Всемирная ассоциация операторов атомных электростанций	ВАО АЭС	WANO	世界核能发电协会
5	Всемирная торговая организация	ВТО	WTO	世界贸易组织
6	Международная авиационная федерация	ФАИ	FAI	国际航空联合会
7	Международная организация морской спутниковой связи	ИНМАРСАТ	INMARSAT	国际海事卫星组织
8	Международная организация по предпринимательству и инвестициям		INOBI	国际商业与投资组织
9	Международная организация уголовной полиции — Интерпол	Интерпол	ICPO, OIPC, Interpol	国际刑事警察组织
10	Международная федерация инженеров-консультантов (строительство)	ФИДИК	FIDIC	国际咨询工程师联合会
11	Международное бюро мер и весов	МБМВ	BIPM	国际计量局
12	Международное общество авиационной электросвязи		SITA	国际航空电讯协会
13	МЕРКОСУР		Mercosur	南美南方共同市场
14	Международный союз по охране новых сортов растений	УПОВ	UPOV	国际植物新品种保护联盟
15	Организация американских государств	ОАГ	OAS	美洲国家组织
16	Организация Восточно-карибских государств		OECS	东加勒比海国家组织
17	Организация Договора о коллективной безопасности	ОДКБ		集体安全条约组织
18	Организация за демократию и экономическое развитие — ГУАМ	ГУАМ	GUAM	古阿姆集团
19	Организация Объединённых Наций	ООН	UN	联合国

(续表)

N	Полное наименование организации на русском языке	Сокращенное наименование на русском языке	Сокращенное наименование на английском языке	Полное наименование организации на китайском языке
20	Организация Объединённых Наций, Всемирная метеорологическая организация	ВМО	WMO	世界气象组织
21	Организация Объединённых Наций, Всемирная организация здравоохранения	ВОЗ	WHO	世界卫生组织
22	Организация Объединённых Наций, Всемирная организация интеллектуальной собственности	ВОИС	WIPO	世界知识产权组织
23	Организация Объединённых Наций, Всемирный почтовый союз	ВПС	UPU	万国邮政联盟
24	Организация Объединённых Наций, Группа Всемирного банка		WBG	世界银行集团
25	Организация Объединённых Наций, Международное агентство по атомной энергии	МАГАТЭ	IAEA	国际原子能机构
26	Организация Объединённых Наций, Международная морская организация	ИМО	IMO	国际海事组织
27	Организация Объединённых Наций, Международная организация гражданской авиации	ИКАО	ICAO	国际民航组织
28	Организация Объединённых Наций, Международная организация труда	МОТ	ILO	国际劳工组织
29	Организация Объединённых Наций, Международный валютный фонд	МВФ	IMF	国际货币基金组织
30	Организация Объединённых Наций, Международный союз электросвязи	МСЭ	ITU	国际电报联盟
31	Организация Объединённых Наций, Продовольственная и сельскохозяйственная организация	ФАО	FAO	联合国粮食及农业组织
32	Организация объединённых наций, Организация Объединённых Наций по вопросам образования, науки и культуры	ЮНЕСКО	UNESCO	联合国教科文组织
33	Организация объединённых наций, Организация Объединённых Наций по промышленному развитию	ЮНИДО	UNIDO	联合国工业发展组织
34	Всемирная федерация профсоюзов	ВФП	WFTD	世界工会联盟
35	Организация по безопасности и сотрудничеству в Европе	ОБСЕ	OSCE	欧洲安全与合作组织

(续表)

N	Полное наименование организации на русском языке	Сокращенное наименование на русском языке	Сокращенное наименование на английском языке	Полное наименование организации на китайском языке
36	Организация Североатлантического договора (Североатлантический альянс)	НАТО	NATO	北大西洋公约组织
37	Организация стран-производителей и экспортёров нефти	ОПЕК	OPEC	石油输出国组织
38	Организация Черноморского экономического сотрудничества	ОЧЭС	BSEC	黑海经济合作组织
39	Ротари Интернешнл			国际扶轮社
40	Северный совет министров			北方部长会议
41	Североамериканская зона свободной торговли	НАФТА	NAFTA	北美自由贸易协议
42	Совет Баренцева/Евроарктического региона	СБЕР	BEAR	巴伦支欧洲北极地区
43	Совет государств Балтийского моря	СГБМ		波罗的海国家委员会
44	Совет Европы			欧洲委员会
45	Совет сотрудничества арабских государств Персидского залива	ССАГПЗ	GCC	海湾地区阿拉伯国家合作委员会
46	Содружество демократического выбора	СДВ		民主选择共同体
47	Содружество наций (Британское содружество)			英联邦
48	Содружество независимых государств	СНГ	CIS	独立国家联合体
49	Союз арабского Магриба	САМ	UMA	阿拉伯马格里布联盟
50	Союз для Средиземноморья			地中海联盟
51	Тихоокеанский союз			太平洋联盟
52	Форум «Азия-Европа»	ФАЕ	ACEM	欧亚论坛
53	Южноамериканское сообщество наций		CSN	南美洲国家联盟
54	Международная организация по миграции	МОМ	IOM	国际移民组织
55	Евразийское экономическое сообщество	ЕврАзЭС		欧洲经济共同体
56	Шанхайская организация сотрудничества	ШОС		上海合作组织

（续表）

N	Полное наименование организации на русском языке	Сокращенное наименование на русском языке	Сокращенное наименование на английском языке	Полное наименование организации на китайском языке
57	Союзное государство России и Белоруссии			俄白联盟
58	Международный комитет Красного Креста	МККК	ICRC	红十字国际委员会
59	Европейский союз	ЕС	EU	欧洲联盟
60	Совет Европы	СЕ		欧洲委员会
61	Организация американских государств	ОАГ	OAS	美洲国家组织
62	Ассоциация стран Юго-Восточной Азии	АСЕАН	ASEAN	东南亚国家联盟
63	Лига Арабских государств	ЛАГ		阿拉伯国家联盟
64	Африканский союз	АС	AU	非洲联盟
65	Международный чрезвычайный детский фонд ООН	ЮНИСЕФ	UNICEF	联合国儿童基金会

第九章

外事联络口译

一、接送机口译

接机口译发生在从机场接机迎接宾客下飞机开始，到将其送达目的地结束。接机口译对译者的要求分为专业语言能力和礼仪事务能力两个方面。

语言能力是对口译员最基本的要求，通常涉及专有词汇和机场接机常用语的记忆。

礼仪事务能力指的是对整个活动流程的熟悉程度和安排，分为接机前准备、接机迎接和接机后安顿三个环节。接机前准备：收到翻译任务通知后，及时与负责人沟通，对接机客人信息进行确认，同时译员要了解所负责宾客（团队）活动的行程安排，准备好外文行程表。接机迎接：飞机抵达发现客人后，上前介绍对方与我方代表认识，占据方便且不显眼的位置开始简短交谈的翻译工作。同乘时，坐车时主动上前打开车门，译员最后上车。轿车以副驾驶后面座位为第一客人位，驾驶座后面座位是第二客人位，后排中间座位为第三客人位，副驾驶为译员位置。接机后安顿：将客人送至预定地点，或完成交接后结束工作，例如帮助办理住宿，强调下次见面的时间和活动安排，交付外文行程表，或确定宾客团队联系人和联系方式或直接开始正式行程工作。

接机口译结构式译例

【问候】

Здравствуйте! Приветствую Вас, мой уважаемый друг, в Пекине, куда Вы прибыли для участия в саммите АТЭС.

您好。我尊敬的朋友。欢迎您到北京参加亚太经济合作组织峰会。

Мой старый друг господин Путин, здравствуйте! Я рад с Вами встретиться.

我的老朋友普京先生，您好。非常高兴与您会面。

【双方陪同人员介绍】

陪同出访人员

中央政治局委员、中央政策研究室主任王沪宁

Ван Хунин - член Посткома Политбюро ЦК КПК, Директор Центрального бюро политических исследований ЦК КПК

第十九届中央政治局常委，第十三届全国人大常委会委员长、党组书记栗战书

Ли Чжаньшу - член Постоянного комитета Политбюро ЦК КПК, председатель Постоянного комитета Всекитайского собрания народных представителей Секретарь парткома

国务委员、中央外事工作委员会办公室主任杨洁篪

Ян Цзечи - член Государственного совета, директор Канцелярии Центральной руководящей группы по иностранным делам при ЦК КПК

外交部部长王毅

Ван И - Министр иностранных дел КНР

国家发改委主任徐绍史

Сюй Шаоши - председатель Государственного комитета по развитию и реформам КНР

商务部部长高虎城

Гао Хучен - Министр коммерции КНР

接机人员

министр по развитию Дальнего Востока Виктор Ишаев

远东发展部部长维克多·伊沙耶夫

замглавы МИД РФ Игорь Моргулов

外交部副部长伊戈尔·莫尔古洛夫

российский посол в Китае Андрей Денисов

俄罗斯驻中国大使安德烈·杰尼索夫

китайский посол в России Ли Хуэй

中国驻俄罗斯大使李辉

【仪仗队表演】

Караул - смирно.

全体立正。

Равнение на-право (на-лево, на-средину).

向右（左、中）看齐。

Для встречи справа (слева, с фронта), на-кра-ул.

向右（左、前）敬礼。

Господин Президент! Почетный караул от войск Московского территориального гарнизона в честь Вашего приезда в столицу Российской Федерации город-герой Москву построен. Начальник Почётного караула майор Громов.

尊敬的总统先生！莫斯科部队仪仗队已列队完毕，欢迎您来到俄罗斯联

邦首都英雄城市莫斯科。仪仗队长格罗莫夫少校。

译法提示

1. 国家领导人、官员的称呼的口译

在外事口译中，首先要注意国家领导人职务名称翻译的准确性，因为这些名称不仅具有一般呼语的呼唤对方、传递信息、增加情感等功能，还与国家体制有对应关系。我国的最高领导人称为"*председатель* 主席"，美俄等国的最高领导人称为"*президент* 总统"，英国和日本的最高领导人称为"*премьер-министр* 首相"，英国还有"*король*（*королева*）国王"，日本有"*император* 天皇"，德国的最高领导人是"*канцлер* 总理"。

在具体语境中，国家领导人和官员称呼有两种构成方式：第一种形式是职务＋姓，如 *председатель Си Цзиньпин*（习近平主席），*президент Путин*（普京总统）；第二种是 *господин*（*госпожа*）＋职务，例如"*господин президент*（总统先生）""*господин посол*（大使先生）"，或"*господин министр*（部长先生）"，等等。

对军界人士，可以其军衔相称。在进行称呼时，具体有以下四种方法：一、指称军衔，如"*генерал*（将军）"；二、军衔之后加上"先生"，如"*господин капитан*（上校先生）"；三、先姓名后军衔，如"*генерал Шойгу*（绍伊古将军）"；四、先姓名、次军衔、后"先生"，如"*господин генерал Шойгу*（绍伊古将军先生）。

2. 领导人职务的口译

在职务名称口译中，容易凸显的问题是俄汉语词汇所指意义的不完全对等。《俄汉翻译教程》中列举了两种语言词汇在意义层面上对比可能的四种类型：①②

	俄	汉
1	A	A（俄汉相同）
2	A	无（俄有汉无）
3	A	俄包孕汉（或相反）
4	A	俄汉交叉

---

① Прибытие и встреча туристов в аэропорту или на вокзале | Авторская платформа Pandia.ru
② 丛亚平等：俄汉翻译教程 [M]. 上海外语教育出版社，2012.

中国和俄罗斯政府职位名称翻译所涉及的是类型1和类型3。第一种类型职位名称如：汉语中的部长、总理、主席、省长、大使分别对应俄语的 *министр, премьер, посол、губернатор* 等。这类词汇的翻译没有难度，只要将对应的词语记住即可。第三种类型主要指俄包孕汉，即汉语中的局长、厅长、处长、主任、科长等在俄语当中没有一一对应的词汇，但却存在包含上述词汇的广义词：*начальник、директор* 和 *руководитель*。在口译实践中他们完全可作为同义词相互替换，但译者在不同情况下会根据其词义的细微差别做出不同的选择。例如，中央政策研究室主任一职的两种翻译：*директор Центрального бюро политических исследований* 和 *начальник Центра по изучению политики при ЦК КПК*，两种翻译相比较，*директор* 一词具有"*начальник начальников*"的含义。又如"*заместитель Руководителя Администрации Президента* 总统办公厅副主任"中的"*руководитель*"强调的是工作中功能性的分工，它的职务名称是 *начальник*。

二、宴请口译

口译员工作需要出席的宴会场合和规模各不相同，可能是非常隆重的晚宴大型的招待会也可能是小型的工作便餐。虽然大部分外事宴会都很正式但是相对会谈和会议来说宴会的气氛更加轻松活跃。

1.宴会前的准备。首先，要了解参加宴会的主客信息。其次要知道宴会的主要目的：欢迎、答谢，还是庆贺等。再次，译员要知道宴会的形式，是正式宴会，还是冷餐会、酒会等，应提前获得菜单。最后，口译人员在宴会之前应适当进食。

2.宴会中口译员的职业素养。译员要提前目视找好自己的座位，在自己的座位入座。入座之后，坐姿要自然端正，眼光随势而动。宴会口译工作特有的是对菜肴的介绍和祝酒词的翻译。

祝酒词译例及祝愿重点

突出活动的主题、对双方关系的期许和评价、对活动参与人员的祝愿。	请允许我提议为代贵团的到来、为我们的友谊、合作成功和在座所有人的健康举杯。 *Теперь позвольте мне предложить первый тост за приезд вашей делегации, за дружбу и успешное сотрудничество и за здоровье всех присутствующих.*
对一方行为的感谢和双方关系的评价。	我想为友谊、和平和再一次美好的会面干杯。 *Мне хотелось бы предложить тост за дружбу, мир и новую тёплую встречу.*

（续表）

对参与活动主要人物个人的祝愿及对其代表国家（机构）的祝愿，对双方关系的期许。	让我们为俄罗斯联邦总统和夫人的健康、俄罗斯人民的繁荣和两个民族的友好关系举杯。 *Я хотел бы провозгласить этот тост за здоровье господина Президента Российской Федерации и его супруги, за процветание российского народа, за развитие дружеских связей между нашими нациями!*
表达人类永恒主题的赞美。	关于什么是爱，世间传说众多，观点各异。我们每个人都有不同的看法。但是，所有的观点都归结为一点：爱就是关怀，是对彼此的尊重，是窘境时的相互扶持和每日的小确幸。让我们为爱干杯！因为，唯爱可以主宰世界！ *Существует много легенд и мыслей что такое любовь. Мы все можем тоже рассуждать по-разному. Но все наши выводы сведутся к одному, что любовь — это забота, это уважение друг к другу, это помощь в трудных ситуациях и конечно-же сюрпризы на ночь. Давайте выпьем наш тост за любовь. Она, как известно, правит миром!*
表达对事件发展起主要作用的主要人物的尊重感谢、对事件成果的珍视和美好展望。	我提议为我们的老兵、我们的团结一致、过去和将来的胜利干杯！ *Позвольте предложить тост за наших ветеранов, за наше единение, за наши победы в прошлом и в будущем!*
表达对活动所取得成就的赞许、对实现伟大事业的展望和活动参加人员的祝福。	我提议，大家共同举杯，为国际奥林匹克运动蓬勃发展，为人类和平与发展的崇高事业，为各位嘉宾和家人的健康，干杯！ *Предлагаю поднять бокал и выпить, за динамичное развитие международного олимпийского движения, за благородное дело мира и развития человечества, за крепкое здоровье всех гостей, ваших близких и родных, до дна!*

宴会菜谱译例

菜谱

МЕНЮ[①]

冷盘和凉菜	**Холодные закуски и салаты**
酱肘花	*рулет из свиной рульки*
拌三丝	*жаренная картофельная соломка*
凉拌海带丝	*салат из морской капусты*

---

① 菜谱来源 Меню китайского ресторана (restoran-china.ru)（访问时间：2022 年 11 月）

(续表)

金针菇拌黄瓜	салат из грибов эноки «золотые нити» с огурцом «дин джен губ ан хуан гуо»
脆耳拌瓜丝	салат из прессованных свиных ушей с огурцом
凉拌木耳	салат из древесных грибов муэр с болгарским перцем
热菜	**Горячие блюда**
青瓜牛肉	салат из огурцов с говядиной и болгарским перцем «чингуан ню жоу»
虾球西芹	салат из креветок с сельдереем «ся чоур си чинь»
水煮鱼	карп по-сычуаньски
东坡肘子	тушёная свиная рулька
脆香大排	свиные ребрышки
菠萝古老肉	свинина в кляре с ананасами в кисло-сладком соусе «поло кху лао жоу»
茶香骨	ароматная свинина, обжаренная с чайными листьями «чха сян гу»
红烧肉	свиная грудинка, томленая в соусе «хун шао жоу»
宫保鸡丁	курица, приготовленная способом «кум бао» с перцем чили и арахисом «кум бао ди динь»
辣子鸡	очень острая курица с орешками
金沙鸡翅	куриные крылышки в хрустящей панировке
葱爆羊肉	баранина, обжаренная с луком порей
孜然羊肉	говядина, обжаренная с перцем
铁板牛肉	говядина на горячей сковороде тебан
铁板羊肉	баранина на горячей сковороде
铁板鱿鱼	кальмары на горячей сковороде тебан
蒜蓉开边虾	большие креветки с чесноком
宫保虾球	креветки, приготовленные способом «кумбао» с перцем и арахисом

(续表)

焦熘虾段	креветки с овощами
烤大虾	большие креветки в соусе
蒜蓉西兰花	брокколи, обжаренные на воке
金沙茄盒	баклажаны в кляре
家常土豆丝	картофельная соломка слабой прожарки
腰果虾仁	креветки-ассорти
木耳白菜	китайская капуста, обжаренная с грибами муэр «муэр бай цай»
蚂蚁上树	жареная стеклянная лапша «фунчоза» со свиным фаршем
汤	**Супы**
丸子粉丝汤	суп со стеклянной лапшой и свиными фрикадельками
菌汤	суп с 4 видами грибов
海鲜汤	суп с морепродуктами
西湖牛肉羹	суп с говяжьим фаршем
米饭和面	рис и лапша
扬州炒饭	рис по-янчжоуски
肉丝炒面	жареная лапша со свининой
海鲜炒面	жареная лапша с морепродуктами
馒头	паровая булочка «маньтоу»
炸馒头片	жареная булочка «маньтоу»
拔丝橘子	мандарины в карамели
黑芝麻汤圆	сладкие шарики из рисовой муки с начинкой из черного кунжута «юаньсяо»
花生汤圆	сладкие шарики из рисовой муки с арахисовой начинкой «юаньсяо»

菜名口译方法

直译法是一种描述型翻译方法，反映的是菜品的烹饪法、主料、配料、调料、味道、地名、器皿。口译中直译法具有明显的优势，首先这种翻译方法符合俄餐的命名方法，能够准确传达有效信息。其次，采用直接的翻译方法能保证翻译的速度，因此这种方法是口译中的首选方法。

下列主要的直译法菜名翻译公式，根据实际情况可以截取部分使用，在翻译实践过程中下面三个公式的各部分也可以交叉组合。

公式一：制作方法＋菜名＋из＋主料（第二格）＋с＋次主料。公式以"菜名"为核心，附加制作方法和主配料信息。

上述译例中公式一具体使用情况有：

①制作方法＋菜名	
馒头	паровая булочка
炸馒头片	жареная булочка
②制作方法＋菜名＋из＋主料（第二格）	
酱肘花	рулет из свиной рульки
凉拌海带丝	салат из морской капусты
凉拌海带丝	салат из морской капусты
③菜名＋из＋主料（第二格）＋с＋次主料	
金针菇拌黄瓜	салат из грибов эноки «золотые нити» с огурцом
脆耳拌瓜丝	салат из прессованных свиных ушей с огурцом
凉拌木耳	салат из древесных грибов муэр с болгарским перцем
青瓜牛肉	салат из огурцов с говядиной и болгарским перцем «чингуан ню жоу»
虾球西芹	салат из креветок с сельдереем «ся чоур си чинь»
④菜名＋с＋次主料	
丸子粉丝汤	суп со стеклянной лапшой и свиными фрикадельками

(续表)

菌汤	суп с 4 видами грибов
海鲜汤	суп с морепродуктами
西湖牛肉羹	суп с говяжьим фаршем
肉丝炒面	жареная лапша со свининой
肉丝炒面	жареная лапша со свининой
海鲜炒面	жареная лапша с морепродуктами
⑤制作方法＋菜名＋с＋次主料	
蚂蚁上树	жареная стеклянная лапша «фунчоза» со свиным фаршем

公式二：制作方法（或味道）＋主料＋с＋次辅料＋в＋固液态辅料（六格）。公式以"主料"为核心，附加制作方法和主配料信息。

上述译例中使用公式情况有：

①主料	
东坡肘子	тушеная свиная рулька
脆香大排	свиные ребрышки
②主料＋в＋固液态辅料（六格）	
拔丝橘子	мандарины в карамели
烤大虾	большие креветки в соусе
金沙茄盒	баклажаны в кляре
金沙鸡翅	куриные крылышки в хрустящей панировке
菠萝古老肉	свинина в кляре с ананасами в кисло-сладком соусе «поло кху лао жоу»
③主料＋с＋次辅料	
焦熘虾段	креветки с овощами
蒜蓉开边虾	большие креветки с чесноком
焦熘虾段	креветки с овощами

（续表）

| 辣子鸡 | очень острая курица с орешками |

④主料＋в/на＋器皿

铁板牛肉	говядина на горячей сковороде
铁板羊肉	баранина на горячей сковороде
铁板鱿鱼	кальмары на горячей сковороде

需要指出的是制作方法不仅可以用形容词表示，也可用形动词或非一致定语表示，例如上述译例中的宫保鸡丁 *курица, приготовленная способом «кум бао» с перцем чили и арахисом «кум бао ди динь»*，宫保虾球 *креветки, приготовленные способом «кумбао» с перцем и арахисом*，蒜蓉西兰花 *брокколи, обжаренные на воке*，家常土豆丝 *картофельная соломка слабой прожарки*，木耳白菜 *китайская капуста, обжаренная с грибами муэр*。

公式三：主料 + 地名（一般用带 по - 的副词形式）

| 扬州炒饭 | рис по-янчжоуски |
| 水煮鱼 | карп по-сычуаньски |

公式一、公式二和公式三中的各组成部分自由组合，得出其他的公式变体，例如，味道＋形状＋из+ 形状原材料＋с＋辅料所表示的花生汤圆 *сладкие шарики из рисовой муки с арахисовой начинкой*，黑芝麻汤圆 *сладкие шарики из рисовой муки с начинкой из чёрного кунжута «юаньсяо»*。

直译或音译＋注释法。在宴会口译中当翻译根据其创始人或相关的历史典故来命名菜肴时，要根据不同的交际目的来选择翻译方法。当交际目的是得知菜的基本信息时，则采用直译。当交际目的是了解菜的文化背景时，则需采用在宴会口译中采用直译或音译＋注释法，例如，东坡肘子（直译 *тушёная свиная рулька*）可译为 *тушёная свиная рулька свинина Дунпо (Су Дунпо—знаменитый писатель и кулинар эпохи династии Сун, это блюдо было его изобретением и отсюда блюдо получило название "тушёная свиная рулька Дунпо")*。

三、参观口译

参观口译是陪同翻译的一个主要部分，主要是在参观机构、展会、景点等时提供翻译工作。从专业技术角度来看，参观口译要求译员发音纯正，有较强的口语表达能力和交流能力，翻译准确、流利。另外，因参观内容复杂多样，译员还需要有多领域的词汇和背景知识储备。根据参观地点，参观口译主要可以分为旅游参观口译和专业场所参观口译。

1. 旅游参观口译

泰山
Горы Тайшань

【地理信息：位置，同类景观中的地位】

泰山贯穿山东省的中部，山脚下是曲阜市——孔子的家乡，不远处就是山东省的行政中心济南市。泰山最高峰高达 1545 米。

Горы Тайшань расположены в центре провинции Шаньдун. У подножья гор расположен город Цюйфу – родина самого Конфуция, на некотором отдалении от гор находится административный центр провинции Шаньдун – город Цзинань. Высота главного пика гор Тайшань – 1545 м.

中国共有五座道家名山：分别是湖南省的南岳衡山、陕西省的西岳华山、山西省的北岳恒山、以少林寺而闻名的河南省中岳嵩山、山东省中部的东岳泰山。

В Китае – пять священных даосских гор: горы Хэншань в провинции Хунань, Хуашань в провинции Шэньси и Хэншань в провинции Шаньси, также горы Суншань, известные прежде всего как местонахождение монастыря Шаолинь, в провинции Хэнань. И, наконец, Тайшань в центре провинции Шаньдун.

**

【历史背景：神话传说和史实】

传说五岳乃是创世盘古的身躯所化。

По одной из легенд, пять гор произошли из тела прародителя мира Паньгу.

泰山形成于距今约三千万年前，自古被视为圣地。自商朝起（前 1600 年至前 1027 年）各代帝王就在这里举行祭祀仪式。"封禅"仪式上，帝王祭拜天地。"封"在泰山山顶举行，以感恩天授治理人世之命。"禅"则在山底辟场祭地，以酬谢大地的恩赐。

Горы Тайшань существуют 30 миллионов лет. Издревле они считаются святым местом, здесь совершали религиозные обряды со времен династии Шан (правила с 1600 по 1027 год до нашей эры). Во время церемонии «фэншань» (封禅) император обращался к Небу и Земле. «Фэн» совершали на вершине гор. Император благодарил Небо за врученный ему мандат правления. Во время церемонии «шань» (禅), проходившей у подножия, император благодарил Землю за ниспосланный урожай.

秦始皇是最早在泰山封禅的帝王之一。公元前219年，始皇泰山封禅，宣布统一全国。自他之后，许多中国皇帝在发生大事时都会在泰山之巅祭祀。

Одним из первых, в 219 до н. э., церемонию на вершине гор Тайшань провёл император Цинь Шихуан, он же провозгласил объединение всей Империи. После него церемонии на вершине Тайшань по случаю особо важных событий совершали многие китайские императоры.

约前140年西汉武帝时期，泰山祭祀成为官方仪式，开始定期举行。

Примерно в 140 г. до н. э., при императоре династии Западная Хань У Ди, церемония в горах Тайшань приобрела официальный статус, здесь стали совершаться регулярные жертвоприношения.

***

【文化背景：名人名言】

中国人认为"泰山安，则四海安"。孔子曰"登泰山而小天下"。

Китайцы верят, что «если горы Тайшань спокойны, то весь Китай стабилен». Великий Конфуций говорил: «Поднимаясь на горы Тайшань, чувствуешь, что другие горы совсем маленькие».

这里庙宇遍布，刻满诗文和佳句的石碑石柱林立。

Здесь поставлено множество храмов и каменных стел со стихами и изречениями.

著名作家郭沫若先生在游历泰山后说道："泰山是中国文化史的一个局部缩影"。1987年，泰山被联合国教科文组织列为世界文化与自然遗产名录。

Известный писатель Го Можо, совершив путешествие в горы Тайшань, писал, что Тайшань – настоящий слепок культурной истории Китая.

В 1987 году горы Тайшань были внесены ЮНЕСКО в список Всемирного культурного и природного наследия.

【结构布局：游览线路、自然和人文景观】

登泰山始于岱庙。岱庙是泰山主庙，庙里供奉一尊泰山山神像。过去，在登山之前，帝王们会先祭祀山神。这座宏伟的建筑同故宫的太和殿、曲阜的大成殿并称为"中国古代三大殿"。

Восхождение на Тайшань начинается с храма Даймяо. Это - главный храм. В храме хранится статуя духа гор Тайшань. Раньше, перед восхождением, императоры совершали жертвоприношения духу гор. Это великолепное сооружение, вместе с Тайхэдянь в Гугуне и Дачэндянь в Цюйфу, называют «тремя крупнейшими архитектурными ансамблями древнего Китая».

岱庙占地9.6万平方米，始建于秦朝（公元前221—前207年），建于1008年北宋时期的天贶殿（Tian Zhu），占据了寺庙的中心位置。殿内绘有壁画《泰山神启跸回銮图》，此壁画3米高，62米长，作于宫殿的东、西、北三墙之上。2000年前汉朝种植的柏树将寺庙环绕其中。

Храм Даймяо имеет площадь 96 тыс. кв. м., был построен во время династии Цинь (221 — 207 гг. до н.э.), в центре храма находится Дворец Небесного Благословения (Tian Zhu), построенный в 1008 году, во времена Северной Сун. Во Дворце сохранилась настенная роспись «Путешествие божества гор Тай». Роспись покрывает восточную, северную и западную стены зала и имеет более трёх метров в высоту и 62 м в длину. Храм окружён кипарисами, посаженными ещё во времена династии Хань, около 2 тыс лет тому назад.

泰山高度由北向南递增，山体被落叶林覆盖。中国人给这些地方起了奇妙的名字：玉皇顶、天烛峰、扇子崖、仙人桥。这里植被丰富，古木名树历史悠久，如汉武帝所植的汉柏、1300年前唐学者种的树、500岁的"迎客松"和公元前250年移植而来，秦始皇亲封的"五大夫松"。

Высота гор Тайшань увеличивается с севера на юг, горы покрыты лиственными лесами. Китайцы дали удивительные названия здешним местам: Пик Нефритового Императора, Пик Небесной Свечи, Утёс Веера, Мост Бессмертных. Растительность очень богатая, некоторые деревья имеют свою историю: кипарис династии Хань, посаженный императором У Ди, дерево танских учёных, которому более 1300 лет, «Сосна, приветствующая гостей» - ей 500 лет и «Сосна пятого ранга», названная так самим императором Цинь Шихуаном, пересаженная 250 лет назад.

通往山顶的路有数条。东路从红门直通南天门。一步一阶皆风景，移步换景，共计6293个台阶。因历代皇帝们曾从这条路上山，所以这里建了不少宫殿和庙宇，比如红门宫、万仙楼、斗母宫、经石峪（峡谷）、中天门等。

Есть несколько путей на вершину. Восточный тянется от Красных ворот до ворот Наньтяньмэнь. С каждым шагом, с каждой ступенью, пейзаж меняется. Ступеней здесь 6293. Императоры тоже когда-то шли по этому пути, поэтому так много здесь дворцов и храмов: Хунмэньгун, Ваньсяньлоу, дворец Доумугун, ущелье Цзиншиюй, ворота Чжунтяньмэнь и другие.

如果选择西路的话，需从天王村走到南天门，然后到达黑龙潭，穿过长寿桥，就可以看到扇子崖。扇子崖的形状与扇子极为相似。其他山峰的名字也极其富有诗意，如，"翠屏山""笔架山""五峰翠山"以及"彩带溪"等。

Выбрав путь западный, вы должны совершить путь из селения Тяньвайцунь до ворот Чжунтяньмэнь. Далее вы попадёте на озеро «Чёрный дракон», пройдет по старинному мосту под названием «Долголетие», увидите скалу «Веер». Она, действительно, очень похожа на веер. Другие названия гор тоже необыкновенно поэтичны: «Зелёная ширма», «Подставка для кистей», «Пять зеленых вершин», а также река «Цветная лента».

这里万籁俱寂，流淌着无数清莹秀澈的山泉、瀑布和湍急的河流。

Здесь царит необыкновенная тишина, много необыкновенно чистых горных источников, водопадов, быстрых прозрачных рек.

到达南天门之后，沿着名为"天街"的道路前行，穿过碧霞祠，绕过大观峰到达山顶。中国人喜欢在泰山之巅玉皇顶迎接黎明，东方逐渐变成金色，红日慢慢从云海中升起，景色灿烂且令人难忘。

Добравшись до ворот Наньтяньмэнь, вы сможете пройтись по так называемой «Небесной улице». Дорога на вершину лежит через храм «Бисясы», минуя склоны «Дагуаньфэн». На вершине – у Юйхуандин, китайцы любят встречать рассвет. Восток постепенно становится золотым, алое солнце поднимается из моря облаков. Великолепная, незабываемая картина.

***

【参观建议：最佳时间、天气特点和注意事项】

山区的天气独特。夏季凉爽，最热月份里平均气温为 7-17 摄氏度。甚至夏天人们在山顶有时还穿着毛衣。

Погодные условия в горах имеют свои особенности. Летом здесь прохладно. Средняя температура в самом жарком месяце – июле – 17 градусов. Бывает даже так, что летом на вершине горы, люди надевают свитера.

每年的 4 月至 11 月是游泰山的最佳时期。需要注意的是春天泰山经常刮沙尘暴和下雨。但即便天气恶劣，泰山的景色也不会让您无动于衷。

Самым лучшим временем для путешествия на Тайшань считается период с апреля по ноябрь. Надо помнить, что весной в горах часто бывают пылевые бури и дожди. Но даже в плохую погоду горный пейзаж не оставит вас равнодушным.

泰山的秋天尽是阳光明媚的日子，碧空万里、秋高气爽。

Осень в горах – это яркие солнечные дни, когда небо кажется особенно высоким и синим.

***

【补充信息：活动节会、美食、最新建筑设施】

在泰山你可以品尝到当地的美食，三美豆腐、泰山火烧、山东煎饼、泰山烧烤。

В горах Тайшань можно попробовать местные деликатесы – саньмэй-доуфу, пирожки по-тайшаньски, тонкие блины по-шаньдунски, барберкю по-тайшаньски.

每年春节期间，岱庙都会举行庙会。在这里您可以看到山东省不同民族的传统舞蹈，也可以购买民间手工艺品。

Ежегодно в дни праздника Весны у Храма Даймяо проводится храмовая ярмарка. На ней можно посмотреть традиционные танцы разных народностей, населяющих провинцию Шаньдун. Здесь же можно купить изделия народных промыслов.

自80年代以来，泰山新修建了三条索道，还为游客提供直升机服务。这里曾举办过9次国际攀岩比赛，为此修复了6000多级石阶，铺设了照明设施，还建成了旅游中心与酒店中心。

С 80-х годов в горах на Тайшань построены три канатные дороги, туристов также обслуживают вертолеты. Здесь в свое время проходили 9 международных соревнований по восхождениям. 6 тыс каменных ступеней отреставрированы, проведено освещение. Здесь построены центры туризма и отели.

***

【结尾：总括】

如今泰山是受欢迎的旅游胜地。

Сегодня горы Тайшань – популярное туристическое место.

旅游参观口译译法提示：

旅游参观口译的最突出的特点是它有跨多个人文学科领域翻译的即时性，存在大量民族文化色彩性强的词汇。译员很少有时间对措辞进行推敲，甚至根本不容推敲。而且，在大多数场合下因不可能借助任何工具书，译员要善于在短促的时间内准确把握翻译是有难度的。因此旅游参观口译最重要的是在传达信息和文化中找到平衡点，具体而言参观口译应达到三个标准，即，准：指准确地把文物古建或自然景观的地理知识、历史背景、相关诗词和名人名言、获得荣誉等主要信息译出，而不是仅译出每一个字、每一句话，应根据不同的场景交际目的确定文化和信息传达的比例。顺：指用符合母语习惯的简洁语言结构进行表达，语言力求生动活泼，吸引人。快：指的是翻译讲解及时和快速地完成跨领域翻译的转换。

译法提示1. 景点名称翻译

"名从主人"和"约定俗成"一直被学界视为国名、地名、人名、机构名等专有名词的翻译需遵循的两条基本原则。名从主人分为："音从主人"，即绝大多数地名在翻译时习惯上采取音译；"义从主人"是通常所说的"意译"，即对一些专有名词按照字面意义来翻译。"约定俗成"是指"大家都这样说，于是就成了习俗或惯常说法"，也就是采用"先入为主"的定译，概括为"定名不咎"。在旅游参观口译中，翻译非约定俗成景点名称时，多将"音从主人"和"义从主人"结合起来，意译名称的类别属性词汇，音译包含类别属性词在内的全称，这样意译能保证口译的准确和流畅，音译有助于本国民众帮助外国人确定所在位置，外宾不易走失。但当景点名称使用比喻或隐喻等修辞方法，旨在强调其突出特点时，应以传达意义为首。

意义概念类别 + 音译名称	
太和殿	дворец Тайхэдянь
大成殿	дворец Дачэндянь
泰山	горы Тайшань
南天门	ворота Наньтяньмэнь
中天门	ворота Чжунтяньмэнь
红门宫	дворец Хунмэньгун
万仙楼	храм Ваньсяньлоу
斗母宫	дворец Доумугун
经石峪	ущелье Цзиншиюй
天王村	селение Тяньвайцунь
碧霞祠	храм Бисясы
大观峰	склона Дагуаньфэн
玉皇顶	вершина Юйхуандин
意译	
天贶殿	дворец Небесного Благословения
迎客松	сосна, приветствующая гостей
五大夫松	сосна пятого ранга
红门	красные ворота

(续表)

黑龙潭	озеро «Черный дракон»
长寿桥	мост «Долголетие»
扇子崖	скала «Веер»
翠屏山	горы «Зеленая ширма»
笔架山	горы «Подставка для кистей»
五峰翠山	горы «Пять зеленых вершин»
彩带溪	река «Цветная лента».
天街	небесная улица

译法提示 2. 名人名句的翻译

名言即出名的说法、著名的话，它往往能发人深省或激动心弦。一般来说，名言可以包括警句、箴言、格言、谚语、嘉言等。根据说话者所处的时代，名言名句可以是古文或现代汉语所述。古文名言的口译过程中，译者对言语本身的理解和诠释型翻译最为重要，语言形式的对等可忽略，最常使用的是诠释法。现代标准语名言的口译只需要将意义表达出来即可。

泰山安，则四海安。	Если горы Тайшань спокойны, то весь Китай стабилен.
登泰山而小天下。	Поднимаясь на горы Тайшань, чувствуешь, что другие горы совсем маленькие.
泰山是中国文化史的一个局部缩影。	Тайшань – настоящий слепок культурной истории Китая.

译法提示 3. 四字格结构词语的翻译

由于俄汉语言词汇、句法和修辞差异，很难在翻译中做到形式对等。在游览参观口译中使用四字格结构的更侧重达"意"而非追求"形近"，当旅游参观口译汉译俄时，可以简略翻译，甚至概括为一个或多个形容词。当俄译汉时，则要反之而行，将此类的形容词拓展翻译为对应的成语或诗句，以增加旅游参观的趣味性。

移步换景	*с каждым шагом, пейзаж меняется*
万籁俱寂	*необыкновенная тишина*
清莹秀澈	*необыкновенно чистый*
阳光明媚	*яркие солнечные (дни)*
碧空万里	*небо кажется особенно высоким и синим*
无动于衷	*оставить равнодушным*

长难句翻译中口译笔记法应用

泰山贯穿山东省的中部，山脚下是曲阜市——孔子的家乡，不远处就是山东省的行政中心济南市。泰山最高峰高达1545米。

Горы Тайшань расположены в центре провинции Шаньдун. У подножья гор расположен город Цюйфу – родина самого Конфуция, на некотором отдалении от гор находится административный центр провинции Шаньдун – город Цзинань. Высота главного пика гор Тайшань – 1545 м.

笔记要点：用实心点指示方位、双向箭头表距离（两段为不远、三段为远、一段为近）拼音提示城市名称。逻辑关系为并列。

中国共有五座道家名山：分别是湖南省的南岳衡山、陕西省的西岳华山、山西省的北岳恒山、以少林寺而闻名的河南省中岳嵩山、山东省中部的东岳泰山。

В Китае – пять священных даосских гор: горы Хэншань в провинции Хунань, Хуашань в провинции Шэньси и Хэншань в провинции Шаньси, также горы Суншань, известные прежде всего как местонахождение монастыря Шаолинь, в провинции Хэнань. И, наконец, Тайшань в центре провинции Шаньдун.

笔记要点：十字加箭头表示方位，也可代替汉字。符号加声调提示名称读音。逻辑关系为并列。

中国人认为"泰山安，则四海安"。孔子曰"登泰山而小天下"。

Китайцы верят, что «если горы Тайшань спокойны, то весь Китай стабилен». Великий Конфуций говорил: «Поднимаясь на горы Тайшань, чувствуешь, что другие горы совсем маленькие».

笔记要点：第一句 то 指示逻辑关系为条件，第二句指示符号和比较图形表意，丰富符号区别同类事物，例如两条曲线为江河三条为海。

岱庙占地 9.6 万平方米，始建于秦朝（公元前 221—前 207 年），建于 1008 年北宋时期的天贶殿（Tian Zhu），占据了寺庙的中心位置。殿内绘有壁画《泰山神启跸回銮图》，此壁画 3 米高，62 米长，作于宫殿的东、西、北三墙之上。2000 年前汉朝种植的柏树将寺庙环绕其中。

Храм Даймяо имеет площадь 96 тыс. кв. м., был построен во время династии Цинь (221 – 207 гг. до н.э.), в центре храма находится Дворец Небесного Благословения (Tian Zhu), построенный в 1008 году, во времена Северной Сун. Во Дворце сохранилась настенная роспись «Путешествие божества гор Тай». Роспись покрывает восточную, северную и западную стены зала и имеет более трёх метров в высоту и 62 м в длину. Храм окружён кипарисами, посаженными ещё во времена династии Хань, около 2 тыс лет тому назад.

[手写笔记图示]

笔记要点：1. 拼音提示名称；2. 不同符号代表庙和殿；3. 数字翻译"点三杠四"法。4. 逻辑关系为包含关系。

专业场所参观口译译例：

机会性感染流行病学实验室
Лаборатория эпидемиологии оппортунистических инфекций

【开头：研究或活动领域】

该实验室的主要科研方向是：研究现有的 1 型到 8 型疱疹病毒机会性感染，包括 CMVI 和 EBI（单核细胞增多症、伯基特淋巴瘤、鼻咽癌），以及肺囊虫肺炎，并确定其现代流行病学模式。

Основными научными направлениями лаборатории являются: изучение актуальных оппортунистических инфекций - герпесвирусных от 1-го до 8-го типа, включая ЦМВИ и ВЭБИ (мононуклеоза, лимфомы Беркитта, назофарингеальной карциномы), а также пневмоцистоза и выявление их современных эпидемиологических закономерностей.

***

【主体部分：主要活动和活动主要对象】

肺囊虫肺炎是一种难以诊断的疾病，临床表现为严重的非典型性肺炎或支气管肺炎，该病由条件致病菌，即在分类学上属于孢子真菌类的细胞外寄生虫卡氏肺囊虫引起。该病只有在免疫缺陷时才会表现出来，可视为典型的机会性感染。肺囊虫肺炎会导致艾滋病、肿瘤和血液病晚期阶段的病程复杂化。

Пневмоцистоз - это трудное для диагностики заболевание, клинически проявляющееся тяжелыми атипичными пневмониями или бронхо-легочной симптоматикой и вызываемое условно патогенным возбудителем, внеклеточным паразитом Pneumocystis carinii, который таксономически относится к грибам-споровикам. Это классический оппортунист, проявляющий себя только на фоне иммунодефицита. Пневмоцистными пневмониями осложняется течение терминальной стадии СПИД, онкологических и гематологических заболеваний.

基于实验室的卡氏孢子真菌积累和抗原产生的专利技术，我们已经开发出酶联免疫测定和免疫荧光测定检测系统，并成功检测出 IgG 和 IgM 类抗体和卡氏孢子真菌抗原。

На основе созданной в лаборатории и запатентованной технологии накопления Pn.carinii и получения антигена разработаны и успешно апробированы тест-системы иммуноферментного и иммунофлюоресцентного анализа, позволяющие выявлять антитела классов IgG и IgM и антигены Pn.carinii.

使用综合的诊断方法，我们可以研究卡氏孢子真菌在俄罗斯以及在高危人群中的流行情况。这证实了卡氏孢子真菌是引起急性和非典型性肺炎的重要病因。

Применение комплекса диагностических методов позволило изучить распространённость Pn.carinii среди населения России, а также в группах повышенного риска. Определена существенная роль Pn.carinii в этиологии острых и атипичных пневмоний.

使用实验室改进的酶联免疫法和免疫荧光法，证实了 CMV 感染在俄罗斯居民中的广泛性及其对围产期胎儿的影响，并确定了不同程度免疫缺陷患者病理中 CMVI 和肺囊虫肺炎的具体比例。

С помощью усовершенствованных в лаборатории иммуноферментного и иммунофлюоресцентного методов установлена широта распространения ЦМВИ среди населения России, её роль в перинатальном инфицировании плода. Определён удельный вес ЦМВИ и пневмоцистоза в патологии у разных категорий больных с состоянием иммунодефицита.

***

【次主体（结尾）部分：提供的服务或产品】

实验室可以下列的诊断研究：

Лаборатория осуществляет следующие виды диагностических исследований:

- 用患者材料（血液、脑脊液、尿液、唾液、灌洗液）的细胞培养物进行巨细病毒的体外检测。

определение цитомегаловируса in vitro методом культуры клеток в материалах пациентов (кровь, ликвор, моча, слюна, лаваж);

- 用 NRIF 法测定患者材料中的 CMV 抗原（早期和常见的）。

определение антигенов ЦМВ (ранних и общих) в материалах от пациентов методом НРИФ;

- 通过免疫荧光法和 ELISA 法测定 CMV 类 IgG 和 IgM 抗体。

определение антител к ЦМВ классов IgG и IgM иммунофлюоресцентным методом и ИФА;

- 用 NRIF 法测定 EB 病毒抗原。

определение антигена ВЭБ методом НРИФ;

- 测定 EB 病毒抗体：NA 核蛋白的 IgG，早期 Ag-EA 的 IgG 和衣壳抗原的 IgM 抗体。

определение антител к ВЭБ: IgG к ядерному белку NA, IgG к раннему Ag-EA и IgM антител к капсидному антигену;

- 在感染过程中用 ELISA 法测定针对 HHV-6 的 IgG 抗体。

определение IgG антител к ВГЧ-6 в динамике инфекции методом ИФА;

- 用 NRIF 法测定患者材料中的 HHV-6 抗原。

определение антигенов ВГЧ-6 в материалах пациентов методом НРИФ;

- 通过评估细胞形态和 NRIF 法来检测支气管冲洗液和痰液中的肺孢子菌。

выявление пневмоцист в бронхиальных смывах и мокроте методом оценки клеточной морфологии и НРИФ;

- 通过 ELISA 法和免疫荧光法测定卡氏孢子真菌 IgG 和 IgM 抗体。

определение антител к Pn.carinii классов IgG и IgM методами ИФА и иммунофлюоресцентного анализа.

实验室可以参与联合项目来研究地区、城市和个别群体中的流行病学状况，并诊断居民、医院和各种儿童和成人集体中的感染（病例）。

Лаборатория может участвовать в совместных проектах по изучению эпидемиологической ситуации в регионах, городах, отдельных коллективах, а также в работе по диагностике указанных инфекций у населения, в больницах, в различных детских и взрослых коллективах.

专业场所参观口译译法提示

专业场所参观口译的主要难点是存在大量科学技术专业术语的翻译和对背景专业知识的要求。这要求译员要充分做好译前准备工作。

从专业场所需翻译的文本特点来看，由于包含现代西方医学在内的科学范式在世界范围内得到了推广，因此其相关词语及表达匹配度高，可译性强，译文可读性强。从功能语体的角度来看，专业场所参观翻译文本多属于科技语体，以阐述事实为主要目的，语法和句型较为简单，少有感情色彩的表达和修辞方法的使用。此类翻译的难点在于术语和缩写词的翻译。如果说词可以被视为旅游参观口译的单位，那么对于专业场所口译中术语的翻译来说，则需要更加细致的划分，即从构词学的角度来研究术语。

译法提示 1. 医学术语的构词与翻译

以医学术语为代表的现代科学与英语有着密不可分的联系。构词词素（同时也是义素）通过加缀派生法、复合法、缩略法、转换法、转借法等构词手法建立起一整套的术语系统，该体系在词汇单位之间、意义与意义之间构成各种错综复杂的交叉联系，既有纵向联系，又有横向关联，反义中涉及相对、相反的关系，同义中涵盖近义、交叉、包容的关系。

цитомегаловирус	цито（细胞）+ мегало（巨大）+ вирус（病毒）	巨细胞病毒
иммунофлюоресценции	иммуно（免疫）+ флюоресценции（荧光）	免疫荧光
иммуноферментный	иммуно（免疫）+ фермент（酶）	免疫酶
иммунодефицит	иммуно（免疫）+ дефицит（残次品）	免疫缺陷
пневмоцистоз	пневмония（细胞）+ моцистоз（细胞增多症）	肺囊虫病
герпесвирусных	герпес（疱疹）+ вирус（病毒）	疱疹病毒
мононуклеоза	моно（单个）+ нуклеоза（核酸酶）	单核细胞增多症

(续表)

| внеклеточный | вне（之外）＋ клетка（细胞） | 细胞外 |

译法提示 2. 医学术语缩写词的翻译

医学术语具有独立意义的各构词部分，可以进行组合形成新术语。这些术语与一般常用词组合，进一步构成可用缩写词表示的常用词组。医学术语从义素到单词最后到缩写词，形成累积增加的过程。

ЦМВ и ЦМВИ - цитомегаловирус(ная инфекция)	CMV 和 CMVI- 巨细胞病毒（引起的感染）
ВЭБ - вирус Эпштейна-Барр	EB - Epstein-Barr 病毒
НРИФ - непрямая реакция иммунофлюоресценции	NRIF - 间接免疫荧光试验
ИФА - иммуноферментный анализ	ELISA - 酶联免疫测定法
ВЭБИ - инфекция, вызываемая вирусом Эпштейна-Барр	VEBI- 由 Epstein-Barr 病毒引起的感染
ВГЧИ-6 инфекция, вызываемая вирусом герпеса 6-го типа	HHV-6- 由 6 型疱疹病毒引起的感染

译法提示 3. 夹杂英语的医学术语翻译

由于在医学中英术语占据优势地位，且专门场所参观翻译主要目的为传递信息，所以在口译中，根据译员背景知识掌握水平，夹杂在俄语术语中的英语词可以直接保留，也可以翻译成汉语。

IgG 和 IgM 类抗体	*антителклассов IgG и IgM*
卡氏孢子真菌抗原	*антигены Pn.carinii.*
体外	*in vitro*
NA 核蛋白	*ядерной белок NA*
早期 Ag-EA 的 IgG	*IgG к раннему Ag-EA*

长难句翻译中口译笔记法应用

Пневмоцистоз - это трудное для диагностики заболевание, клинически проявляющееся тяжёлыми атипичными пневмониями или бронхо-легочной симптоматикой и вызываемое условно патогенным возбудителем, внеклеточным паразитом Pneumocystis carinii, который таксономически относится к грибам-споровикам. Это классический оппортунист, проявляющий себя только на фоне иммунодефицита. Пневмоцистными пневмониями осложняется течение терминальной стадии СПИД, онкологических и гематологических заболеваний.

肺囊虫肺炎是一种难以诊断的疾病，临床表现为严重的非典型性肺炎或支气管肺炎，该病由条件致病菌，即在分类学上属于孢子真菌类的细胞外寄生虫卡氏肺囊虫引起。该病只有在免疫缺陷时才会表现出来，可视为典型的机会性感染。肺囊虫肺炎会导致艾滋病、肿瘤和血液病晚期阶段的病程复杂化。

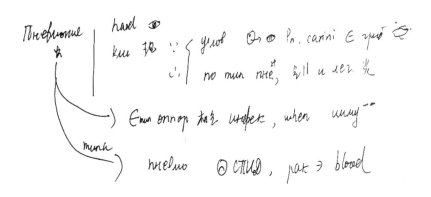

笔记要点：1. 俄语医学术语本身语义浓缩，抽象性强，当译员熟知术语时，在口译笔记中使用几个字母代替术语是简便而有效的方法；2. 使用数学符号表示因果关系和包含关系；3. 上标使用加减号表示程度；4. 用俄语单词的表格限定关系。

四、礼宾知识点滴

宴请包括：

（一）宴会（Банкет）

宴会有国宴、正式宴会、便宴之分。按举行的时间，又有早宴（早餐）、午宴、晚宴之分。其隆重程度、出席规格以及菜肴的品种与质量均有区别。一般来说，晚上举行的宴会较之白天举行的更为隆重。

国宴（Государственный банкет）是国家元首或政府首脑为国家庆典，或为外国元首、政府首脑来访而举行的正式宴会。因规格最高，宴会厅内悬挂国旗，安排乐队演奏国歌及席间乐，席间致辞或祝酒。

正式宴会（Официальный банкет）除不悬挂国旗、不奏国歌以及出席规格不同之外，其余安排大致与国宴相同。有时亦安排乐队奏席间乐。宾主均按身份排位就座。许多国家正式宴会十分讲究，在请柬上注明对客人服饰的要求。外国人对宴会服饰比较讲究，往往从服饰体现宴会的隆重程度。正式宴会对餐具、酒水、菜肴道数、陈设以及服务员的装束、仪态要求都很严格，通常菜肴包括汤和几道热菜（中餐一般用四道，西餐一般用二三道），另有冷盘、甜食水果。

便宴即非正式宴会，常见的有午餐和晚宴，有时亦有早上举行的早餐。这类宴会形式简便，可以不排席位，不做正式讲话，菜肴道数亦可酌减。便宴宜用于日常友好交往。家宴即在家中设便宴招待客人。

（二）招待会（Банкет-прием）

招待会是指各种不备正餐较为灵活的宴请形式，备有食品、酒水、饮料，通常不排席位，可以自由活动。常见的有：

冷餐会（Банкет-буфет）又称为冷食自助餐，菜品以冷食为主，但有时也备有少量的热餐。冷餐会要准备自助餐台，餐台上同时摆放着各种餐具，菜品、饮品都集中放在自助餐台上。根据主、客双方身份，招待会的规格和隆重程度可高可低。这种形式经常用于官方正式活动，以宴请人数众多的宾客。

酒会（Банкет-коктейль）形式较简单，便于广泛接触交谈，用酒和点心待客的宴会，不用排席次，客人到场、退场都较自由。请柬上往往注明整个活动的延续时间，客人可在期间任何时候到达和退席，来去自由，不受约束。近年来国际上举办大型活动采用酒会形式渐普遍。自1980年起，我国国庆招待会也改用酒会形式。

茶会（Банкет-чай）是一种简便的招待形式，不排席位，但如果是为某贵宾举行的活动，入座时，会有意识地将主宾同主人安排到一起，其他人随意就座。茶会顾名思义是请客人品茶，略备点心。

（三）工作进餐

按工作时间分为工作早餐、工作午餐、工作晚餐（деловой завтрак, обед и ужин）。这是现代国际交往中经常采用的非正式宴请形式（有时候由参加者各自付费），利用进餐时间，边吃边谈问题。在代表团访问中，往往因日程安排不开而采用这种形式。双边工作餐往往排席位，多用长桌以更便于谈话。

接待外宾团组宴请活动的座位安排：

安排宴请活动时，主桌一般有圆桌和长条桌两种形式。如宴会只摆一个圆桌，有两种摆法：一是人数较少时，建议设第二主人。主宾位于主人右侧，再右侧是中方翻译，外方3号人物在主人左侧；外方2号、4号人物分列在第二主人的右侧和左侧，外方翻译可放在外方2号人物右侧（图1）。

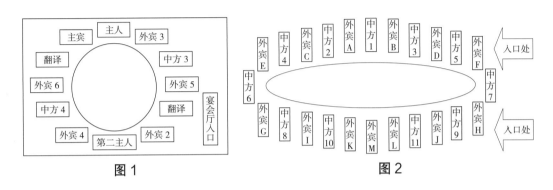

图1　　　　　　　　　　　图2

人数较多时，建议不设第二主人。主宾位于主人右侧，外方2号人物位于主人左侧，中外方其他人员按礼宾顺序依次排列。如翻译较多，可安排在中外方人员身后，不上桌（图2）。

五、课后翻译练习

1.将下列菜名口头翻译成俄语。

（1）西湖醋鱼（2）佛跳墙（3）红烧狮子头

（4）积雪银钟（5）罗汉大虾（6）蟹黄豆腐

2.将下面关于莫高窟的简短介绍口译成俄语。

莫高窟位于东方最重要的一条贸易路线"丝绸之路"上。当时僧侣请求路过的商人捐款建造石窟。随着佛教的传播，石窟成为了朝圣的地方，目前为止有492个石窟保存下来，最大的高40米，最小的不足1米，它们的总长度大约1.6千米。莫高窟也称"千佛洞"，以保存2415尊泥质彩塑的佛像、神像、菩萨（帮助众生觉醒的人）像而闻名，高则33米，小则10厘米。保存有约5万平方米不同内容的壁画—花卉图案、佛教教义、神话故事、传说、奇闻轶事，它们是为了指导和鼓舞不识字的信徒，就像中世纪大教堂的彩色玻璃窗一样。石窟中只有五座木制建筑保留下来。

14世纪前后莫高窟被遗弃，几乎被遗忘，19世纪至20世纪之交被重新发现。1949年中国政府派出了一支考古队到这里，其工作一直延续到现在。慕名而来的游客络绎不绝，因此石窟景区内人头攒动，摩肩擦踵。但是没有人能够抵挡住壁画的美伦美奂和整个建筑群的宏伟壮阔的魅力。

六、课外扩展阅读

请扫描下面这个二维码，阅读有关"亚太经合组织"基础知识的材料并回答问题。

附录：

机场接机词汇

багаж	行李
бизнес-класс	商务舱
внутренний рейс	国内航班
выход на посадку	开始着陆
доска информации о вылете	航班信息显示屏
зал ожидания	候机室
класс	座舱等级
магазин беспошлинной и торговли	免税店
международный рейс	国际航班
отправление，вылет	起飞
паспортный контроль	护照检查处
первый класс	头等舱
перевозник	承运公司
пограничный контроль	边境检查
посадка	着陆
посадочный талон	登机牌
прибытие	到达
прямой рейс	直达航班
рейс	航班
ручная кладь	手提行李
служба информации	问询处

（续表）

служба регистрации пассажиров	旅客登记处
стойка сдачи багажа в аэропорту	机场行李托运
таможенная декларация	海关申报单
терминал	航站楼
хрупкий	易碎
эконом-класс	经济舱
VIP зал	贵宾室
аэроэкспресса	机场快线
банкоматы	自动取款机
вход с эстакады	天桥入口
выход-вход с уровня земли	地面出－入口
выходы на посадку	登机口
декларации товаров	货物申报单
камера хранения	行李寄存处
комната матери и ребенка	母婴室
красный таможенный коридор	红色通关通道
медицинская помощь	医疗救助
место встречи групп	团组接机口
место получения багажа	行李提取处
офисы авиакомпаний	航空公司办公室
паспортный контроль	护照检查处
пеленальная	母婴室
подземный переход	地下通道

（续表）

получение багажа	行李提取
проход к выдаче багажа	通往行李提取处
регистрация крупногабаритного багажа	大件行李托运处
салон связи	电话通信商店
справочная служба аэропорта	机场问询处
стойка регистрации	值机柜台
транзит	中转
упаковка багажа	行李打包

机场示意图示例

购物常用语

Чем вам могу служить?	我能为您效劳点什么呢？
Будьте добры, покажите, пожалуйста, этот компьютер.	劳驾！请给我看看这台电脑。
У нас в магазине работает гибкая система скидок.	我们店里有灵活的折扣制度。
Возьмите, пожалуйста, мы где-нибудь посмотрим еще.	请拿回去吧，我们去别的地方再看看。
Могу ли я для оплаты воспользоваться кредитной картой Китайского банка?	我可以用中国银行的信用卡付款吗？
Можно ли мне сделать скидку в 15%?	可以给我打85折吗？
У нас цена без запроса.	我们不议价。
Нет, цена не высокая. Уступить не можем.	不行，价格不高。不能再降价了。
Тогда не возьму.	那就不买了。
Я возьму. Выпишите пожалуйста, чек.	我要了。帮我开票。
Платите в кассу.	到收款台付款。
На сколько времени дается гарантия?	保修期是多少？
Где тут примерочная?	试衣间在哪？
Какой валютный курс долларов США на жэньминби сегодня?	今天的人民币汇率是多少？
Девушка, позвольте спросить, можно ли снизить цену?	姑娘，请问价格能便宜些吗？
Скажите, пожалуйста, чьего производства эта электробритва? И сколько она стоит?	请告诉我这是哪儿产的电动剃须刀，多少钱？
Это производство Шанхая.	是上海制造。